樊希安 著

「坚守与探索」

樊希安出版论集

商务印书馆
The Commercial Press

2019年·北京

图书在版编目（CIP）数据

坚守与探索：樊希安出版论集 / 樊希安著. —北京：商务印书馆，2019
ISBN 978-7-100-17307-0

Ⅰ. ①坚…　Ⅱ. ①樊…　Ⅲ. ①出版工作—中国—文集　Ⅳ. ① G239.2-53

中国版本图书馆 CIP 数据核字（2019）第 068880 号

权利保留，侵权必究。

坚守与探索

樊希安出版论集

樊希安　著

商　务　印　书　馆　出　版
（北京王府井大街36号　邮政编码100710）
商　务　印　书　馆　发　行
北京通州皇家印刷厂印刷
ISBN 978 - 7 - 100 - 17307 - 0

2019年5月第1版　　　开本 880×1230　1/32
2019年5月北京第1次印刷　印张 13 1/4
定价：56.00 元

樊希安

作者简介

樊希安，1955年3月生。河南温县人。毕业于吉林大学中文系。文学硕士。编审。国务院参事。中国作家协会会员。曾任吉林人民出版社总编辑、吉林省新闻出版局副局长、生活·读书·新知三联书店总经理、中国出版传媒股份有限公司副总经理。长期从事图书出版工作，先后获第十一届韬奋出版奖、第三届中国出版政府奖优秀人物奖、全国五一劳动奖章等多项奖励。创办北京首家24小时书店，被评为2014年度全国十大文化产业人物。

1973年6月开始在报刊发表作品。四十余年笔耕不辍，出版《信仰的力量——双枪老太婆传奇》《公木评传》《社会与人生》《事业与追求》《笔端流痕》《愧对芦荟》《有话直说》《五松居新咏》《五松居杂笔》《五松居论稿》《总编辑手记》《灯下草虫鸣》《樊希安新古体诗》《美丽三沙行组诗百首》《我们的队伍向太阳》《军歌的诞生》《美术馆东街22号——三联书店改革发展亲历记》《激情与梦想》《樊希安散文集》等多部专著和作品集。

做一根会思考的芦苇

樊希安出版论集《坚守与探索》序

杨牧之

给希安的大作写序,我很愿意:一是他在吉林人民出版社做总编辑时,出过一本《总编辑手记》,我读过,当时写过一些感想。现在这一本论集,是他到北京从事出版工作后一些文稿的结集,有前后承继性,我读后很受启发。二是他是在我任职中国出版集团期间调到集团属下三联书店工作的,这是他在三联从事出版工作的一份"工作总结",我了解一些情况,也很想知道他过去的出版理念今天是怎样实践的。读这本书是一个新的学习,所以借此机会我谈一点读后的感想。

下笔之前,我想起去年7月的一个活动,他邀请我参加人民出版社《我们的队伍向太阳》出版座谈会。《我们的队伍向太阳》是希安和夫人石丽侠女士为反映公木先生多彩人生而撰写的纪实性文学作品。公木先生是《中国人民解放军军歌》词作者,我国著名诗人、学者、教育家,也是希安的授业老师。希安撰写过多篇有分量的文章来宣传公木事迹,弘扬"公木精神"。公木先生也是我非常敬仰的学者、教育家。我在中华书局做编辑时，曾去长春组稿，还到先生家里拜访过。先生和蔼可亲、谦虚真诚，他对国家和人民的杰出奉献让我大为敬佩。想起公木先生，耳畔就会响起"向前，向前，向前，我们的队伍向太阳"的旋律。因此，我不仅参加了座谈会，还在会上发言，充分肯定了《我们的队伍向太阳》这部书的价值和出版的意义。其实，也是说的我对公木先生的怀念。我特意找出珍藏了几十年，在20世纪60年代抄录的公木先生的两首诗与与会者分享。诗的题目是"赠H君二首"。兹录如下：

一

问君何事偌匆匆？
只为出头惯眼红。
瓶满虽摇仍不响，
钟洪弗撞亦无声。
山深林密走飞虎，
海阔波长藏卧龙。
乱石浅溪常溅溅，
牙牙难作惊人鸣。

二

方寸区区亦府城，
城空无计却敌戎。
奇才只靠勤修得，
绝技乃由苦练成。
皓首尚须贪饱学，
青春何必慕浮名。

> 挥锄慎莫惜腰痛，
> 掘到黄泉水自盈。

当时我在北京大学读书，诗是我的一个高中同学抄录寄给我的，我将其珍藏，并时时以"挥锄慎莫惜腰痛，掘到黄泉水自盈"的告诫激励自己。人生和社会经历更多一些后，我对这两首诗的体会就更深一些，也就更加敬重这位前辈。我牢记诗中所说"问君何事偌匆匆？只为出头惯眼红"的警示，牢记"乱石浅溪常溅溅，牙牙难作惊人鸣"的教导，规范自己，永远向前。公木先生晚年把自己的作诗、治学、为人之道归纳为：理论（文艺）建设意识，学术（创作）自由心态，真理（审美）追求精神，道德（纲纪）遵守观念。不拜神，不拜金；不崇古，不崇洋；不媚时，不媚俗；不唯书，不唯上。对上述归纳，公木先生曾在不同场合做过阐释。他自己则奉为座右铭，严格遵守。这个"道"是其一生创作、治学、为人的经验总结，值得我们珍视和借鉴。

希安受业于公木先生，后又因为写《公木评传》和先生长期密切接触，自然会受到先生熏陶。这些熏陶包括创作方面，也包括理论研究方面。和公木先生有所不同的是，希安是一位长期从事出版工作的实际工作者，他的理论研究是围绕出版工作进行的，所体现出的也是出版理论研究方面的成果，具有实践性、可操作性的特点。这一点在《坚守与探索》中体现得很充分。论集共分为改革创新篇、弘扬传统篇、品牌建设篇、精品生产篇、经营营销篇、建言献策篇和阅读推广篇七部分，凡56篇文章。这些论文和文章都是结合实际工作进行探索的产物。希安对我说，他调至北京三联书店工作后，一方面要坚守三联传统，站稳脚跟，发挥优势；另一方面，要适应转企改制、建设文化强国的新形势，对遇到的新问题进行探索，提出解决方案和对策。《坚守与探索》这个题目，概括了这两个方面的内容，也反映了作者撰写这些文章的初衷。我读过之后，有这样几点感受：

一是强烈的问题意识。论集中多数文章都具有专题性质，是围绕某一问题展开研究的，这些问题都是希安在工作中遇到的，回避不了的。希安初到三联时任副总经理、副总编辑，三年后又任总经理、党委书记，工作中自然会遇到许多问题，这些问题又需要破解。比如在新的形势下如何继承三联书店的优良传统，传承韬奋精神，怎样在继承三联传统的基础上大胆改革创新，把三联事业推向前进，希安进行了多方面探索。初入三联书店不久，他就开始研究三联的历史与传统，形成《我们今天如何发扬韬奋先生"竭诚为读者服务"的精神》《正确处理事业性与商业性的关系是改革发展面临的重大课题》《强化三联大众文化读物出版的思考》三项研究成果，既从宏观上，又从微观上，既着眼历史，又面向未来，对"继承与创新"进行了积极探讨。他还发现"竭诚为读者服务"与全心全意为人民服务有高度一致性；事业性与商业性关系是目前社会效益与经济效益关系的最早表述；韬奋先生在管理上的民主集中制和现在实行的民主集中制有一脉相承的关系，等等。这些研究使他逐步走进了三联，融入了三联。担任总经理之后，面临发展道路的选择，是继续走以往"少而精"的精品路线，还是选择大社名社通常采用的"做大做强"战略？希安从三联书店实际出发进行认真研究，提出了"做强做开"的发展思路。所谓做强，就是不断增强自己的出版能力和经济实力，靠品质特色取胜。所谓做开，是就战略布局和影响力而言。三联不谋求做大，但要全力谋求做开，扩展辐射力和影响力，不盲目追求体量的增大，而是追求布局上的延伸和影响力的穿透。他用"人参"和"萝卜"打比方，三联就是要做体量虽小，但根须伸向四面八方的"人参"；不做体量虽大，但价值不高的"萝卜"。围绕三联这一发展思路的选择，希安拿出了《三联书店向学术文化出版重镇成功转型的思考》《以改革创新为动力促进品牌老店发展》等一系列研究成果，提出了品牌发展战略、人才兴店战略和企业文化建设战略，采用"打造三联文化场""京沪港三联书店联手发展""通过隆重举行80年店庆活动提升影响力"等多项措施，显著提升了品牌影响力。在内部加大改革力度，进行企业人事与分配制度改革的新探索，用编辑机构调整推动改革发展新突破，通过分社建设调动广大编辑积极性，进一步解放了出版生产力，使品牌老店焕发勃勃生机。

二是研究内容的丰富与创新。这本论集是希安2005年调京工作后至今的研究成果汇聚，涉及多个研究领域、众多课题，内容的丰富不言而喻。研究领域包括弘扬传统、品牌建设、精品生产、经营营销多个方面，结合他在三联书店、中国出版集团工作的实际，既有宏观的思考，又有微观的设计，呈现出研究的不同侧面、不同层次。虽然"乱花渐欲迷人眼"，但有一条主线却是清晰的，这就是研究中力求创新，力求有自己的见解，不人云亦云。他的目标是通过创新使三联书店永葆不断发展的青春活力。希安对出版创新有自己的见解：第一，创新就是改革，改革就是创新，改革、创新密不可分。创新，尤其是体制、机制方面的创新，本身就是一场变革，因为涉及利益调整，其难度可想而知。因此，改革不易，创新也不易。支持改革，就要支持创新；为改革点赞，也要为创新点赞；宽容改革的失误，也要宽容创新的失误。第二，创新既要有胆，又要有识，必须胆识兼具。创新是有胆略者的事业，是敢闯、敢冒险者的天地。胆在气质，识在才学，二者缺一不可。第三，单项创新一蹴而就，系列创新久久为功。希安是大胆创新的实践者。他说："我的体会是，创新难度越大，机会就越多，成就越辉煌。我对一项改革创新的估量是,只要有七成把握我就干,甚至再低一些,我也干。因为别人望而却步时,我才有成功的可能,待到'满街俱是赏花人',我们成功的机会就失去了。"在三联书店工作期间,他带领全店员工大胆进行出版内容创新、出版机制体制创新、出版营销创新,取得了不俗业绩。而创办北京三联韬奋24小时书店,就是勇于创新的一个典型案例。据我所知,希安是在对创办24小时书店深入进行可行性研究基础上提出这一创意的。他在详细了解了书店人流变化情况、周边交通变化状况,认为"天时、地利、人和"条件具备的情况下大胆决策,"做了这辈子最正确的一件大事",受到党和国家领导人的肯定,今年三联韬奋书店获得伦敦书展卓越国际奖"中国书店精神奖"。这些成果与创新型思维研究有很大关系。

三是可借鉴性、可操作性。希安从1986年办刊物开始进入出版领域,至今已有三十多个年头,他围绕出版工作所进行的研究具有现实性,研究成果可供同行们借鉴。特别是在三联书店工作这一段时间,正值我国出版业深化改革阶段,三联书店又面临重要选择。他在九年多的时间里,亲历了三联书店改革发展的重要阶段,其所思、所想、所为,确有一定的借鉴意义。而这又是由三联书店的特殊地位决定的。众所周知,三联书店是我国著名出版品牌,是我国近现代进步出版机构的一个代表。这一重要出版机构在推进我国社会文明进步方面做出过突出贡献,在中国人的读书生活中有不可替代的作用。1986年1月恢复独立建制后,三联书店出版了一大批有价值的书刊,被誉为"知识分子的精神家园"。作为改革大潮中的一朵浪花,它随改革开放的潮流涌动,以己之力推动着出版改革深化和社会进步,同时自己也在改革大潮的推动下不断发展壮大。

希安在三联书店深化改革的大潮中加入进来,和全店员工一起在前辈创业成绩的基础上,创造了三联书店新的辉煌。三联书店走过的改革发展道路，是众多出版社走过道路的一个缩影；三联这一品牌通过改革焕发青春活力，对其他品牌出版社有借鉴意义；三联书店深化改革发展的成绩，说明了改革是出版业发展的动力。三联书店那一阶段的发展理念、改革办法和采取的发展措施，希安的文稿中都有翔实的记录可供参考，可供讨论。希安说他和三联书店是"捆绑式火箭"，努力在推动三联事业进步中实现个人价值。希安对三联的贡献应当肯定，他对三联事业发展的思索自然有其意义所在。

所谓可操作性，是指希安在出版操作层面的研究成果，包括图书营销的三种方式和八个技巧、编辑在图书营销中的作用、打造营销经典案例的几种做法等，都是可以作为实战技巧借鉴采用的。其中有一些篇章是希安在一些地方给编辑、发行人员授课的讲稿，收入时又做了精细加工，想必会对新闻出版行业从业人员有所帮助。

四是研究中体现的探索精神值得充分肯定。希安勤于写作，写作就要思索；希安有比较强烈的事业心，干好工作也要靠思考。"照葫芦画瓢""等因奉此"是做不好工作的，也是不会有什么创举的。希安没有辜负组织的信任，带领三联书店进入一个新的发展阶段，得益于他的干劲、责任心，更得益于他对问题的勤于思索。他确实受到公木先生的影响，有一种真理探求精神，有一种积极求索的欲望。他的成功，从某种程度上说是"思考"的成功。这使我们再一次认识到，思索、探求对于事业成功的意义。出版是从事文化传承的事业，是最富于创造精神的事业，出版工作者，特别是出版单位的领导者，应该有一个敢于思维的大脑。法国17世纪的科学家、思想家布莱兹·帕斯卡尔在他的散文集《思想录》中写道："人只不过是一根芦苇，是自然界最脆弱的东西；但他是一根能思想的芦苇。用不着整个宇宙都拿起武器来才能毁灭他；一口气、一滴水就足以致他于死命了。

然而，纵使宇宙毁灭了他，人却仍然要比致他于死命的东西更高贵得多；因为他知道自己要死亡，以及宇宙对他所具有的优势，而宇宙对此却是一无所知。因而，我们全部的尊严就在于思想……。"做一根会思考的芦苇，这句名言说得很精辟，很深刻，我愿以此同大家共勉。所谓"会思考"，首先是勤于思考。我在读希安《总编辑手记》之后作文的题目就是"勤于思考，终有所获"，文中说："从事出版工作的人，不论是做编辑的，还是搞管理的，或者是做其他辅助性工作的，能够认真地思考问题，并动笔把自己的思考写出来、总结出来，对工作是大有好处的，值得肯定。"勤于思考就是勤动脑，勤想问题。其次是敢于思考问题，敢于思索，大胆提出问题，只有这样才能不断进步。今年是改革开放40周年，如果不是打破"两个凡是"的桎梏，就没有今天的改革开放成果；如果不是不断破除前进路上的思想障碍，我们就不能达到今天的境界。在实践中发现和发展真理，坚持实践是检验真理的唯一标准，这是我们必须永远遵守的原则。只有倡导探索精神，社会才能不断发展进步；只有勇于实践、勇于探索，人们的创造力才会充分涌流。

祝贺《坚守与探索》出版论集的出版。希安现已离开中国出版集团领导岗位，专任国务院参事，履行为政府建言献策的职责。相信他在履职过程中会有更多研究成果问世。我和他的朋友们都期待着。

2018年5月12日

前　言

　　这本出版论集是我 2005 年至 2017 年在三联书店和中国出版集团工作期间关于出版工作研究成果的一个汇聚，共分改革创新篇、弘扬传统篇、品牌建设篇、精品生产篇、经营营销篇、建言献策篇和阅读推广篇七篇，计 56 篇文章。这些论文和文章都是我结合实际工作进行探索的产物。一方面，我们要坚守品牌出版单位的优良传统，站稳脚跟，发挥优势；另一方面，我们要适应转企改制、建设文化强国的新形势，对遇到的新问题进行探索，提出解决方案和对策。这些探索是粗浅的，从某个侧面思考的，自然也是不很完善的。出版它对自己是一个纪念，对同业者也许能引发一些思考。故此，不揣冒昧予以结集。"十年磨一剑"，磨得还不怎么样，诚请朋友们批评。

樊希安

2018 年 3 月

目　录

改革创新篇

关于出版业供给侧改革的几点思考 …………………………… 3
正确处理事业性与商业性关系是出版业改革发展
　　面临的重大课题 ……………………………………………… 10
在确保出版导向前提下争取更大经济效益 …………………… 18
以改革创新为动力促进品牌老店快速发展 …………………… 23
坚持用改革发展统领全局 ………………………………………… 27
用编辑机构调整推动改革发展新突破 …………………………… 33
通过分社建设加快三联书店改革发展步伐 …………………… 48
企业人事与分配制度改革的新探索 …………………………… 58
出版社总编辑贯彻落实科学发展观的思考 …………………… 64
建设出版强国关键在于出版创新 ………………………………… 76
创新是落实文化"走出去"的必然要求 ………………………… 79
抓住机遇大力发展文创多元经营 ………………………………… 84

弘扬传统篇

对三联书店向学术文化出版重镇成功转型的思考 …………… 91
今天如何发扬韬奋先生"竭诚为读者服务"的精神 …………… 102
韬奋精神是一座富矿 ……………………………………………… 109
继承和弘扬有三联特色的企业文化 ……………………………… 113
让弘扬韬奋精神有更多的现实承载 ……………………………… 119

品牌建设篇

将品牌优势转化为发展强势 ……………………………………… 125
通过品牌创新和扩张开创发展新局面 …………………………… 130
咬定品牌不放松　依托品牌谋发展 ……………………………… 133
精心打造中华民族优秀出版品牌 ………………………………… 138
发挥品牌出版单位在建设出版强国中的作用 …………………… 142
品牌出版单位的人才强企战略 …………………………………… 148
三联书店：不官不商，有书香 …………………………………… 155

精品生产篇

出好书比什么都重要 ……………………………………………… 165
论以人为本对提高图书质量的新要求 …………………………… 168
全民阅读与图书出版 ……………………………………………… 175
出版大众文化读物是三联书店的重要传统 ……………………… 181
强化三联大众文化读物出版的思考 ……………………………… 190

三联书店选题工作的基本思路 …………………………… 196
务必解决选题方面存在的三个问题 …………………… 203
回答编辑在图书出版工作中的五个疑问 ……………… 210
努力开创三联选题新境界 ……………………………… 216

经营营销篇

关于实施"中版好书百店千柜工程"的几点思考 ………… 227
切实加强中版出版物市场营销工作 …………………… 233
图书营销的必要性、创新性与融合发展 ……………… 249
重视编辑在营销工作中的重要作用 …………………… 255
图书营销的三种方式和八个技巧 ……………………… 262
打造经典营销案例《邓小平时代》的几点做法 ………… 268
以增收节支为中心加强经营工作 ……………………… 274
适应转企改制需要加强企业管理 ……………………… 284

建言献策篇

在《政府工作报告（草稿）》征求意见座谈会上的发言 ……… 289
勇于担当　牢记使命 …………………………………… 292
关于加快全民阅读立法进程的建议 …………………… 295
有关支持实体书店发展的若干建议 …………………… 299
让"云上乡愁"开出更美花朵 …………………………… 305
对少数民族出版和构建少数民族出版文化的思考 …… 313
对与我国台湾地区出版业深度合作的思考 …………… 318

阅读推广篇

倡导全民阅读　建设书香社会 ……………………………… 325
把大力推动全民阅读落到实处 ……………………………… 328
我国全民阅读的发展趋势、问题与对策 …………………… 332
以创办北京首家 24 小时书店为例谈践行全民阅读的
　具体实践 …………………………………………………… 338
"互联网+"时代的实体书店和全民阅读
　——2015 年 4 月 17 日做客人民网 ……………………… 347
第一等好事还是读书
　——2015 年 4 月 22 日深圳图书馆对话全民阅读 ……… 351
馆社店三方联合为全民阅读凝心聚力 ……………………… 354
发挥图书馆在全民阅读中的助推器作用 …………………… 357

附　录

樊希安：党引领三联书店铸就辉煌 ………………… 章红雨　365
激情与梦想
　——记第十一届韬奋出版奖获得者樊希安 ……… 李鸿谷　370
绿荫不减来时路
　——记三联书店总经理樊希安 …………………… 艾　山　388
樊希安：咬定品牌不放松 …………………………… 邹昱琴　392
樊希安：在弘扬三联品牌中实现人生价值 ………… 周　猛　398

改革创新篇

关于出版业供给侧改革的几点思考

近几年我国总体经济形势稳中求进，稳中向好。但同时也存在压力很大、市场疲软、经济发展乏力的问题。中央提出的解决方案很多，其中一个方案就是进行供给侧结构性改革。一般来说，都有供给侧和需求侧两个方面，过去讲"三驾马车"：投资、消费、出口，如果是动力不足，就要从刺激消费上做文章。但事实上，现在大家都富裕了，兜儿里都有一些钱，可很多钱都放在银行里，你怎么刺激他也不拿出来。之所以不拿出来，除了刺激消费的力度不够以外，更主要的是供应方在产品匹配上出现了问题，一方面存在供需错位的问题，供应不足的问题；另一方面存在产能过剩的问题。中央提出从供给侧结构性改革方面进行调整，这个判断很准确，从供给侧发力，提供市场或者消费者更需要的产品来解决市场乏力的问题，这是一剂良方。

我由此想到出版业，认为供给侧结构性改革同样适合我们出版业。出版业现在每年出书47万种，出书的数量已经居全世界第一。我们号称出版大国，但还不是出版强国。目前出现这样一种情况：一方面我们出书品种很多，47万种；另一方面有很多读者感到在书店里买不到好书，或者说满足不了自己的需求。有一些书到了书店以后根本没有上架就被退回，业内叫"见光死"；还有的更严重，叫作"不见光死",到书店以后没有打开包就被退回,变成死库存。即便上了架的图书,在这47万种里,跟风炒作、重复出版、校对质量差、印制质量差的也有相当一部分。

以2015年为例,去年全国出版了很多好书,像人民文学出版社的《抗日战争》,曹文轩的《火印》,中华书局的《重读抗战家书》,商务印书馆的《草木缘情》,三联书店的《中华文明的核心价值》。其他出版社也都出过一些好书,但是精品不多,精品不足,有高原无高峰。2015年全国出版长篇小说6000部,但是真正有影响力的,像迟子建的《群山之巅》,还有东西的《篡改的命》、陶纯的《一座营盘》等好书并不多见,大部分给人的印象不深刻。在这一年的畅销书当中,最为畅销的是成人手绘涂色书《秘密花园》,后来还有很多跟风的手工涂色书,这类书在出版行业大行其道。应该说它通过涂色对减轻人们的压力等起到了一定的作用,但对提升人的文化素质、提升精神层面的东西,不会产生多大的作用,更何况它还是一本引进版权的书,不是我们的原创。去年深圳十大好书评选,10本当中有6本是国外版权,这也从某一方面说明我国原创图书创新不足的问题。中国出版集团这些年狠抓精品,狠抓质量,年出书达到16 000种左右,但是毋庸讳言,在这些出版物当中也有质量不高、销量不好的图书。下属的一些出版社也存在着库存量大的问题。总而言之,我认为出版业同样存在供需之间错位、产品亟须优化的问题。无论是从给读者提供好书来说,还是从自己生存发展的角度考虑,都应当考虑解决出版业供给侧改革这一重大课题。

我认为出版业供给侧改革主要在三个层面进行。一是对图书产品结构进行调整,压缩品种和数量,提高质量和效益。二是把发行渠道打通,让好书能及时到读者手中。再就是提升服务水平,这也是出版业供给侧改革的一个重要方面。因为无论是出版单位,还是发行单位，都要加强服务，这既是我们全心全意为人民服务的宗旨所在，也是扩大市场的需求。图书行业在制作产品时就要有服务意识，把书出好。书出来以后，怎么送到读者手里，在书店销售的时候吸引读者，服务好读者，这也是供给侧改革的一个方面。

图书产品结构方面怎么调整？刚才提到压缩品种、提高质量，但实际上数量多少并不是主要矛盾，数量多，又快又多有什么不好呢？因为现在是质量不高才压缩数量。产品结构怎么调整，调整什么？

第一是面向党和国家改革发展的大局来调整，也就是说要强化主题出版。主题出版近两年得到了加强，但是还远远不够，真正能够让老百姓又愿意读又喜闻乐见的好作品还不是很多。有的虽然是主题出版，但是没有多少人看，缺少可读性。在这方面要树立精品意识，加强原创和现实题材创作；努力生产传播当代中国价值观念、体现中华文化精神、弘扬中华优秀文化传统、反映中国人民的奋斗追求的讲好中国故事的优秀图书。

第二是面向市场调整。在坚持出版导向的前提下，积极地面向市场调整，因为最大的需求在市场上，市场背后是读者的需求，要深入读者当中了解他们的需求，了解他们的喜好，为他们出版图书。我觉得特别需要强调市场意识，现在一些图书离市场不是近了，而是远了。包括我们很多编辑，不能深入市场的末端去。我们下去调研发现，二三线城市书店中中国出版集团的图书销售量很少，说明空间很大，但怎么把握这个市场，也需要我们的编辑深入第一线去。现在一些图书是靠观念生产的，而不是靠实际需求生产的，所以生产出来的东西就没有市场，因此要围绕市场来调整。

第三要充分认识自己的优势，走专业化的道路，发扬大国工匠精神，把自己擅长做的图书做到极致，同时要善于发现在市场竞争中的短板。拿中国出版集团来说，少儿类图书、教育类图书，这都是我们的短板，但是这类书市场份额很大，需求量很大，值得去开拓。当然创新发展不求面面俱到，但是在竞争方面存在短板就会出现问题，这也是产品结构调整要注意的一个方面。

关于渠道建设，这些年实体书店建设、发行渠道的打造等都有很大的进步，但与13亿人的读书需求还有很大的差距。一方面，大量的库存积压；另一方面，很多图书送达不到读者手中。有一些不错的图书因为渠道不通，不能及时送到读者手中，所以供给侧改革也要抓好营销渠道建设，打通渠道畅通的任督二脉。

中国出版集团欠缺发行渠道，形象的说法叫"高位截瘫"。我们现在在着力打造自己的渠道，"中版好书百店千柜工程"就是要解决渠道问题，在全国100家大书店里设中版销售专区，同时向二三线城市书店延伸。我们要加大新媒体市场营销力度，解决新媒体和传统媒体融合的问题。

关于发行渠道建设，我有几点建议：

一是在全国打破市场分割，建立几个大的发行集团。现在还是各省为主，每个省都有自己的发行渠道，特别是有的主管部门要求发省内本版书占一定比例，有明显的地方保护主义，这个问题不解决，好书还是拥堵。打个形象的比喻，产品是解决车的问题，渠道是解决道路的问题，有了车，道路也得通畅才行。

二是打造专业化的销售渠道。所谓专业化的销售渠道，诸如美术、少儿、音乐等专业化销售渠道，现在这些专业化的渠道也没有真正形成，也被各地所分割。

三是要建立线上线下互相贯通的立体营销。有的网上书店积极办地面销售店，当当、亚马逊都有具体行动。也有的地面店办网上书店，像浙江办的博库，等等。这方面要大力加强，建立线上线下互相联通的立体营销模式。

四是创新营销模式，吸引读者眼球，吸引读者注意力。三联书店创办24小时书店、黑龙江省出版集团办果戈里书店，都是对营销模式的积极创新。

五是就各出版社、出版集团，着力打造自有营销渠道，把好书尽快送到读者手中。

加强服务也是出版业供给侧改革的一个方面。服务的形式多种多样，比如说热情介绍产品和图书的内容，提供舒适的环境、明亮的空间、周到细致的服务等，服务贯穿出版端与发行端，必须树立强烈的服务意识。这两年书店都在升级换代和转型。升级换代后服务意识增强了，增加了各种各样的服务举措，像南京的解放路书店、合肥的图书城，等等。书还是那些书，但服务的环境更好了，窗明几净，空间更敞亮了；服务的热情更高了，服务的措施也更周到了。创办韬奋24小时书店在实质上也是从服务时间和服务方式上升级：时间上延长为24小时，服务更为周到，提供阅读桌、阅读椅，楼上设有咖啡馆，可以互动，另外每年增加几十场与读书相关的文化活动。服务越来越好，年销售额原来一千多万元，现在两千多万元，年利润由几十万元增加到三百多万元，获得两个效益双丰收。

出版业供给侧改革，还要探讨产能过剩和解决"僵尸企业"的问题。出版社或者出版企业中有没有僵尸企业？我认为有，有的出版社实际上已经资不抵债了。也有的出版社通过变相卖书号维持自己的生存。产品数量太多，质量偏低，这个问题和其他行业一样是存在的。但是出版业是不是现在产能过剩了，像煤炭、钢材似的，我还不敢下结论，这需要分析。现在我们着重进行活化库存、优化产能方面的工作。

去库存对出版业也很重要。消化库存要对库存进行分析，分析哪些是活库存，哪些是死库存。对死库存要下决心解决。对大部分库存图书来说，还是要加强营销。活化库存也要创新，一是优化现有产能，二是解决现有库存，三是处理僵尸企业。对一些有价值的图书实行打折销售，或者捐赠贫困地区。库存各方互相调剂，互通有无，利用各种渠道加大营销力度，也是一个有效方法。对僵尸企业不简单关停，可以把相同的企业进行归并。处理僵尸企业还要特别注意政策性。

出版业供给侧改革，无论是结构调整、渠道建设，还是增强服务、活化库存、优化产能，都要通过创新来驱动。产品结构调整、渠道建设、增强服务、优化产能、活化库存好比五个手指头，个个连着手掌心。手掌心是创新驱动，而创新驱动是最为重要的，要把创新作为第一推动力。

如何处理好出版业供给侧改革和需求侧提升二者的关系？唯物辩证法认为，一切事物都是相联系的。供给和需求是不可分割的一个事物的两个方面，我们在强调供给侧改革的时候，不能忽视需求侧的提升。出版业供给侧改革并非不要需求侧改革。事实上，我们过去在需求侧做了大量工作，已经取得了很好的效果。在全国开展十年的全民阅读活动，其重大意义之一就是从阅读端去拉动需求，通过提高人们阅读的积极性来增强图书的购买力。过去几年国家拿出几百亿投资，建立遍布全国农村的农家书屋，就是用国家买单的方式增加群众的消费需求。一些城市广泛开展读书活动，发放购书券、购书卡，都增加和刺激了读者的消费需求。目前我们特别关注供给侧改革是由当前的主要矛盾决定的；现在的主要矛盾不是数量不够，而是数量过多。对供给侧进行结构性调整也是刺激读者的潜在消费需求，实际上还是解决消费需求问题。出版业会在较长一段时间内，着力解决供给侧改革问题。但是，我们同样不能放松对需求侧的管理，过去一些行之有效的办法要继续坚持,也要用创新的方式从需求端进行刺激和推动。

(刊载于《中国出版》2016年第8期)

正确处理事业性与商业性关系是出版业改革发展面临的重大课题

一、事业性与商业性问题的提出与实践

事业性与商业性问题，是由我国著名出版家、生活书店创始人邹韬奋先生提出并进行深刻论述和着力践行的。他有三个观点值得我们特别注意。一是他给事业性和商业性的定义。他认为"所谓进步的文化事业是要能够适应进步时代的需要，是要推动国家民族走上进步的大道"；具体的事业性体现在"努力于引人向上的精神食粮"，"努力于巩固团结、坚持抗战及积极建设的文化工作"。要充分顾及我们的事业性，有时不惜牺牲，受到种种磨难也毫不怨尤。"但是在经济方面，因为我们要靠自己的收入，维持自己的生存"，"所以我们不得不打算盘，不得不赚钱。这可以说是我们商业性的含义"。二是事业性和商业性应兼顾而不应该对立。"因为我们共同努力的是文化事业，所以必须顾到事业性，同时也因为我们是自食其力，是靠自己的收入来支持事业，来发展事业，所以我们必须同时顾到商业性，这两方面是应该相辅相成的，不应该对立起来的。"三是充分发展商业性，同时也是充分发展事业性。"我们为着要发展事业，

在不违背我们事业性的范围内（我们当然不专为赚钱而做含有毒菌落后的事业），必须尽力赚钱，因为我们所赚的钱都是直接或间接地用到事业方面去。""这样看来，充分发展商业性，同时也是充分发展事业性。这两方面是可以而且应该统一起来的。"韬奋先生不仅这样倡导，而且自觉地践行，真正做到了事业性与商业性的统一。他历经磨难却百折不挠地坚持办店的初衷，坚守文化阵地，同时精细经营拓展业务，处处精打细算，增收节支，使书店得到了快速发展。生活书店鼎盛时期，在各地设有50余家分店，业务遍及全国，事业性和商业性都得到了充分发展。

　　事实上，任何一家出版单位都面临着如何处理事业性与商业性关系的问题。在这方面，商务、中华的前辈们同样为我们树立了楷模。商务印书馆把自己的经营理念总结为"在商言商"和"文化本位"。前者的意思是出版机构不能不考虑赢利，一切都要围绕商业经营来进行。后者是指出版机构不是单纯的营利单位，而应该做与文化相关的事。张元济先生立志昌明教育、开启民智，入馆后做了大量开拓性工作。商务印书馆在他手中完成了从印刷工厂到出版机构的文化改造，靠出版新式教科书等，积累了雄厚的资本。据庄俞《三十五年来之商务印书馆》所记，1901年商务总资本仅为5万元，而1921年则高达500万元。为了赢利，张元济曾亲自算成本账，他在给友人的一封信中这样核算成本："如改为四开式，比原样缩小纵一寸弱，横一寸强，内匡必须缩小较多，则成本可减轻三分之一，定价亦可较廉，销数自可较旺，统祈裁酌。如为再版计，欲留底版，则尚须加底版价。第二次印成本较轻，利益较厚，出版家能获利者，亦即在此。若仅印一次，不复再印，即令初印之书尽数售去，亦终归于损失也。"就是这样精打细算，克勤克俭，他把一个不知名的里弄企业，发展成为中国出版业的龙头老大，成为中国最具实力、最有贡献的文化企业。中华书局创始人陆费逵先生高度重视书业的"事业性"。他曾说过："我们希望国家进步，不能不希望教育进步。我们希望教育进步，不能不希望书业进步。我们书业虽然是较小的行业，但是与国家社会的关系，却比任何行业为大。"基于这种对书业与国家社会关系的深刻认识，他自觉承担起出版人的文化责任，同时重视企业经营管理，为之殚精竭虑，艰辛奋斗近30年，使中华书局虽几经磨难，但最终化险为夷，并发展成为国内最大的两家民营出版企业之一。

商务、中华、生活书店的创业史、奋斗史，是前辈们留给出版人最为宝贵的精神财富。张元济先生、陆费逵先生、邹韬奋先生坚持文化本位，重视企业经营，正确处理事业性与商业性关系的理论与实践，对我们今天仍有重要的示范作用。

二、我们今天如何正确处理事业性与商业性的关系

当前，我国出版业面临前所未有的发展机遇。只有处理好事业性与商业性的关系，才能正确、快速发展，才能在发展中避免走弯路。我们今天如何正确处理事业性与商业性的关系？一方面要学习借鉴业界老前辈们处理事业性与商业性关系的经验，理解他们实际运作背后的精神内涵；另一方面要结合出版业所处社会条件、形势、任务、读者群体和市场需求等发生变化的实际，来研究回答这一问题。

一是对事业性、商业性科学、全面地定义。邹韬奋先生所述的"事业性"与"商业性"在本质上适用于今天，但在内涵和外延上应有适当补充和拓展。今天的事业性须包括五个方面的含义：（1）多出好书，繁荣出版，满足最广大人民群众的阅读需要，为建设小康

社会提供精神动力和智力支持，围绕国家的中心任务推动社会不断进步。（2）自觉地在建设社会主义核心价值体系、建设中华民族共有精神家园、培育文明风尚、弘扬社会理想、提高公民素质等方面做出努力，推动社会主义文化发展繁荣，为发展国家文化"软实力"做出贡献。（3）传承中华民族优秀文化，组织实施对中华文化积累有意义的重点工程和体现时代特色的标志性出版工程，推出经得起历史和实践检验的传世之作、经典之作。（4）坚持文化本位，做和文化工作相关的事，注重文化积累、文化贡献，挺拔主业，兼及其他。（5）绝对不出对社会和民众有害的坏书和格调低下的出版物。即韬奋先生所言"不专为赚钱而做含有毒菌落后的事业"。商业性的含义：（1）在商言商，以企业面世，以产品立世，面向市场搞好经营，按经济规律办事。（2）处处精打细算，关注投入产出，尽力多赚钱多赢利，为企业生存和发展提供强大的经济实力。（3）作为国有企业，必须对国有资产切实负起保值增值的责任。（4）坚持以人为本，不断提高员工收入，满足他们对物质利益的合理期盼。

二是在认识和实践上达到事业性与商业性的高度一致。现在我们常用的提法是社会效益和经济效益的统一。事业性与商业性、社会效益与经济效益在本质上是一致的，它们所对应的关系也是基本相同的。它们的不同在于：事业性与商业性侧重面向企业自身定位的操作层面，社会效益与经济效益则侧重面向社会公众定位的效果层面。二者在概念上不可相互替代，但在理解上却可以相互观照。对此我们不详解析，还是来论述事业性与商业性的一致性。首先，两者的一致性表现为互相依存，缺一不可。仍如韬奋先生所言："倘若因为顾到事业性而在经济上作无限的牺牲，其势不至使店的整个经济破产不止，实际上便要使店无法生存，所谓'皮之不存，毛将焉附？'机构消灭，事业又何从支持，发展更谈不到了。在另一方面，如果因为顾到商业性而对于文化食粮的内容不加注意，那也是自杀政策，事业必然要一天天衰落，商业也就随之而衰落，所谓两败俱伤。"其次，当今的社会条件对两者的一致具有促进作用。与韬奋先生所处的社会不同，我们当今的出版人处于社会主义社会。社会主义意识形态、社会主义文化建设、社会主义市场经济具有高度的一致性。为人民服务、为大众服务既是对文化建设的要求，也是对市场经济的要求，事业性与商业性在制度层面可以很好地得到兼容。再次，社会法制的健全，国家对新闻出版的强化管理，以及行业规范的形成和约束力的加强，都促使新闻出版从业人员朝两者一致性的方向去努力。又次，我国改革开放以来出版业大量的实践证明，只有做到事业性和商业性的统一，事业才能发展，企业才能兴盛，反之，事业就会衰败，企业也会衰落。从而使从业人员增强了自觉意识，自觉地将事业性和商业性、社会效益和经济效益统一起来。我国出版业每年为读者提供一大批文化品位高、编校质量好的优秀出版物，这样的出版物既有很好的社会效益，又有很好的经济效益，使企业的事业性和商业性都得到很好发展便是证明。我们追求事业性的完美，就必须把商业性做到极致；而商业性的到位则使事业性臻于完美。两者交相辉映，共进共荣，才是我们所追求的理想状态。

三是把事业性摆放在主导位置予以突出。主要应做到四点：

第一，始终坚持正确的出版导向，以社会效益为最高准则，努力实现经济效益与社会效益的统一。我认为就目前而言，我们的出版企业同时具有政治属性、文化属性、经济属性三种功能，因此，它也必然会在三方面发挥作用。虽然我们已改制或将要改制为企业了，但是它原有的意识形态属性即政治功能并未减退，我们对此必须有清醒的认识。我们应自觉地增强政治意识、大局意识、责任意识，坚持正确的出版导向，自觉地承担起建设社会主义核心价值体系、维护国家文化安全的重要职责。当经济效益与社会效益发生矛盾时，坚持把社会效益放在首位，决不给错误思想和腐朽文化提供传播渠道。

第二，以传播中华民族优秀文化、社会主义先进文化、引介国外其他民族优秀文化为己任，注意文化价值、文化积累，讲究文化内涵、文化品位。我们出版企业和一般企业的不同在于：为文化而生，为文化而长，文化功能是自己的个性和价值所在。我们要有高度的文化自觉，注重推出具有重大文化价值的传世之作、精品力作，注重所出出版物的文化含量，注重满足读者多层次、多方面、多样性的精神文化需求。在全球日趋技术化、快捷化的今天，有的出版人面对激烈竞争的市场，有意无意放弃文化坚守和文化追求，一些出版物"含氧稀薄"，有意淡化、消解文化，这应当引起我们的关注和警惕。

第三，加强管理，严格把关，注重"文化食粮的内容"，决不让毒害人身心健康的坏书和格调低下的出版物出笼。陆费逵先生说："如以诲淫诲盗的书籍，贡献于世，则其比提刀杀人还要厉害，盖杀人不过杀一人，恶书之害，甚于洪水猛兽，不知要害多少人。所以我们当刊行一种书的时候，心地必须纯洁，思想必须高尚，然后才可以将最有价值的结晶品，贡献于世。"这是老一辈出版人的从业准则，我们在今天也应当谨记力行。

第四，在坚持事业性的前提下大力发展"商业性"。注重商业性对经营状态不佳、经济效益差的出版单位尤为重要，同时也应受到各出版单位的普遍重视。这是因为过去强调出版的文化功能和宣传功能，不太重视经济属性。虽然长期以来已实行企业化管理，但是发展思路、经营方针、人事、分配制度等，基本沿用事业单位的模式，突出的问题是：经营人才缺乏，市场意识不强，营利观念较差；

因为长期在计划经济和事业体制下生存，重生产、轻营销，相对缺乏市场意识和营销意识，对营销重视不够、办法不多；因为我们的观点还比较保守，不敢把多赢利和利润最大化作为我们的重要目标；因为我们的经济实力还比较弱小，与我们目前的政治地位、文化地位不大相称。

当前倡导发展"商业性"，摆在第一位的应是解放思想、更新观念。使从业人员破除因循守旧、不思进取的观念，认识到"商业性"与"事业性"同等重要，只有发展"商业性"，"事业性"才能最终得到发展；认识到只有在经济实力上大大增强，才能在与国外大型企业集团的竞争中获胜，从而更加推进"事业性"，为中华文化的传承、弘扬和维护国家文化安全做出重大贡献。辽宁出版集团整体打包上市，在业界引起巨大震撼，使人们对文化企业的属性有了全新的认识——只要是企业，无论怎么特殊，都要参与市场竞争，在竞争中优胜劣汰。即使如人民出版社这样具有特殊政治功能被定位为公益性事业单位的出版社，除了个别项目由国家资助外，也同样和其他出版社一样，参与到市场竞争中来。重视"商业性"，制定经济发展战略目标和企业利润目标也非常重要。制定战略规划时，要把经济发展规划容纳进来，使员工在明晰总体战略目标的同时，对经济发展目标也有明晰的了解。而围绕经济战略目标加强经营工作，更是"商业性"的题中之义。重视"商业性"，还要寻找新的经济增长点和开拓新的赢利空间，探索新的赢利模式。对出版单位来说，敏感地捕捉市场需求，下力气组织好大众读物出版，既能满足广大读者的需求，同时也可开辟重要的赢利渠道。因为大众读物发行量大，成本低，有丰富的赢利空间。中华书局等出版单位近年来对历史文化普及读物的开发，成果颇丰，对我们有重要启迪作用。注重"商业性"，还应遵循量入为出和厉行节约的原则，尽可能地减少开支，杜绝浪费，

"节约每一个铜板,为着革命战争和事业的需要"这句老话,今天也没有过时。而上述这一切的落实,都有赖于出版单位改革的深化。通过改革建立新的体制、机制,把员工增收节支的积极性、创造性充分调动起来。毫无疑问,改革既是我们出版企业发展"事业性",也是发展"商业性"的重要推动力量。

(刊载于《中国编辑》2008年第3期)

在确保出版导向前提下争取更大经济效益

根据中国出版集团公司开展解放思想大讨论的布置和安排，我们三联书店认真组织职工开展了思想解放大讨论活动。在讨论中，全体员工认为，进入改革开放新时期以来，三联书店不断发展壮大，通过自己的出版物，提高了品牌的知名度和影响力。2002年加入中国出版集团后，在集团公司直接指导下，进入新的发展阶段。近几年来以转企改制为契机，坚持固有的出版宗旨和理念，明晰工作思路，确定发展目标，深化内部改革，创新运行机制，壮大图书出版主业，精心打造著名期刊名牌，致力于发展先进文化，传播新锐思想，服务社会现实，满足读者需求，竭诚为读者服务，出版了一批富有文化价值、广受读者好评的图书和期刊，获得了很好的社会效益和经济效益，增强了自身的经济实力和竞争力。2007年，三联书店的销售收入是1986年1月恢复独立建制时的41倍，利润总额是当时的33倍。在充分肯定三联书店近几年工作成绩的同时，大家也指出面对机遇和挑战，店里存在的一些问题：思想观念不相适应，体制机制缺乏创新，收入分配不尽合理，约束激励机制效果不明显，图书出版总量偏小，已有图书资源有限，品种结构存在缺陷，市场占有率较低，综合经济实力不强，经营管理薄弱，人员配置与使用存在不合理，缺少高级管理人才、市场营销人才和掌握现代传媒技术的专门人才，等等。解决这些问题，需要深入分析研究，采取具体措施，但是最重要的是解放思想。思想解放是总开关，思想不解放，这些问题就很难解决。为此，我们解放思想的讨论还要深入持续开展下去。同时要把握好解放思想的主攻方向和目标任务，解决制约发展的突出矛盾和问题，实现又好又快科学发展的根本目的。

对中国出版集团公司来说，对三联书店而言，这次思想解放大讨论活动的目的，就是解放和发展出版生产力。出版生产力不是单一的概念，而是包含社会效益、经济效益、影响力、竞争力等多种因素在内的综合性指标，是一种综合实力的显现。围绕这一目标，需要从多方面解放思想，更新观念，我在这里仅从重新认识社会效益和经济效益的关系，在高度重视社会效益的同时高度重视经济效益的角度，谈一些粗浅认识。

正确处理社会效益与经济效益的关系，是出版业的老话题，也是新话题。说其老，是因为改革开放三十年来，这个话题常常被提起。说其新，是因为对这个话题、这个关系的处理不断面临新的时空、新的场景、新的社会发展的要求。从中央高层来说，最新阐述社会效益和经济效益关系的是李长春同志。他在《求是》2008年第22期刊载的《深入学习实践科学发展观，推动社会主义文化大发展大繁荣》一文中指出："经济效益和社会效益的关系，是社会主义文化建设面临的一个重大课题，必须正确认识和把握好。文化产品既有教育人民、引领社会的意识形态属性，也有通过市场交换、获取经济利益、实现再生产的商品属性。两种属性相应地带来了'两个效益'的关系问题。要正确区分公益性文化事业和经营性文化产业中'两个效益'的不同要求。对公益性文化事业来说，就是要追求社会效益的最大化，不搞产业化。对经营性文化产业来说，既要讲社会效益，又要讲经济效益，两者并不是对立的。在社会主义市场经济条件下，人们越来越多地通过市场满足文化需求，购买优秀文化产品的人越多，受教育的面就越大，社会效益就越广泛，经济效益也就越好。从这个意义上说，没有经济效益，社会效益也越难以落实，文化产业也无法实现再生产。反之，如果文化产业不讲社会效益，不能满足人民群众健康有益的文化需求，就会逐渐被边缘化直至被逐出市场，经济效益也无从谈起。实现社会效益与经济效益有机统一，是文化产业可持续发展的重要条件。要鼓励文化企业在确保正确导向的前提下，争取更大的经济效益。当经济效益同社会效益发生冲突时，经济效益要服从社会效益。"上述论述很有新意。这个新意，就在于在坚持"正确处理社会效益和经济效益的关系，始终把社会效益放在首位，做到社会效益与经济效益相统一"的前提下，提出了三个论点：一是把文化事业和文化产业加以区分，经营性文化产业"既要讲社会效益，又要讲经济效益"；二是人们越来越多地通过市场满足文化需求，"没有经济效益，社会效益也难以落实，文化产业也无法实现再生产"；三是"要鼓励文化企业在确保正确导向的前提下，争取更大的经济效益"。这三个论点贯穿起来就是经营性文化企业要积极面向市场，争取两个效益，在确保导向的前提下，争取更大的经济效益。这就加大了两个效益关系中经济效益的分量比，明确提出了"争取更大的经济效益"的要求。为什么如此强调，我的理解是，两个效益是有机统一的，在市场经济条件下，没有经济效益，社会效益就是一句空话。不做大文化产业，就不能和国民经济其他产业相匹配，不能提供有力支撑；不做大文化产业，就没有国际文化竞争力，国家的文化安全也难以保证。

中国出版集团公司查摆的问题之一，是发展资金匮乏。经济实力不雄厚，确实是困扰集团领导的一大难题。我们没有教材支撑，老员工多，负担沉重，等等，原因很多。但是，有没有我们思想上不够重视经济效益，在抓社会效益和经济效益方面存在"一手硬一手软"的问题？这个我不敢断言。现实的情况是，我们经营意识不是特别强，我们缺乏超强的经营型人才，我们经营的办法不够多也不够超前。这也许能折射出我们对经济效益的重视程度。以三联书店为例。在最近的问卷调查中，有54%的人认为三联书店的图书营销意识不强或不太强；有62%的人认为营销策略和手段不多和不太多。店领导班子也分析认为，"受长期计划经济的影响，三联书店多年重视经营管理不够，经营意识、市场意识、效益意识不强，经营管理水平不高，缺乏懂经营、善管理的复合型人才，影响自身快速发展"。三联的情况如此。就集团整体看，与中央宣传文化系统其他集团比，我们的经营意识、经营欲望、经营成果似乎存在差距。细加分析，思想观念上存在偏颇恐怕是深层原因。今天以科学发展观为指导，站在发展的高度，以国际出版业为映照，以发展出版产业为主线，检查我们的思想深处，看我们有没有高度重视社会效益，不那么重视经济效益；关乎社会效益非常用力，关乎经济效益不尽用力；有没有以自身品牌多、社会效益好自许，在说到经营赚钱时"表现清高"；看我们在两个效益的处理上是平衡的，还是发生了"一头沉"的偏坠。也许我们的观念有历史时代的原因。在过去是正确的，但在目前是否符合科学发展观的要求？总之，我们要对两个效益的关系处理进行反思，切实改变社会效益"一头沉"的状况，把谋取良好的经济效益提高到战略高度来认识，切实提高自身的经济实力；从而增加综合实力，以我们的社会效益、社会影响，再加上我们的经济效益、经济实力，就可以傲视群雄，就可以与国际上大的出版集团比肩与抗衡。

如何处理社会效益与经济效益的关系，如何处理事业性与商业性的关系，生活书店创始人邹韬奋先生为我们树立了榜样。他说：

"因为我们共同努力的是文化事业,所以必须顾到事业性,同时也因为我们是自食其力,是靠自己的收入来支持事业,来发展事业,所以我们必须同时顾到商业性,这两方面是应该相辅相成的,不应该对立起来的。""充分发展商业性,同时也是充分发展事业性。这两方面是可以而且应该统一起来的。"韬奋先生不仅这样倡导,而且自觉地进行实践,真正做到了事业性与商业性的统一。他历经磨难却百折不挠地坚持办店的初衷,坚守文化阵地,同时精细经营拓展业务,处处精打细算,增收节支,使书店得到了快速发展。生活书店鼎盛时期,在各地设有50余家分店,业务遍及全国,事业性和商业性都得到了充分发展。

　　社会效益与经济效益的关系,事业性与商业性的关系,本质上是一致的。作为我国出版业的国家队和主力军,中国出版集团及其下属出版单位,任何时候,都要把社会效益放在首位,把事业性放在首位,牢记自己的社会责任,并以社会效益、文化贡献突出而自豪,同时,我们要高度重视经济效益和商业性,实现更多的利润,这是发展出版事业,也是生存、壮大的需要。换言之,我们从事出版不以营利为首要目的,但为了达到目的,我们必须多多赢利。有了资金,才可以办大事,可以增强竞争力,日子也会好过得多。在全集团树立高度重视经济效益的观念,出更多面向市场的利润丰厚的畅销书,积极介入教材出版,进行资本运作、多元经营、融资上市等,就会得到职工群众的充分理解和有力支持。

(2008年11月25日)

以改革创新为动力促进品牌老店快速发展

肇始于邹韬奋先生亲自创办的生活书店，三联书店迄今已有近80年历史。经过几代人的努力，三联在事业上不断发展壮大，成为全国著名文化品牌。在改革开放新时期，特别是1986年恢复独立建制后，逐渐发展成为一家以出版人文科学和社会科学图书为主的综合出版社，出版物涉及哲学、历史、文学、艺术、经济、政治、法律和社会生活等领域。秉承"竭诚为读者服务"的宗旨，恪守"人文精神，思想智慧"的理念，坚持"一流、新锐"的标准，出版各类图书5000余种。其中，《陈寅恪集》《钱钟书集》《三联·哈佛燕京学术丛书》等著作，具有重要思想文化价值和深广社会影响力；《傅雷家书》《随想录》《我们仨》《新知文库》等文化类读物，畅销不衰，深受各界读者喜爱；《现代西方学术文库》《文化生活译丛》《学术前沿》《西学源流》等丛书和译著，在介绍外国优秀思想文化方面，发挥了重要作用；《目送》《老子十八讲》《金庸作品集》《蔡志忠中国古籍漫画系列》等面向大众的读物，在读者中产生重要影响；与澳大利亚LP公司合作出版的"LP旅行指南系列"受到广大旅行者欢迎。三联书店作为中国思想文化出版重镇和品牌影响力最大的出版社之一，在业内和广大读者中享有盛誉，被誉为"知识分子的精神家园"。

在推进事业发展的过程中，三联书店始终坚持以改革为动力，近几年更是适应新的出版环境和市场竞争的新形势，从思想解放更新观念入手，加大了改革的力度，努力建立新的体制机制，充分调动员工积极性，获得社会效益、经济效益双丰收，使各项事业上了一个新台阶。

首先是通过深化改革，建立与现代企业发展相适应的组织结构、用人机制与激励机制，解放出版生产力。从2009年9月开始，对编辑部门进行机构调整与重组，撤销原生活·读书·新知三个编辑室，成立学术、文化、大众、旅行四个出版中心和审读室，形成四个中心加两室的基本格局。这种布局对调整选题结构、明晰图书产品线、培养人才队伍、形成新的管理体制、促进长远发展起到了重要作用。从2010年1月开始，对各中心实行"双效目标责任"考核，进一步激发了编辑的积极性，不仅推出《目送》《孩子你慢慢来》，王蒙的《老子十八讲》，以及《七十年代》《1944：松山战役笔记》《也同欢乐也同愁》《谁造就了赵小兰》《鲁迅箴言》《唯一的规则》等一批好书，而且大大提高了经济效益。

其次是适应转企改制的需要，建立现代企业制度。加快人事制度改革，打开人员"能进不能出"的瓶颈，建立了正常进入退出的机制，从而使"能人进得来，庸人不沉淀"，并把有才干的同志选拔到重要岗位和更能发挥作用的岗位，调动了员工的积极性。从2010年7月1日起按照集团公司转企改制的要求，将全体员工纳入北京市社保养老体系，一方面解除了职工的后顾之忧，另一方面长远地解除了企业的养老负担。

2010年改革的最大成果是实行薪酬制度改革。随着转企改制工作的不断深入，店领导班子进一步解放思想，转变观念，着手研究和解决在原事业体制下积累的阻碍企业未来发展的深层次复杂问题。

针对原工资分配体系中存在的"大锅饭、平均主义、干多干少一个样、干好干坏一个样"的种种弊端，加紧研究制定奖勤罚懒、效率优先、兼顾公平、与绩效挂钩的员工收入分配改革方案，以适应转企改制新形势，进一步激发员工积极性，提高工作效率。此项工作从2010年下半年开始启动。在经反复研究探索拿出初步改革方案后，充分发扬民主，广泛征求职工意见，几上几下，数次修改，能吸纳的意见尽量吸纳。在征求意见的过程中，店班子成员、职工代表和相关部门与职工进行了广泛接触，答疑解惑，沟通思想，宣传、动员大家转变思想观念，深刻理解和领会收入分配制度改革的重要意义，积极支持和参与改革。店职代会正式审议通过《员工收入分配改革方案》，于2011年1月在店内实行。

然后是将三联韬奋图书中心成功改制为由三联书店独家控股的股份有限公司，店名也改为北京三联韬奋书店有限公司。三联韬奋图书中心作为京城著名的文化地标，一直在读者心目中享有重要的地位，在书业中形成特有的、充满文化意义的品格特色。但近年受到网络书店的冲击，加之自身经营上的原因，三联韬奋图书中心一度陷入经营困境。2009年下半年以来，在中国出版集团公司的支持下，调整了图书中心的管理层，加大了三项制度改革力度，大幅压缩人员，加强了经营管理，同时拓展经营思路，创新经营模式，调整图书品种并开通网上书店等。按照集团公司上市工作的统一要求，三联书店对韬奋图书中心一次性注入两千万元资金，使其改制成功，并为其今后的生存发展创造了条件。

此外，三联书店在不断锐意求新、通过改革发展壮大自身的同时，不忘坚守文化理想与使命，坚持弘扬三联品牌。2010年10月联合上海三联书店有限公司、三联书店（香港）有限公司在京召开高层年会，并发表《京沪港三联书店关于弘扬三联品牌坚守文化使命的共同宣言》，在社会上产生了良好反响。年会期间三地三联书店围绕加大交流合作力度，在信息交流、人员培训、项目合作以及战略投资方面就如何实现优势互补和深度合作、扩大品牌影响力等进行了深入研讨，达成了诸多共识。为了切实遵行宣言精神，店里结合实际，制定颁布《生活·读书·新知三联书店关于弘扬三联品牌坚守文化使命的决定》，在"热爱三联品牌，为发展三联品牌贡献力量""坚守文化使命，认认真真出好书、出好刊""树立三联人美好形象，为三联品牌增光添彩""大力增进团结，增强凝聚力和战斗力"等诸多方面号召全体员工身体力行，加快改革发展步伐，以更大的贡献回报广大读者和社会。

（2010 年 11 月 15 日）

坚持用改革发展统领全局

三联书店领导班子在中国出版集团公司指导下，认真贯彻落实科学发展观，以改革发展统领全局，实施品牌、人才、企业文化三大战略，圆满完成2010年工作任务，各项工作都上了一个新台阶，为实施"十二五"规划奠定了坚实基础。

一是业绩比较突出，成果比较明显。

全年出书478种，其中有一批双效俱佳的好书，如《巨流河》《野火集》《城门开》《鲁迅箴言》《百年衣裳》《也同欢乐也同愁》《唯一的规则》《何处是"江南"？》《钱钟书百年纪念文集》《谁造就了赵小兰》《上帝送我一把小提琴》、蔡志忠经典漫画系列、基督教经典系列等。年终盘点，多家媒体和机构评年度好书，三联一批图书榜上有名。《巨流河》荣登《光明日报》"2010年度光明书榜"，同时获新浪网中国好书榜第一名，被评为深圳读书月"年度十大好书"。《路西法效应：好人是如何变成恶魔的》入选《人民日报》文艺部与人民网读书频道组织评选的2010年度"影响力10部书"。《七十年代》《1944：松山战役笔记》获国家图书馆第六届文津图书奖，《鲁迅箴言》《目送》等6种图书被中国发行协会评为"2010年度全行业优秀畅销品种"。《孩子你慢慢来》《巨流河》《鲁迅箴言》分别获中国出版集团公司年度优秀畅销书奖和常销书奖。在北京图书订货会组委会组织评选出的"2011 晒书单·话读书——2010 我的阅读""大众读者奖"24 种图书中，我店有《目送》《巨流河》《也同欢乐也同愁》等 3 种书入选，三联书店也因入选最多获得"读者最喜爱的出版社奖"。在当年度进行的中华优秀出版物评选中，我店获得两项三种奖励。

特别让全店员工振奋的是，在新闻出版总署正在进行的《第二届中国出版政府奖公示》中，我店荣登"状元榜"，获得五个正奖、一个提名奖，位列全国出版社第一名。其中，《明式家具研究》获图书奖，《三联生活周刊》获期刊奖，三联书店获先进集体奖，《三联生活周刊》主编朱伟获优秀编辑奖，《北京跑酷》获装帧设计奖，《灵魂深处的乐思——西方音乐与观念》获装帧设计奖提名奖。出版政府奖七个子项，我店占了五个，只缺电子音像网络奖和印刷复制奖。和我店并列的是科学出版社，也是五个正奖、一个提名奖，只是其中两项是与其他单位合作共同获奖。荣获"非常五加一"奖是我店自 1986 年独立建制以来获得的最大荣誉，而在第一届中国出版政府奖中，我店仅有两本书获得提名奖。

在获得良好社会效益的同时，我店经济效益实现历史性新突破。图书效益明显提高，期刊稳步增长，全年实现主营业务收入 1.61 亿元，比上年度 1.41 亿元增长 13.45%，利润突破 2000 万元大关，比上年度增长 42.9%，实现由 2008 年的 872 万元跃上 2009 年的 1410 万元，再跃上 2010 年的 2041 万元的三级跳。"十一五"后两年年均实现主营业务收入 15 156 万元，比"十一五"前三年年均主营业务收入增长 21%，年均实现利润 1713 万元，比"十一五"前三年平均实现利润增长 52%。在没有其他收入的情况下，全靠一本本卖书、卖刊，利润的增长实属来之不易。

二是改革深入进行，成效比较明显。

2010 年我店最大的改革，是真正的转企改制，实现人员身份转换和养老保险接续。由于工作积极稳妥、耐心细致，做到平稳过渡，没有一位职工有意见有怨气。而且我们以转企为契机，解决了几年来想解决而没有解决的改革收入、分配制度问题。经过半年反复研讨，多次征求职代会意见，最后经职代会通过，我们开启了有三联特点的现代企业薪酬分配体系。这一体系确立以岗定薪、以绩效考量、鼓励先进、坚持公平公正等原则，得到了全体员工的普遍认同，从2011年1月开始已按新工资方案运作。

2010年三联书店改革的最大难点和亮点是所属韬奋图书中心改制取得成功。三联韬奋图书中心自1996年成立以来一直在读者心目中享有重要的地位，但近年由于网络书店的冲击和自身经营上的原因，一度陷入经营困境，成为我店赢利的"出血点"，一个沉重的包袱。2010年在中国出版集团公司的支持下，我店对三联韬奋图书中心采取了不惜代价、力保品牌的方针，下决心通过改革起死回生，重振雄风。为此调整了领导层，加大了三项制度改革力度，大幅度压减人力成本。在保持韬奋中心原有特色的前提下减少营业面积，同时拓展经营思路，创新经营模式，调整图书品种，开通网上书店等。此外还引进战略合作伙伴，消除了书店房租的压力。为了保住这个著名品牌，店本部对韬奋图书中心一次性注入两千万元人民币，使其改制成功，由国有独资企业改为股份有限公司，店名也改为北京三联韬奋书店。9月26日举行了北京三联韬奋书店改制揭牌仪式，标志着这个著名文化品牌进入新的发展阶段。经过全体员工的共同努力，书店已开始恢复生机和活力，呈现良好发展势头，预计2011年年底完全可以实现扭亏为盈。

2010年还是我店对各图书出版中心进行双效业绩考核的第一年。按照集团考核我店的模式，我店领导和各能够具体考核的部门签订了双效目标责任书，年终用数字、用业绩说话，进一步调动了员工的积极性。

三是弘扬品牌特色，社会影响力提升。

2010年10月26日由我店发起并主办的京沪港三联书店高层年会在北京成功召开，这是三联书店在香港成立之后六十年来的首次高层年会。邬书林副署长到会并讲话，给我们很大支持与鼓励。年会发表了《京沪港三联书店关于弘扬三联品牌坚守文化使命的共同宣言》，通过了《关于京沪港三联书店建立紧密合作关系的构想》，在建立信息交流渠道、共同开展业务研讨与人员交流活动、加强版权合作、合力开拓海内外零售市场、共同维护三联品牌等方面达成诸多共识，产生了良好的社会反响。为将《共同宣言》的精神落到实处，我店特结合实际制定了《三联书店关于弘扬三联品牌坚守文化使命的决定》，要求全店员工遵照执行，为弘扬三联品牌做出更大贡献。

2010年8月，我店组织编辑赴宁夏回族自治区与黄河出版传媒集团联合举行改革与发展高端论坛，不仅在选题的思路与创新上相互取长补短，而且达成了重要的合作协议。黄河集团作为全额出资方在宁夏开设50家社区连锁书店并冠以"黄河三联书店"的名称，三联书店在品牌社会化之路上迈出了重要一步。

为了进一步发挥品牌的魅力，我们提出开发三联出版资源，决定对生活书店、读书出版社、新知书店出版的精品图书挖掘整理，组织出版《三联经典文库》。《文库》共分5辑，拟出500种，时间跨度80年。这一举措得到出版总署和集团公司的充分肯定，"三联经典文库"被列入国家重点出版项目。

四是传承企业文化，积极关注民生。

2010年集团注重企业文化建设，我们相应地加强了这方面的工作。三联书店不是建设企业文化，其企业文化早已有之，重点是今天如何继承与创新。竭诚为读者服务，与时代和人民同行，为社会现实服务，"坚定、虚心、公正、负责、刻苦、耐劳、服务精神、同志爱"等八种精神就是三联书店的企业文化。为了继承这些企业文化，我们下发了《员工手册》，办了供内部交流的《店务通讯》，加强了民主管理并定期向职代会汇报工作，还新开办了职工之家。同时我们提出了新的企业文化内涵，如"建设和谐三联、文化三联、活力三联"，"爱店如家、爱同志如手足、爱事业如生命"，让"三联员工生活得更幸福更有尊严"，特别是把关注民生、提高员工待遇、让员工过上体面生活作为企业文化的重要内容。在企业效益提高的基础上，我们借薪酬改革理顺工资关系，给员工增加工资，每人平均增长771元；年底发双薪，每人增加一个月工资；给离退休老同志发年终奖，今年又有提高；年终决算时提取了企业年金，为员工建立企业年金做资金准备。还为库房储运工等低收入员工提高了月工资标准，冬天送去棉衣、棉鞋，春节前预发部分奖金，让他们高高兴兴回家过年。我们深知"企业善待员工，员工才能心系企业"，精神物质相互融合构成的企业文化才是管用的，才是真实可信的。

一年工作下来的体会主要有：

第一，坚持正确导向、服务大局是不断进步稳定发展的保证。三联书店在书刊出版方面连续多年没有发生政治导向问题，没有给大局添乱，这不是靠运气，而是我们增加了政治意识，提高了政治把关的自觉性。这几年，我们还主动配合国家大局出了许多优秀出版物，如《三联生活周刊》关于汶川抗震救灾、奥运会、世博会、纪念抗美援朝六十周年等报道，正在做的辛亥革命十个专题的报道，我店出版的图书《西藏今昔》《谎言与真相》等配合时政宣传的图书，不仅承担了社会责任，扩大了品牌影响，而且赢得了很好的经济效益。

第二，坚持用改革发展统领全局，一心一意谋发展，树立正确的指导思想。我们加大改革力度，建立新的机制，调整内部组织机构和产品结构，释放了出版生产力，还为下一步发展谋篇布局，如投资300万元建立起以"三联生活者"网站为中心的新的立体传播平台，运用新媒体开辟新的经济增长点。

第三，坚持做强做开，走特色发展之路，是符合实际的明智选择。在许多出版单位谋求做大规模、数量的时候，我们选择的是做强做开。首先努力做强，即在质量、品位、特色上下功夫，坚持"有所为有所不为"，不追求大，不强调规模或量的扩张，而是强调和追求竞争力与质的提升，同时注意适当扩大规模，为做强提供量的支持。从规模上看，三联目前只是一个中等出版社的水平，但品牌影响、产品质量在国内都是一流的。我们认为，适合自己的发展模式才是最好的模式。

第四，坚持事业性与商业性的统一，才能不断促进企业的发展壮大。邹韬奋先生提出的"事业性与商业性的统一"，是坚持社会效益和经济效益统一的最早版本。我们坚持事业性，就是时刻不忘出版的文化本位，出好书，出有价值的书，同时为了立足和生存要搞好经营多多赢利。近几年，我店大力强化经营，仅去年一年营销活动就搞了45场，还开辟了大众和旅行板块，推出一批畅销书；提出"河面上总有几条活蹦乱跳的鱼"，有几本让人眼睛一亮的书，拉动了整个图书销售和效益提升。

第五，班子队伍团结、局面稳定是事业发展的根本前提。我们坚持不折腾，向前看，把心统一到三联事业的发展上来，树立了正气，聚拢了人气。近年来三联事业发展的过程就是不断增进团结、聚拢人气的过程，和谐稳定对三联书店的发展尤为重要。

（2009年8月31日）

用编辑机构调整推动改革发展新突破

从2009年9月1日开始，三联书店新的编辑机构就要"挂牌"，人员就要到位，编辑部门就要按新的名称和结构运行。在此，我就这次机构调整重组进行一次动员，并就有关情况予以说明和交流，对如何贯彻店里的调整决定提出要求。

一、为什么要进行这次编辑部门机构调整重组？

这次调整重组，撤销生活、读书、新知三个编辑室，成立学术、文化、大众、旅行四个出版中心和审读室，形成四中心加综合室、审读室两部门的基本格局。

为什么进行这样的结构调整？

（一）这是适应全国出版业改革发展和激烈竞争新形势的需要

随着当前中央各部门各单位出版社和高校出版社体制改革明显提速、进入攻坚阶段，中国出版业正处在新中国成立60年来一次大转制、大重组、大发展的关键时刻，多年形成的格局发生划时代的变化。目前出版业改革的主题词就是"转企改制、股改上市"，我用"风起云涌,百舸争流"来形容当前出版业改革的形势。不久前,中央在南京召开全国文化体制改革经验交流会,这又是一股强劲的东风,必然会推动、催生新一轮改革。现在,新闻出版总署为出版社转企改制画出了明确的线路图和时间表,一大批出版单位必须在年底前完成转制任务。国家更加放开了以前的许多限制,各出版集团、出版单位谋求做强做大,实施低成本扩张,争相股改上市。一些出版集团兼并重组,跨地区经营,收购出版发行单位,在结构调整中彻底打破传统布局,正在形成几家独大的局面。中国出版集团公司为增强竞争能力建设国际一流出版传媒,大大加快改革步伐,要求各出版社成立上市办公室(我单位已成立),9月即进入实际操作阶段,争取在明年年底上市。中国出版集团各单位改革发展各出高招、奇招,谋划当前和长远发展。以我们熟知的几家出版社为例:商务印书馆筹建多地分馆,重建辞书出版中心、商务编译所,《汉译世界学术名著丛书》(珍藏本)400种图书整体推出,产生重要影响。中华书局近几年出版大众文化读物成绩斐然,为谋划未来发展大格局,于2008年年底在组织架构上进行了战略调整,设置了一个中心、三个分社,进行分类管理。中国大百科全书出版社以《中国大百科全书》第二版问世为契机,谋划发展,增强实力,中央领导李长春、刘云山参加表彰会,更是扩大了该社的社会影响。人民文学出版社将原副牌外国文学出版社改为"天天出版社",力争在少儿出版方面进行开拓,一社变两社增大规模和力量。人民音乐出版社为完成集团下达的任务指标,全社召开动员会,把指标层层分解,落实到人。这些都是和我们并肩而立的出版单位,这些就是它们已做或正在做的事情。这些改革和发展举措,都是随世界、时代、社会变化应运而生的。

三联书店身在出版业变革洪流之中,不可能置身事外,我们安于现状只能安于一时,不能安于久远。我们不改革、调整,就会在竞争中落伍。因此,我们必须推进改革。编辑部门组织结构调整只是改革的一个环节,并不是改革的全部。调整重组是因为现在的组织结构存在不利于明晰产品线和优化选题结构等问题,有必要将其作为改革的一个构成部分予以优先解决。

(二) 这是改善我店目前图书经营状况的现实要求

7月17日在上半年工作总结会上,我向员工通报了全店经营情况。上半年全店仅完成集团下达年度指标的41.4%,是集团下属出版单位中唯一销售、利润双下降的单位。而同一时期,《三联生活周刊》和《读书》杂志实现较大利润增长,出现前所未有的好形势。形势如此之好,为什么全店利润还总体下降了呢?都是"图书亏损惹的祸",是图书利润向下拉动的结果。上半年图书发货下降,退货增多,回款减少。回款比去年同期大幅下降,只完成回款任务指标的35%。与此同时,库存大幅度增加,使我店流动资金大为减少,出现前所未有的困难,亮起了生存和发展危机的严重信号。80%的当年新书发货量在5000册以下,仅有一种超过一万册,叫《吃,吃的笑》。面对这种状况,我们还能笑得出来吗?

出现这种情况,不能用金融危机造成的经济形势不好导致图书销售受到影响来解释。据新闻出版总署统计,上半年全国图书销售增长20%;我带队到哈尔滨、南京多家书店调查研究,看到的情况是各店销售业绩均在上升;集团内部各出版单位除三联外均在增长,也是很好的证明。

那么,我们在图书经营方面的问题出在哪里呢?问题出在这几年我们在品种增加总量扩大规模的同时,选题结构没有得到及时的优化和调整,按既定思路原样放大,学术书、面向小众的书大量增加，而面向市场、面向大众更加适销对路的书没有相应跟进。或者说，我们在坚持特色、面向小众的同时，没有更多地注意大众的需求，出版的书越来越不好卖。大庆市一位书店经理对我说：三联的书真是好书，就是不怎么好销！黑龙江省店经理说：大家都是朋友，你们的书卖不动，我们也着急！在大庆这么有实力的城市，而哈尔滨是省会城市，我们三联的书都不怎么销得动，更不用说延伸到更广大的图书市场。因此，我们下决心调整选题结构，在继续注重小众书的同时，面向大众，通过出版大众读物满足市场需求，拉动整个三联的图书销售。听说我们在积极调整选题结构，书店经理们都说这是"必须的"，对我们多出适销对路的好书供他们销售寄予厚望。面对偌大库存，我们正在加大力度、千方百计地加以化解，同时我们必须在"水库的上游"解决问题，"为有源头活水来"，结构调整了，上游水活了，库容才能真正改变，泄流量才能增加。因此，解决我店图书经营最根本问题的是进行选题结构调整，这是重中之重，当然店里也会更加重视营销和发行工作，这是另一个问题，下面再展开来说。对编辑部门组织机构进行调整，就是为了更加有效地促进我店选题结构的调整，从根本上解决图书销售不好、利润下滑的不利局面。即使我们的图书不能大幅赢利，那也不能亏本经营。假若将书刊利润单独计算，我们经营图书的百十号人真的连生计都有问题了，还谈什么社会效益、文化贡献？在两个效益的处理上，我们一定要按老前辈邹韬奋先生的教导，既要重视事业性，也要重视商业性。正像老一辈出版家叶至善先生所言：出版人要一不亏心，二不亏本。亏心的事三联人坚决不做，亏本的事三联人也不能做，否则任其亏下去，我们就只好"关张大吉"了。因此调整选题结构要坚决，要抓紧，早调整早主动，现在调整，两年后才能见成效。希望大家从这一角度来认识编辑部门组织结构的调整。

（三）这是出于对我店长远发展的考虑

最近，中国出版集团公司已对我店的五年发展规划做了批复，要求我们按照规划加以实施。"人无远虑，必有近忧"，三联的事业也是如此，也需要长远规划、长远考虑，不能"脚踩西瓜皮——滑到哪儿算哪儿"，那是不负责的态度，也不是一个企业负责人应有的表现。现在出版单位的改革发展、未来设计"八仙过海，各显神通"，三联书店只能从实际出发选择自己的目标和路径。按照我的设计，我店要通过改革重组，把店内编辑、生产、经营各部门逐步做大、激活，在可能的情况下成为事业部管理形式的二级单位，让二级单位充满活力，呈众星捧月之势，使三联书店更大更强，品牌更加响亮，影响更加巨大，在激烈竞争中立于不败之地。具体来说，就是先成立四个出版中心，按照事业部的机制进行管理，赋予其一定权限，承担"双效"责任目标，让它们去折腾、去发展，在条件成熟时，把几个中心变成更加独立一些的分社，比如学术分社、文化分社、大众分社、旅行分社。假如这些分社已经非常成型，成果丰硕，连同《生活周刊》《读书》杂志，再外加一个对外合作出版机构，就会形成七个板块。"七星拱月"之时，也是三联书店出版集团成立之日。这个路径，就是广西师大出版集团所走过的路径，它们就是在打造"五朵金花"之后实现升级经营的，这个经验可供我们借鉴。关于三联书店的战略发展，我有两个梦想：梦想之一是书店发展到一定程度，假如我们的实力、规模、人才储备允许，我们就对已经发展成熟的几个分社进行重组，申请恢复生活书店、读书出版社、新知书店的名称，在三联书店出版集团的旗帜下有三个出版社的建制；梦想之二是借助三联品牌的巨大影响力，通过品牌授权、加盟连锁等形式，建立数十家乃至上百家分销店、加盟店，在新华书店、民营书店之外打造三联版图书发行渠道，重现邹韬奋先生当年生活书店在全国建立50多家分店的辉煌。

梦只有通过努力才会实现，否则，梦就永远只是一个梦想。对这两个梦的实现，我们已开始做出切实的努力。成立四个出版中心就是梦想之一的第一步。除了对能否恢复生活、读书、新知三社名称和建制我们没有把握外，对其他各步的实现我是充满信心的。品牌、基础、队伍这三大优势就是我们的信心和力量。而对梦想之二即打造渠道我是完全有信心的，以三联书店的品牌感召力，吸引人来加盟是完全有可能的。"巩固一批老店，发展一批新店，取缔一批假店"，我们正照此努力。目前已认定大庆店，商谈建立哈尔滨店、天津店，进展顺利。"渠道为王"，一旦我们自己掌握渠道，胜券就在握了。我希望把我个人的梦、班子的梦，变成大家的梦、全体员工的梦，只要我们一步一步切实努力，我们的梦就会变为现实。

如上所述，我们这次编辑部门组织结构调整重组有宏观的考虑，有现实的考虑，有长远的考虑，不是走形式、玩花架子、做表面文章，而是实实在在的动作，要实实在在的成果。我们希望通过调整重组达到"四个目标"：

一是明晰三联书店图书产品线。调整重组后，从机构名称上就能清楚地看到我们的图书板块：学术、文化、大众、旅行。不仅店内外明晰，而且各机构职责清楚，业有专攻，各司其职，持久努力成效可见。

二是促进选题结构调整和优化。明眼人一看便知，现在的组织结构调整本身就包含着选题结构调整。学术、文化、大众、旅行，每个板块既独立又关联，可以看出突出什么，倡导什么，着力点在什么地方。比如说学术，在新的结构中是第一板块，显示了三联特色和重要性，但它只是四大板块之一，表明分量虽重但数量减少。

当然能否调整到位,不是看名称、意图,而是看我们按照要求做出多少切实努力。通过调整达到学术书总量减少,但品质提高,学术普及类书增加;面向小众的图书减少,面向大众的畅销书增加,杜绝平庸书,减少亏本书,依靠长销书,打造畅销书,使三联的图书更加贴近市场,适应市场各类读者的需求,社会、经济两个效益都获得显著提高。

三是改变管理模式转换机制。大家要看到,编辑室变中心之后,机构发生功能性变化。它不仅是一个组稿编辑的地方,而且担负着经营和协调职能,承担着社会、经济双重效益指标。店里对中心实行事业部管理体制,中心在用人、选题等方面有更多的自主权,同时也承担了更大的责任。店里按照对期刊的现行管理模式,对中心实行年度"双效"业绩考核,奖惩与业绩挂钩。在人员构成上,除编辑人员外,可根据需要设立专门的市场推广人员,与市场部、发行部沟通和通力合作。有人说编辑室改为"中心"是"换汤不换药",实际上调整重组后,汤已经换了,药也换了,在悄然变化中转换了机制,这是一个很大的变化。对已先行改革的出版社可能不算什么,但在三联却是一个不小的变革。

四是培养人才锻炼一支骨干队伍。我们店的人才很多,但适应市场、对市场有机敏反应的人才不多;我们有很好的编辑人才,但缺乏既懂编辑又懂经营,既懂书又熟悉市场的复合型人才。中层干部队伍后备力量不足,领导班子组成人员年龄偏大,后继乏人。我们要通过调整重组,让一些业务新秀、年轻才俊挑起大梁,承担重任,提高自己的管理能力、领导能力、经营能力和适应市场的能力,使他们尽快成长进步,陆续充实到店领导班子和中层干部队伍。现在,我们就是要为人才脱颖而出和发挥作用创造良好环境,让"想干的有机会,能干的有舞台,干成的有地位,干好的得重用",通过调整重组，压担子、给机会、创条件，"是骡子是马，拉出来遛遛"，论功行赏，把人才逼出来、压出来、显出来、露出来，使我们三联大业后继有人，长盛不衰。

二、调整重组酝酿决定的具体过程

这个问题，是回答我们班子是如何决定、实施这次调整重组的。我们深知，任何一次变革调整都会引起震动，本着"积极而又稳妥"的方针，我们采取了许多措施，既保证决策正确，又把震动、阻力降到最低限度。

（一）反复思考，深入调查研究，进行比对和选择

这次重组，并不是拍脑瓜拍出来的，也不是灵机一动想出来的，而是比较深思熟虑的结果。早在2007年12月在怀柔红螺寺召开的选题工作会议上，班子成员就和大家一起对选题结构调整进行了研讨，一些同志对在选题没有调整优化的前提下强调扩大规模表示了忧虑，有的同志对库存结构进行分析并提出了改变选题结构的建议，我在会上做了《关于强化三联书店大众文化读物出版的思考》的长篇发言，从优良传统、现实必要性、大众文化读物定义、具体措施等若干方面谈了看法，可惜那次会议的精神没有得到贯彻落实，选题结构没有得到调整，规模无限制扩大，造成今天这样的库存有其必然性。

怎样改变这种状况，我们反复思索，并到兄弟单位调查研究，收集它们的改革材料，汲取它们的经验。同时反思我们几年来走过的道路，在充分肯定成绩的同时，也总结出我们的教训。通过对比选择，从三联实际出发，采取了目前调整重组的这种方式。

（二）广泛征求中层干部和员工意见

7月1—2日召开全店经营工作会议，在会上讨论了《三联书店关于加强大众文化读物出版的决定》和《三联书店加强图书营销工作的意见》，与会同志对这两个文件充分发表意见，对调整选题结构和加强营销工作形成了共识，希望将会议精神落实到位。在研究落实会议精神过程中，我们提出了调整重组编辑部门结构，通过调整编辑部门组织结构调整优化选题，组织出版大众读物，进一步贴近、适应市场的设想。班子形成初步意向后，多次征求现有编辑室负责人和一些编辑的意见，就出版中心的定位、名称、考核办法进行研讨。舒炜、郑勇等同志还形成了书面意见供班子参考。现在这个方案就是在广泛征求意见、充分听取不同看法的基础上修改定稿的。

（三）做了大量细致的准备工作

部门调整、重组，涉及部门和人员岗位变动，也涉及一些人的利益调整，是一场不大不小的变革。其中涉及个别中层岗位竞聘上岗，也涉及人员的双向选择，一些部门撤销了，人员需要重新择岗安排，组织结构的变化也会涉及一些相关的部门和人员。有关领导和部门对调整做了认真细致的准备，跟涉及的每一个人以及岗位变动人员离开或接收部门的负责人都谈了话，对个别有些想法的，还耐心细致地做了思想工作。跟一些同志谈话多次，耐心听取意见。这次机构调整得到了广大编辑人员的充分理解和配合。一些同志无条件地服从组织决定，还努力做好本部门人员的思想工作。这里我特别对新知编辑室主任张艳华同志提出表扬，她在这次调整中体现出了很高的思想觉悟和大局意识。一些同志表示到新的岗位后一定会振奋精神，努力工作。这都让我们深受感动。

（四）注意保障职工的权益

在这次调整中，我们十分注意维护重组中涉及人员的权益。没有一位中层干部因调整岗位失去职务，没有一名职工因调整失去岗位。有的职工通过竞聘上岗走上了中层干部领导岗位，有的职工被调整到更能展现才能的岗位。既整合了人力资源和出版资源，又保证了职工个人心情舒畅，维护发展了店里安定团结的局面。

（五）领导班子慎重研究做出决定

这次调整，班子采取了一种十分审慎的态度。从动议到最后决定，经过多次研究，方案反复调整、斟酌。有的同志曾建议，既然要改革，动作可再快一些，我们还是决定在9月初出台，留出充分的时间听取意见，不断修改和完善。我们还就此次调整方案征求集团领导和有关部门的意见，得到了肯定和认可。在班子集体讨论研究过程中，每位成员都充分地谈了看法，有益的意见均得到了吸收。可以说，这次调整重组，班子成员的意见是完全一致的，目前最后研究确定的方案，是集体智慧的结晶。

三、需要阐明的几个问题

编辑们对这次调整重组很关心，常常问一些问题，或对调整后某一方面工作有疑虑，我借此机会做点解释和说明。

（一）新机构运行之后对编辑的考核方式

2009年9月1日—12月31日，仍按店里已定的对编辑的考核办法进行考核,年度考核办法仍按原办法进行。

从2010年开始对编辑的考核按新办法进行。目前店里已着手研制新的考核办法。新办法将汲取我们以往成功的考核经验,借鉴兄弟出版单位的成功做法,按集团提出的新的目标要求和三联书店发展的现实需要来制定。现在已成立由李昕同志牵头的研制小组,刘高源、潘健参加,开始调研并收集资料、信息,做一些准备工作,内容尚未确定,但有一些基本框架可以告诉大家。

一是对中心和中心内每个人实行双重考核机制。既对整个中心进行考核,又对个人进行考核。既对中心有目标要求,又对个人有目标要求。

二是和中心签订"双效"目标责任书。在一个年度里,既有社会效益方面的要求,如出版方向、图书质量、社会影响等,又有经济效益方面的要求,有明确的年度利润指标。责任书由企业法人和中心主任签订。到年底考核,用数字、用事实说话。

三是层层分解指标,指标到人,责任到人。编辑按不同的级别,承担不同的利润指标。一个中心人员的利润指标相加,便是该中心的总指标。总指标确定后,班子再按每个中心不同的出书方向、出书要求进行调增调减,最终确定对中心负责人的考核指标。不管是自下而上累积,还是自上而下分解,每个人都要承担相应的利润指标,这一点是肯定的。只有把利润指标真正落实到人,编辑才能有成本意识、市场意识,才会从以自我为中心,转为以读者和市场为中心。

(二)新成立机构的定位

学术出版中心,主要从事学术著作和思想读物以及学术普及类读物和理论普及类图书的出版工作。

文化出版中心，主要从事文化生活类图书出版工作，面向中层文化大众，兼及部分专业类文化读物的出版。

大众出版中心，组织出版面向大众的具有三联特色并在市场有影响力的畅销书。

旅行出版中心，专事旅行图书的出版和旅行文化产品的研发生产。

图书审读室，承担图书审读和图书质量检查保障工作。

继续保留综合编辑室，主要开展和社外工作室的合作业务，并自主策划部分选题。

以上定位或曰分工，是大致考虑。怎样更合理，请大家在中心成立后进行研讨，并在实践中加以探索。现在编辑关心的是，各中心之间的选题会有交叉重复。交叉重复肯定会有，很难纯而又纯，但大体界限还是有的。店里在研讨后，还会做出更详细的规定，尽量做到大分工小交叉或不交叉，但"越界开采"总是会有的，必要时也应该允许，关键是看对店里利大还是弊大，是否有利于发展。

（三）店里的营销发行工作

有的同志担心，我们这里进行选题结构调整，辛辛苦苦出书，店里的营销工作上不去也是白搭。这个担心是有道理的。店里新的班子成立后，一直在坚持两手抓，一手抓选题结构调整，一手抓营销发行工作。店里成立营销工作领导小组，主要领导同志亲自抓。已在几个方面进行开拓努力。一是开拓发行渠道，除原有民营学术书店外，更加重视新华书店，开辟农家书屋，加大团购力度，使我们的图书多渠道分流。二是到各地新华书店调查研究，密切联络，了解情况，落实包销、回款任务。三是明显加大对图书的营销宣传力度，对重点图书，店领导进行分工，每人抓一两种图书的营销，先后重点组织了《七十年代》《镜中爹》《1944：松山战役笔记》的宣传推广，收到了很好的效果。《七十年代》3万册已发完，新近加印1万册，《镜中爹》2万册，已发1.6万册，《1944：松山战役笔记》首印1万册，已发完，肯定要加印。这几本书的发行均会在2万册以上。事实证明，只要选题对路，并狠抓营销发行，就一定会有好的效果。目前我们正在抓龙应台的《目送》、王蒙的《老子十八讲》以及《陈寅恪集》的营销，现在已做了大量准备工作，预计效果会更好。我们将适应编辑部门调整重组、编辑生产力增加的需要，继续大力抓发行营销，整合店里营销发行资源，进行改革，调整激活发行人员的积极性，形成选题、发行两手都要抓、两手都要硬的良性互动、相互推进的局面。

（四）对中心的具体管理模式

有人问我：你这样调整不是搞"一条龙"吗？我明确地说，我们不搞各中心编、印、发一条龙。我们对中心的管理，是借鉴事业部管理模式，进行"双效"目标责任考核体制。现在的LP是事业部管理体制，没搞"一条龙"；《读书》杂志编辑部是"双效"目标责任管理，也没搞"一条龙"。对新成立的机构，我们也不搞一条龙。人事、财务管理平台都在店里，印制、发行、设计都由店里统管。中心可有专人进行营销推广，和发行对接，也可对印制、设计部门提出要求，但均不设专职人员。由于"一条龙"会造成资源分割、岗位重叠、人员膨胀，又不利于店里进行统一管理，因此，我们不选择"一条龙"的管理模式。当各中心真正成"龙"，具有了龙腾虎跃之势，我们再按照对《周刊》的管理方式，对其进行"一条龙"管理也不是不可以，那是后话。

四、几点要求

1. 坚决贯彻店里关于这次编辑部门机构调整重组的决定。这次调整重组是店领导班子、店党委研究通过的,是新的领导班子调整后推进我店改革发展的重要举措。中层、党员要带头贯彻执行,编辑部门相关人员要执行组织决定,有关部门和人员要积极搞好配合。个别同志不理解,有这样那样的看法,意见可以保留。我们要进一步解放思想,用解放思想来促进改革发展,促进思想统一。对任何改革调整,人们都会有不同看法,因为所站的角度不一样;任何设计方案都不可能十全十美,都会被挑出毛病。希望大家站在改革的高度、全局的高度来看待和投身这次改革调整中来。

2. 新成立的机构和人员要尽快完成角色转换,到岗到位,履行职责。不管机构怎样调整,岗位怎样变换,我们编辑人员都要坚持以出好书为己任。要求各编辑部门始终坚持正确的政治导向,坚持把社会效益和文化贡献放在首位,坚持三联书店的优良传统和出版特色,同时以更加开放的心态面向市场,积极开拓创新,使自己辛辛苦苦编出的出版物有更多的受众,有更大的影响,有良好的经济效益。

3. 抓紧对新的考核办法的研制。考核办法非常重要,事关导向,也事关整个调整重组的成果与成败,必须高度重视。同时要看到,制定一种新的考核办法难度很大,必须经过深入研究和研讨。新的考核办法必须明确一些原则,比如坚持导向、两个效益、三联特色、责权利统一,等等,但又有具体实在的内容。必须在原则上适应所有部门,又对不同部门有不同的要求,适应不同的情况,因此请负责此项工作的同志们下功夫,用全力提交尽可能完善的方案供讨论研究决定。

4.相关部门对这次调整重组要积极配合。总编室、美编室、市场部、发行部都会涉及工作交叉和对接，大家要认真配合好，使新的部门高效率运转。行政部门要根据工作需要完成工位的调整，要相对集中，便于工作，在此过程中要和各中心搞好协商，充分听取意见，为编辑们的创造性劳动营造良好的办公条件。

（2009年8月31日）

通过分社建设加快三联书店改革发展步伐

今后在三联书店发展史上，上海分社建设现场会会成为一个标志。希望这个会议开成一个和谐的会议，一个学习交流的会议，深入研讨、达成共识的会议。

我下面讲几个问题。

一、为什么要成立分社？

主要有几个方面的考虑：

一是深化改革，加快发展的需要。要通过建立新的机制，解放生产力，加快出版发展。加快发展是我们这几年一直强调的主题。如何加快发展？要通过改革来实现。现在我们建立分社制以后，整个考核机制、运作机制都发生了变化。我们从 2009 年开始，先成立了四个中心，经过一段时间的运作，取得一些经验以后，我们现在又成立分社，这也是一种新的探索。

二是做强做开的战略考虑，这是三联书店发展思路的明晰和变化。我记得三联书店独立建制的时候，沈昌文先生有一个见解，

改革创新篇

他在自己出的书中也谈到过，当时他的理想就是建一个小出版社，二三十人，出一些书给文化人看。当时是这么一种追求。后来董总主持工作之后，又有一些大的开拓。到底是做小而特还是往大规模上发展，我们一直在做探讨。实际上我们一直在从"小而特"变为"中而优"。根据目前出书的总量和水平、影响力来看，我认为我们目前是"中而优"的水平。我们还要向"大而强"发展，我们不能守着"做小出版社"这种原来的设想，因为整个社会就是一种竞争的社会，是一种文化大发展、大繁荣的社会，我们还是要努力做强做大，当然做大不是我们追求的根本目标。我们的目的还是要做强，把三联书店做出特色，做出我们的文化贡献。但是我们不能停滞在"小而特"的格局上。

三是着眼于未来的长远考虑。三联书店一路走来，一直有比较大的发展。三联书店下一步如何发展，我想我们还是要有雄心壮志，要在整个出版领域发出更大的声音，有更重要的位置。在这样的前提下，我们的组织架构发生了一些变化。关于未来的发展，我们预计要在三年左右成立三联出版集团，这是班子的共识。我们想在两三年以后，利润达到5000万元，经济总量（销售收入）达到2.5亿元的时候，我们会提出申请成立三联出版集团。我们现在已经把这个概念、这个口号提出来了。现在要做的一切就是要为三联书店成立出版集团做准备。我们的几个分社，加上《生活周刊》、《读书》杂志、上海公司、三联国际，加上我们自己这些二级机构，做大之后自然就可以成立三联书店出版集团。会不会还有兼并重组的可能？把社会上一些优质资源整合到我们这里，也可能会有这样的考虑。目前我们也在着手考虑一些问题，都是理论上和意向性的研讨。现在成立分社是为未来成立三联书店出版集团做组织上和经济实力上的准备。

四是为三联书店的人才成长拓展空间。人才是培养出来的，你

49

把他放在这样的位置，他才有这样的担当，具备那样的素质。要说编辑人才，在座的可以说是全国一流，但一说到经营管理人才，三联书店能拿得出的像样的经营管理人才少之又少。事实上现在出版业不仅需要编辑人才，也需要经营管理人才。需要既懂编辑又懂管理的人才。这恰恰是我们的短板。三联书店的员工，大部分是在大学毕业后到三联书店，长期从事编辑工作，有丰富的编辑经验。三联书店长期的经营管理任务主要是领导层在做。中层介入经营的机会比较少，三联缺少经营管理人才，这和我们适应市场的发展是有很大差距的。我们现在应该给年轻的同志压担子，使他们在第一线当社长、副社长，能够担当起两个效益运作的重任，把自己锻炼成具有综合素质的经营管理人才。

五是考虑把两个效益增长的任务落到实处。现在集团对三联书店的要求越来越高，如何把集团的要求落到实处，这就要各个分社通过努力来完成任务。

六是其他出版社分社建设经验的有益借鉴。在中国出版集团内外都有一些成功的经验，我们也做过调查研究，比如说高教出版社、外研社的一些分社。我们系统内的像中华书局，也建立了分社。分社有利于把出版生产力发展壮大。以中华书局为例，发货在3.4亿元左右，主要是几个分社在承担，它们有这样的成功经验。结合三联书店的实际，把这些经验移植过来，在三联是恰逢其时。基于这样的考虑，三联书店成立了三个分社。实际上在我们心目中分社和公司的性质基本上是一样的。

二、这次会议为什么在上海召开？

我提出想法之后，班子同志都很赞成。这个想法主要是基于以下几点考虑：

第一是用现场会研讨的方式，把分社建设提上重要的议事日程。分社虽然成立了，但我们的思想还没有实现阶段性的转变。现在我们正式把分社建设作为重要的议题提上三联书店的议事日程，分社建设是上海会议最主要的议题。

第二是对分社建设的新课题进行探讨交流。分社建设是我们刚刚涉足的一个领域。三联书店过去是考核到编辑，从编辑室到中心，一直到分社，这在别的出版社已经是常态，但对我们来说还是全新的课题。分社的变化在哪里？以前是考核到编辑，分社是只考核到社长。另外还有"两个效益"的要求，把指标分解到整个分社，各负其责。面临着一些新的问题，考核、人员管理、选题制订等，需要我们在一起充分展开研讨。我们还没有这方面的经验，处于初始阶段，通过研讨会的形式把大家的智慧集中起来。

第三是把分社建设的任务落到实处。今天我们还要和各分社、图书营销中心签订双效目标责任书。正式把任务落实下去。也就是说，现在分社建设不是一个概念、一个设想，而是一个实实在在的、需要我们全力推进的任务。

第四是让更多同志了解上海公司成立以来的运作情况。大家都知道我们在上海投资买了房子，成立了公司。现在运作情况是怎么样的？大家都很关心。我们大家现场听取上海公司的汇报，一起来进行交流。

第五是结合其他活动所进行的综合考虑。比如这一次除了我们的分社建设现场会以外，京沪港三家三联书店明天上午要去龙华烈士公墓祭扫韬奋烈士墓，以这种独特的方式拉开三联书店 80 年店庆活动序幕，把这两项活动结合起来。明天下午在上海三联举办"继承韬奋先生遗志，弘扬三联品牌"座谈会，会上还要签订京沪港三家合资成立三联国际文化传播公司的正式协议，迈开三家三联书店合作的新步伐。

三、关于分社的功能和定位问题

我觉得要想分社建设取得成果，很重要的一个方面是对分社的功能和定位进行明确。我和大家一样，也在思考这个问题。我认为分社的定位要和本部的定位进行相互比较，才能看得清楚。我认为分社的定位应该是三个中心，第一是产品研发中心，不光是图书，还有刊物。将来三联书店的图书主要是我们各个分社研发出来的。第二个是产品质量保障中心。要特别强调的是，三联书店在谋求扩大自己规模的同时，必须保证自己的质量。质量的保障从选题开始，一直到书的出版。最重要的是选题质量和内容的质量。我们努力在做大我们的事业，但我们绝对不能出书不讲质量，砸了三联的牌子。我们个别单位完不成经济指标，问题也不是很大，但是如果出了一本不好的书，砸了我们的牌子，那影响是非常大的。各个分社应该确保自己图书生产的质量。第三个中心是图书利润中心。我们现在对分社确定的是毛利考核办法。上海公司是纯利的考核。将来国际公司考核的办法我们会进一步研究，包括专题项目部、对外合作部的考核都会结合不同的特点来进行，但总的来说，利润中心下沉，我们的利润主要是各个分社所创造的。事实上三联书店也是这样的，比如我们店大部分利润是从《三联生活周刊》来的，它是我们的利润中心。《读书》杂志六名员工年创利90万元左右。我们各个分社应该成为创利中心。

相应地，店本部也要对自己进行定位。首先是战略发展中心，店本部和相关部门，包括店领导，应该考虑战略发展问题。第二是成为经营管理的指挥中心。每个分社都搞经营管理，但是要形成"一盘棋"，还是要靠店本部来统筹指挥。第三是成为协调服务中心。这很好理解，店本部要特别强调它的协调功能，美编、印制、发行，还有后勤保障，服务有财务服务、人事服务、行政服务。第四是资产管理运营中心。三联书店现在还有自己的资产，我们有房产，还有其他一些资产，这些都需要店里来统一运作。

四、关于分社的权力和对权力的制约

首先对各个分社和公司要大胆放权。主要有以下四个方面：选题、人事、财务、分配。我主要说选题的问题。舒炜提出，店务会主要审核政治导向、学术导向、法律问题和是否符合其产品线范畴，除这四个方面之外，在审核过程中，将充分尊重分社的意见，一般不予否决。这条没有问题。事实上店里过去在选题的审批上总的来说比较尊重编辑部门的意见，将来会更加尊重。关于其中一条我谈一下个人看法，比如说重大选题，特别是重大投资的选题，在没有申请到资助的情况下，店里要慎重研究，予以把关。

人事方面也没有问题，我们完全尊重大家的意见。我们只是强调，进人要报计划，要符合店里规定的基本条件，比如编辑应该是研究生，其他员工应该达到大学本科学历。现在人员都是店里统一招聘的，解聘这些人员要和人事进行协商。各分社新进的人，可完全由分社处理。

财务方面，不管是什么样的权限，都要按照财务的规定，走财务的程序。稍微有些不同的是，招待费还是由店里统一管理，我们现在还在搞增收节支，还是要适当从严控制。但只要是各分社社长同意的，我们就不会否定大家，因为你们知道哪些是应该花费的。

关于分配问题，现在分配权完全交给各个分社。有的社长提出，可不可以给我们调控权？事实上调控权都掌握在分社社长手里。只是分配的时候，要把整个分配明细给主管领导审一下。

这是这几个方面的权力和限制。事实上我们现在也是这么做的。比如说《三联生活周刊》，选题权、人事权、分配权都由朱伟掌握，但重大选题是要报告给社里的。关于人事权，有段时间，我们规定《周刊》的总人数不能超过100人，一进一出。为了新媒体的建设，需要增加几个人，《周刊》打了报告，我们认为可以。《周刊》每年都有进人计划，至于进什么人，是其自己定的。人的解聘也是《周刊》自己解决。财务管理也是这样。《读书》杂志也是这种情况。分配的情况更是这样，其分配方案是公开的。我想我们分社的建设完全可以借鉴《周刊》和《读书》杂志的模式。同时我们强调在放权的同时，要加强对权力的控制。这是必要的。我们还在初始阶段，没有更多的经验，一步一步来，逐步探索出一些成熟的办法。

五、对分社社长的几点要求

我们深深感到，分社能不能搞好，关键在于社长，"一把手"非常重要。放眼整个出版界，凡是搞得好的出版社，都和主要领导有关系，反之亦然。我们在这里要特别对分社社长提出以下要求：第一，在其位，谋其事，倾其力，尽其心，成其果。为此要有高度的责任感和事业心，勇敢地把这副担子挑起来。第二，要提高领导能力和管理能力。我们过去有的是普通编辑，有的是编辑室主任，都是逐步成长起来的，现在一下子作为独立部门负责人，它的要求是不一样的。领导和管理是需要能力的，要有意识地学习和借鉴。第三，要有提高选题研发和经营水平的能力。第四，要有当社长的综合素质，如大局意识、全局观念等。你是分社社长，要和店里的全局衔接，要做到无私无畏，敢于担当。比如，心胸要宽广，要具有大的气象。有多大心胸，做多大事情。有多大视野，做多大事情。现在是一个开放的时代，是一个英雄有用武之地的时代。各位都很年轻，未来还会有更好的发展。再比如我们要讲辩证法，做到综合平衡。既要讲社会效益，又要讲经济效益。要处理好事业性和商业性的关系。既要考虑当前，又要谋划长远，具有中长期的规划。既要有宏观决策，又要有微观落实，等等。第五是提高执行能力，这是要特别强调的，要对店里全局工作予以配合。第六是以身作则，起模范带头作用。你要求员工做的，你自己首先要做到。你不让人家做的，首先你就不要做。我们对分社社长寄予厚望，你们不仅是完成我们任务的生力军，而且是三联书店未来的希望，未来的中坚力量，也是三联书店能够继往开来的重要保障。

　　最后我想借这个机会发表一点真情告白。今天是我57岁的生日。离退休还有三年时间。我对我个人的进步没有什么想头，更没有什么期盼。前几天韬奋奖颁奖，我得了韬奋出版奖，我始终觉得我这个奖是三联书店给予我的。没有三联书店这个品牌，没有在座同事拼死拼活的努力，不会有我这个奖。为此，我要更加努力去回报三联、感恩大家。尽管我已到了这个年龄，在岗位上也只还有三年时间，但是烈士暮年，壮心不已。我依然想把三联书店推上一个新的台阶，这是我们几个老同志的想法。我们希望通过我们的努力，把三联的事业再推向前一步，使年轻的同志能成长起来，把担子接过去，这是我们真实的想法。希望在座的各位能够理解我们，支持我们。让我们在发展的旗帜下更加团结起来，把三联的事业搞好，不辜负邹韬奋等老前辈所开拓的三联事业，也不辜负一代代三联人为三联事业做出的贡献。最后希望大家能紧紧围绕会议议题，坦诚交流，深入研讨，把我们的会议开成一个成功的会议。谢谢大家！

六、在讨论中的补充发言

第一，我来回应一下冯金红刚才讲的问题。她提出的问题、表达的方式我认为是很坦率的。我们内部的交流就应该这样。我还认为她的担忧是有道理的。其实也是我担忧的一个问题，我们在扩大规模，常看到一个事实，一些好的企业在扩大规模的时候都会遇到这样一些问题，规模一定要有，没有一定的规模，效益产生不出来，影响力也有问题。但是在强调规模的时候，产品质量如何保障？如果我们这一届班子把规模做上去了，但是品牌影响力降下来了，甚至砸了这个牌子，这是我们不愿意看到的。一个月前，我和冯金红商量，让她起草三联书店学术书出版规范，现在她已经把这个规范拿出来了。我看了她的文字材料，更多的还是就出版技术规范来说的。刚才潘振平讲到对学术著作的质量要求，讲得很好，要吸纳进来，形成一个完整的文本。我给新闻出版总署副署长邬书林汇报过，我们三联愿意在学术规范方面带个头，他支持我们做这件事，也给予了许多具体指导。

我认为既然要扩大规模，就必然繁花生树，品种有一些驳杂。但我说一个标准：杂而不乱，流而不俗，突出重点，提升水平。流是一流，选题一流，这是我们的努力方向和要求。实际上我们不可能做到每本书一流，但是在总体把握上，在各个分社的把握上，总要有那么一些书是具有一流水平的，是具有震撼力的。在扩大规模的基础上，首先要保证学术书的质量，剩余的就按照"杂而不乱，流而不俗，突出重点，提升水平"的思路来处理。第二个问题，各分社社长压力都很大，但都很有责任心，把任务领下来了。紧跟着领导的服务和各个部门的服务一定要跟上。我特别关注在座的人事、财务、总编办等部门，现在一线在改革，二线必须改革。现在我们的生产周期是平均一本书 5 个月才能面市，这是绝对不行的。当然有些是编辑的问题，稿子反复改，都出清样了还拿去给作者看。我认为在编辑发稿"齐、清、定"的情况下，一定要明确生产周期。如果没"齐、清、定"，就根本不能进入生产流程。我知道我们二线有些同志是有些毛病的，有些编辑讲到的苦辣酸甜我是知道的。因此，我们特别强调为一线服务。第三个问题，我觉得三联书店领导班子一定要抓住重点。重点图书要抓在领导班子手里。比如说《三联经典文库》就是领导班子抓的。领导每年手里要抓几种重点图书，保证三联图书的影响力。

企业人事与分配制度改革的新探索

一、近几年三联人事、分配制度改革的简略回顾

（一）基本建立健全了企业用工制度，完善了劳动合同管理

一是先后制定完善了三联书店《劳动合同管理办法》《职工岗位聘用管理办法》，基本构建起以全日制劳动合同制为主体、非全日制、辅助岗位、退休返聘、劳务派遣、劳务外包等多种用工形式为补充的市场化用工体系。二是设置"编辑出版""营销发行""管理职能"和"工勤技能"4种岗位序列，明确各部门职能、岗位设置和岗位职责，制定了职工招聘、考核、培训、收入分配、权益保障、考勤、年度休假等10余个规章制度，并切实做好依章办事和公示告知，实现用工管理的制度化。三是制定了《职工代表会议条例》《店务公开制度》《劳动争议调解委员会及工作规则》，监督协调、化解矛盾，建立和谐劳动关系。

2010年1月，将各类重要规章制度，连同企业简介、企业文化、部门职能和岗位职责等，编成《员工手册》印发，2014年1月，印发了《员工手册》修订版。

（二）深化用人制度改革，大力加强干部队伍建设

管理之道，唯有用人。企业之间的竞争，说到底就是人才的竞争。2009年本届班子成立之初，就提出将"品牌战略、人才战略、企业文化战略"作为三联书店的三大发展战略。针对当时人才结构不尽合理、后备干部青黄不接、人才力量储备不足的现状，加强调查研究，加大队伍建设力度。

一是加强干部梯队建设，制定《总经理助理、总编辑助理选拔聘用的若干规定》，增设总经理助理和总编辑助理岗位，经过民主推荐、考察，先后选拔了四名总经理助理、总编辑助理，作为领导班子后备干部进行培养，现已有二人即将进入三联新一届领导班子；同时新设立部门主任助理一级，作为部门领导的后备干部，形成了店领导班子、总经理助理总编辑助理、部门正职、部门副职、部门主任助理这样多层次、立体化的领导干部梯队。二是加大中层干部培养选拔力度。修订完善三联书店《中层干部聘任管理办法》，明确选拔程序和聘期，及时把德才兼备、实绩突出、敢于担当、群众公认的人才选拔到中层管理岗位上，使其承担重任。从2009年至今，三联提拔、晋升各层级干部50多名，调整面达到70%，实现了新老交替且更有活力。三是对特殊人才实行特殊待遇，比如对《三联生活周刊》主编实行延期退休的特殊待遇，明确新老交替的时间和人选，既稳定了队伍，又有利于刊物的长远发展。四是坚持自主培养开发与引进人才并举。多渠道、多方式引进企业急需的中层管理人员、业务骨干。近年来，三联书店先后成立专题项目部、对外合作部、三联时空国际有限公司、三联书店上海公司、生活书店有限公司，主要负责人都从外部引进，他们都很好地融入三联履行职责。此外，几年来从社会上招聘了各类人员60余名，大部分都是有工作经验的

成手和骨干。同时持续进行内部调岗，力争达到最佳的人岗匹配，近几年内部调岗50余人次。通过这些方法，全店人才结构得到一定程度的优化和改善。

（三）针对原工资体系弊端，深化收入分配制度改革

2010年下半年转企改制完成后，三联书店生产经营各项工作呈现出良好的发展势头，店领导班子利用有利时机，着手解决在原事业体制下积累的阻碍企业未来发展的深层次问题，针对原有事业单位分配制度不够完善、存在体制内外的区别和大锅饭等弊端，着手改革，研究建立了与绩效挂钩、奖勤罚懒、效率优先、兼顾公平的员工收入分配改革方案。改革方案的基本内容是冻结原事业单位工资管理体系，实行以岗定薪、与业绩挂钩的企业工资管理办法。主要特点：一是一步到位，彻底冻结了原事业单位工资管理体系，另起炉灶，比较完全彻底；二是效益优先，兼顾公平，适当向一线部门倾斜，在岗位工资设置上对"编辑出版""营销发行"等一线部门实行适度倾斜；三是对在相同岗位、提供等量劳动、取得同等业绩的职工，实现了同工同酬；四是尊重历史，适当过渡，稳步推进，逐步深化。为保障工资改革的顺利进行，争取最大多数员工的支持，调整未降低员工原月工资收入水平。

《员工收入分配改革方案》2010年9月28日经店职代会正式审议通过，于2011年1月正式实行，沿用至今，取得了预期效果。

（四）强化岗位绩效考评，制定业务部门《绩效考核管理办法》

2012年，原编辑部门改组成立了学术、文化、综合、大众等4个出版分社，为规范图书编辑部门分社化管理模式，通过体制机制

创新，激发编辑人员工作积极性、创造性，进而扩大出版规模，增强市场竞争力，为下一步实行公司化管理打下良好基础。出台了三联书店《图书出版分社管理办法》《图书出版分社年度绩效考核管理办法及实施细则》，对分社实行一定程度的自主经营、独立核算，变原针对每个编辑个人的考核为对分社的整体考核，通过签订《双效业绩责任书》明确任务指标，放宽其在选题立项、生产调度、宣传推广、人事调配、预算支配、利润分配等方面的自主权。2011年，我们将发行部改为图书营销中心，开始实行部门承包，为此制定了《三联书店图书营销中心承包方案》，主要内容是将部门员工的工资、保险、差旅费、业务招待费、办公费、职工福利费、教育经费、宣传费等均列入承包范围。以上一年实际回款为基数，按照回款实洋的5%进行兑现，上不封顶，下不保底。原则上4%作为工资、五险一金费用，1%作为差旅费、业务招待费、办公室费等其他费用。还改进了《美编室考核管理办法》，这些举措有效地调动了职工的工作积极性。目前，我店与学术、文化、大众、综合出版分社、专题项目出版分社、《三联生活周刊》、《读书》杂志、图书营销中心、三联读书俱乐部、三联书店（上海）公司等10个部门和单位签订了双效业绩责任书，保证各项生产经营任务的顺利进行。

（五）支持和鼓励职工参加各类颇有成效的培训，初步形成了多样化的培训模式

"人才投入是效益最好的投入"，在人才培训工作上舍得花钱，算大账、算活账、算长远账。我们先后制定了《职工培训管理管理办法》《员工因私出国管理办法》等相关文件，对职工岗前培训、岗位技能培训、职业发展培训、个人出资培训等做了详细规定和说明。鼓励职工参加外出考察、研修、参加学术讲座、发表论文、出版著作、

进行业务交流，在经费上给予积极支持；职工愿意读博、读研的，只要成绩合格，费用全部报销；职工选择自费出国留学的，保留工作岗位；单位也积极采取组织集中培训，组织编辑到其他出版集团进行学习、交流，请专家来店授课、单位领导在内部刊物三联店务通讯上撰写业务讲座等方式，加强职工全员培训，提高职工的综合素质，鼓励和支持人人都能成才。

二、推进人事、分配制度改革的心得与体会

以上是我们近几年在人事、分配制度改革方面的一些主要探索和举措。这些举措对企业近几年的良性发展起到了积极的支持和促进作用，我们也从中得到了一些经验和体会：

一是领导要带头解放思想，转变观念，破除旧的思想观念和制度障碍。敢想敢干，不怕试错，勇于担当。因为走路，脚上沾满了泥，这不是耻辱，是光荣。只要是出于公心，群众都会予以理解和支持。

二是人事、分配制度改革要紧密围绕生产经营中心进行，将企业战略目标、组织结构调整、人才特点有机结合，进行整体设计，配套考虑，按照企业战略需要引导人才、培养人才、留住人才，制定相关的人事、分配制度改革方案。

三是改革要与单位企业文化相结合，注重以人为本，民主管理。三联书店有一项优良传统，就是比较民主，一直实行民主化管理，我们注意在改革工作中，把这项优良传统融入其中，公开透明，注重宣传。干部选拔任用，严格遵守民主推荐、考察、全店范围内测评的相关程序，工资制度改革，历经三次职代会研究讨论，职称评审、评选先进等公开透明，对外招聘员工，也会同时在内部张贴启事，欢迎本店职工推荐人选。这种方式提升了职工的参与意识、主人翁

意识，令其和企业的关系更加紧密。

四是企业不断发展壮大，为人力资源管理和人才成长拓展更为广阔的发展空间。

2009年以来，我们进行了数次组织结构的优化、调整、扩充。改组原图书编辑部门，成立学术、文化、大众、综合出版分社，新成立了专题出版分社，信息技术与数字出版部，对外合作部，2011年年底，成立了三联书店（上海）公司；2012年，京沪港三家三联书店共同出资成立了三联时空国际文化传播（北京）有限公司，我店控股。2013年，恢复设立了生活书店有限公司。组织结构的调整、扩充，为人力资源管理和人才成长开拓了更广阔的发展平台和空间，而人才的成长进步，又促进了企业进一步发展和做强做开，企业与人才共同发展，形成了良性互动。逐渐营造出有利于优秀人才脱颖而出、健康成长的发展环境，形成了比较富有生机与活力的用人机制，有力地保证了企业快速、可持续、良性发展，为我国文化大发展大繁荣做出自己的贡献。

（2014年3月28日）

出版社总编辑贯彻落实科学发展观的思考

科学发展观深刻反映了我们党对发展问题的新认识，反映了当今世界和当代中国的发展变化对党和国家工作的新要求，是马克思主义关于发展的世界观和方法论的集中体现，是推进社会主义经济建设、政治建设、文化建设、社会建设全面发展必须长期坚持的指导方针。我国出版业当前正处于改革发展的关键时期，深入学习贯彻科学发展观，用科学发展观指导出版实践，对出版业的健康发展具有十分重要的意义。出版社总编辑作为出版社编辑工作的组织者和设计者，既要考虑全社图书结构、图书质量、效益等事关出版社发展的战略大计，又要身体力行地参与出版社重点图书的选题、组稿、审读等具体工作，指导出版社的编辑业务，提高出版社的竞争力，对贯彻落实科学发展观负有重要责任。现结合以往的工作实践，我就出版社总编辑在工作中如何贯彻落实科学发展观谈一点粗浅的看法。

一、立足发展，服务大局，为建设和谐社会提供智力和文化支持

科学发展观的第一要义是发展。科学发展观是指导发展的，发

展是科学发展观的中心问题。我个人理解，科学和发展观之间是语法上的"定中结构"，"科学"是定语，而"发展观"则是中心词。这种定中结构，事实上把发展定于基础的位置，它不仅是科学发展观的基础，也是我们考虑一切问题的基础。出版社总编辑在谋划全局时，要把立足点放在发展上。要通过自己的全部工作和具体努力为"发展"增砖添瓦。从宏观上说，就是通过自己的文化产品直接或间接地作用于人们的精神世界，发生或明显或不甚明显的助推力，推进经济、政治、文化、社会四位一体的全面发展。从微观上说，就是通过具体的选题和图书运作，提高本单位的社会效益和经济效益，增强竞争力，提升在行业中的占位名次，使之不断上"台阶"，对发展我国文化事业和文化产业做出新的贡献。

服务大局，是党和国家对出版单位的要求，也是出版单位积极认同的自觉行动。所谓服务大局，就是坚持马克思主义在意识形态上的指导地位，通过图书出版推进马克思主义理论研究和建设，繁荣和发展我国哲学和社会科学，用精良产品实现以科学的理论武装人，以正确的舆论引导人，以高尚的精神塑造人，以优秀的作品鼓舞人，大力发展先进文化，支持健康有益文化，努力改造落后文化，坚决抵制腐朽文化，不断丰富人们的精神世界，不断增强人们的精神力量，积极推进社会主义先进文化建设；就是着眼于我国经济建设这个中心和全党全国工作大局，并积极与之配合、为之服务。比如党的十六大后，党中央把解决"三农"问题摆在突出位置，提出了一系列重大决策，许多出版社紧密配合，安排了一批围绕农业、农村、农民问题，满足政策指导、科技进步、技术普及、通俗文化等多方面需求的选题。据统计，2006年共有337家出版社安排了服务"三农"和构建社会主义新农村的图书选题5097种，占全年新书选题的4.2%，比2005年增长了25%。如中国林业出版社的《农家致富实用技术》丛书，江苏科学技术出版社的《"金阳光"新农村》丛书，新疆科学技术出版社的《农牧业科技致富丛书》，中国建筑出版社的《怎样修建水窖》，等等。由于品种和数量增多，质量提高，定价降低，受到了广大农村读者的欢迎。

服务大局，出版业当前和今后相当长的一个时期内，应把着力点放在为建立和谐社会提供智力和文化支持上。党的十六届四中全会提出构建社会主义和谐社会，使经济建设、政治建设、文化建设、社会建设四位一体布局的战略思想更加明确，进一步深化了对中国特色社会主义事业发展规律的认识，为全面推进社会主义建设提供了重要的思想指导。和谐社会建设使科学发展观有了落脚点，将小康社会的奋斗目标具体化，符合中国社会的历史传统和现实状况，受到广大人民群众的认同。出版社总编辑在策划和确定选题时，要把为建设和谐社会提供智力和文化支持纳入重要视野。比如深入研究宣传和谐社会建设的选题，宣传推进健全社会法制的选题，以"八荣八耻"为主要内容的社会主义道德建设方面的选题，提倡社会和谐化解各种社会矛盾的选题，宣扬社会共同理想信念和昂扬向上、开拓进取精神的选题，等等。这类图书的出版，可通过推进文化建设作用于其他方面的建设，也可直接作用于经济、政治、社会建设。

二、以人为本，读者至上，为社会提供更多更好的精神食粮

以人为本是科学发展观的核心。其实质是"以实现人的全面发展为目标，从人民群众的根本利益出发，不断满足人民群众日益增长的物质文化需要"。出版社总编辑在工作中"以人为本"，就是以读者为本，以广大读者的需求和利益为本，克服以往工作中存在

的"见物不见人"、盲目追求市场效益、本单位利益高于读者利益的不良倾向,把大大的"人"字写在编辑出版工作的各个环节。

首先,出版物要把着眼点放在提升人的全面素质上。人们精神境界的极大提高,每个人自由而全面的发展,这是实现共产主义社会的必备条件,马克思主义经典作家早就论述过。社会中人是最活跃的因素,事是人来做的,事业是因人而兴盛的,只有不断提高人的素质和能力,才能推进经济社会的发展。人的素质由思想素质、道德素质、文化素质、智力素质、体能素质等多方面素质构成;我们的出版物的内容,由读者消化、吸收,潜移默化,日积月累,就会对其素质产生积极或消极的影响。因此,总编辑应倡导策划提高读者素质、引导读者健康向上的选题,比如宣传马克思主义和进行爱国主义、集体主义、社会主义教育的选题;弘扬社会公德、职业道德、家庭道德的选题;"从娃娃抓起",对青少年进行品德教育和素质教育的选题;弘扬民族优秀文化的选题;及时反映国内科学技术创新和国外优秀科学文化成果的选题;具有重要思想价值、科学价值或者文化艺术价值的选题。同时要坚决卡住那些会降低读者素质的选题,不使其出笼和招摇过市,如煽动民族仇恨、民族歧视,破坏民族团结,或者侵害民族风俗习惯的选题;宣扬邪教、迷信的选题;扰乱社会秩序、破坏社会稳定的选题;宣扬淫秽、赌博和教唆犯罪的选题;危害社会公德或者民族优秀文化传统的选题;危害青少年身心健康、诱发青少年犯罪的选题;等等。

以读者为本,不是一味地迎合读者,而是要积极地引导读者,业内行话叫"引领阅读"。引领阅读就是向读者传递先进思想、优秀文化,时时处处引人向上、向善,而不能去迎合一些读者的低级趣味和不良嗜好。从某种意义上说,一个出版社的出版物品格、品相的优劣,折射出总编辑的品位和情趣的高低。因为出版物的内容能对读者的素质产生提升或降低的影响，所以我们的产品不能像一些工业企业那样完全以市场为导向。出版社总编辑对此应有清醒的认识，在确定选题和终审书稿时能抵挡住市场的诱惑。

其次，最大限度地满足读者的不同需求。我们出版社面对最广大的读者，读者又是分群体、分层次的。每个读者的阅读需求都不尽相同，同一个读者也有不同的阅读需求。因此，总编辑在确定选题时，既要面向大众，又要面向小众；既要宏观定位，又要微观到位，细化读者需求。要坚持为人民服务、为社会主义服务的方向和百花齐放、百家争鸣的方针，弘扬主旋律，提倡多样化，贴近实际、贴近生活、贴近群众，创新内容、创新形式、创新手段，使自己的产品丰富多样，吸引读者的"眼球"。鉴于我国的出版社已形成明确的分工和特定的布局，图书市场已被不均衡占有，那么一家出版社只能在特定领域最大限度地满足读者需求，把特定领域的品种做好做足，社际联手便能满足广大读者的需求。当然读者的需求是无止境的，也不是一成不变的，我们要用敏锐的眼光和深切的注意，随时去发现他们需求的变化，不断地给予满足。

再次，要把竭诚为读者服务落实到每个细节。我们的书是给读者看的，不仅要内容精彩，还要方便读者购买、阅读、使用、收藏。这些细节都是总编辑应当考虑的。有的总编辑提出给农民读者看的书要能让他们"买得起、看得懂、用得上"，这就想得很周到。精心为读者服务方面我们能够做的尚有很多。比如，除满足图书馆和部分读者收藏的需要之外，尽量少出精装书。因为精装书阅读起来不甚方便。某一年在北京国际图书博览会上遇到卓琳老人，她说她读精装书时，往往是撕下套封再读，因为那硬壳太沉重了。比如在定价时想想读者的承受能力，不使他们"望书兴叹"。比如给老年读者阅读的图书，字号不妨大一些，字号小了，他们看起来会很吃力。

比如同一类图书的开本不宜过杂，读者摆书架时不太方便。只要总编辑能多来点换位思考，为读者服务就能更加到位，步步到位。

以人为本体现在具体工作中，还要求总编辑在组织出版图书时要紧紧依靠全体编辑，尊重编辑的主体地位和首创精神，密切联系编辑，始终相信编辑，紧紧依靠编辑，最充分地调动编辑的积极性、主动性、创造性，使他们以最大的热情把智慧和力量贡献出来。总编辑还要尊重印制、发行部门人员的意见，协调好和其他社领导及印制发行等部门的配合，用强烈的事业心、宽阔的胸襟、高超的协调艺术去赢得人们的尊重。通过大家共同努力，把选题计划变成一部部优秀图书奉献给读者。

三、打造品牌，突出特色，增强核心竞争力

进入21世纪以来，出版行业竞争愈来愈激烈。我国出版业不仅面临国际书业入境竞争的压力，即使在行业内部也形成了优胜劣汰、不进则退的竞争局面。关于如何在激烈的竞争中赫然胜出，科学发展观给我们提供了明晰的思路，那便是打造品牌、突出特色以及增强核心竞争力。

首先，要把品牌和特色放在生命线的显著位置。品牌是经过努力长期形成的受到大众普遍认可的企业和产品，特色是企业的独特行事方式和产品的鲜明个性。品牌和特色互为关联。品牌是特色的沉积，特色是品牌的外现，两者对受众有强大的感召力，因此，它是企业的生命线，也是企业永远的追求。总编辑要时时刻刻把眼睛盯在品牌和特色上，通过不断努力，形成本社的品牌图书和鲜明的个性特色。这是激烈竞争中出版社核心竞争力的关键，是与众不同的独特优势。对已有的品牌，总编辑要精心呵护，使之丰满而不使

之消瘦，使之稳固而不使之流失。对特色也应处处留心坚守，不使之黯然失色。

其次，要科学定位突出优势。如何才能形成品牌和特色？总编辑要审时度势，在沧海横流中找准自己的位置，用"人无我有，人有我优"的差异法把自己的优势突出出来。做到定位准确，优势突出，要求总编辑带领编辑科学认真地分析自己的根基、传统、特色、专业分工、选题积累和编辑队伍等因素，经反复对比研究确定，并得到社内同人认可。高教社和化工社就是业内科学定位突出优势的典范。高教社立足高等教育，服务高等教育，在高教、成教、职教教材出版方面形成了强大的优势和突出的品牌。化工社坚持走专业化出版道路，追踪国内外科技前沿动态，服务国家科技发展的需要，服务科技工作的需要，已形成专业特色和优质品牌。

再次，要大力发扬创新精神。创新精神是形成品牌和特色的唯一途径。邹韬奋先生在总结《生活》周刊办刊经验时说："最重要的是要有创造的精神。尾巴主义是成功的仇敌。……没有个性或特色的刊物，生存已成问题，发展更没有希望了。要造成刊物的个性或特色，非有创造的精神不可。"出书亦是如此。出版社总编辑首先要有创新的精神和创新的理念，因为出版社选题的来源已与多年前大为不同。过去的选题，书稿是等来的，现在已由"等米下锅""找米下锅"变为"造米下锅"，即许多选题都是出版社编辑策划出来的。这就意味着，出版社总编辑掌控选题不仅要精心选择，还要大胆出新。不仅自己要创新，还要鼓励编辑们创新，大力提倡敢于创新、敢为人先、敢冒风险的精神，形成勇于竞争和宽容失败的氛围。不仅鼓励在内容上创新，还鼓励在形式上创新，写法、结构、语言、装帧、封面、开本、用材都可以多种多样，百花齐放，以适应市场和读者的需要。近几年来，人民出版社政治类图书保持很高的市场占有率，主要得益于其致力于创新。不仅十分注重内容的创新，一改过去教科书式的面孔，而且对书的装潢、装帧、版式设计等也进行了不断的探讨和改进，按图书的分类、读者、销售渠道等的不同，分别采取相应的设计理念和工艺，给人耳目一新的感觉，有了一种质的飞跃。既产生了良好的社会效益，又拉动了市场，获得了明显的经济效益。

最后，要坚持有所为有所不为。业内一位资深的总编辑向我介绍他的经验：为了突出品牌、特色，形成集中优势，他们经常毫不犹豫地砍去与品牌不相关联、与特色相去甚远的选题，即令有多么畅销、有多么高的销售码洋也决不手软。我赞赏这位总编辑"有所不为"的理智。所谓"有所为"，就是紧紧围绕打造品牌和形成特色去组织、策划选题，可以围绕主打产品去开拓、延伸、丰富、完善，但要坚持关联、适度的原则。所谓"有所不为"就是将毫无关联、"八竿子打不着"的选题一刀切去。把主要注意力、精力、财力集中起来主攻品牌和特色产品，长期坚持，必成气候。

四、规模适度，提高效益，在图书质量上狠下功夫

科学发展观的一项重要内容，就是推进经济结构调整和转变经济增长方式，解决经济增长方式粗放这个制约我国社会发展的突出问题，实现经济持续快速协调健康发展。这一要求也完全适合我国出版业的状况，"不好不坏，又多又快"的粗放式经营再也不能继续下去了。

2004年，我国573家图书出版社（包括副牌社35家），共出版图书208 294种，其中新版图书121 597种，图书总品种比上年增长了9.4%。销售收入的增长率为6.46%，利润仅增长了0.58%。2005年共出版图书222 473种，其中新版图书128 578种，与2004

年相比图书总品种增长 6.8%，新版图书增长 5.7%（注：2005 年图书出版品种采用新闻出版总署计划财务司最新公布数字）。销售收入和利润增长幅度尚属未知，但业内人士分析，仍会低于图书总品种的增长幅度。由此可见，我国图书出版业产品增长快于经济增长，总量规模的增长快于效益的增长。有人根据数据分析认为，五年来中国出版业完全陷入了粗放式规模扩张的怪圈中，即图书出版品种越多，销售金额、销售册数、利润指标反而下降或增长很少。出版界存在粗放式经营，涌动"经济泡沫"已是不争的事实。一方面，出版社效益的逐年下滑引起业内人士的担忧；另一方面，业外人士对出版界盲目扩张、质量严重下降极为不满，颇多诟病，损伤了出版人在读者心中的形象。出版社总编辑对上述出版业的粗放式经营状况难辞其咎，更应按照科学发展观的要求来厘清思路，使出版社沿着健康发展的方向前进。

一是要正确处理好规模与效益的关系。一些出版社为了增强竞争能力和抗风险能力，有计划地扩大规模，表现为投资增大、品种增多、库存加大，市场占有率提高，体现了出版社发展的总体战略，正从以知识密集为主的事业特征向以知识和资本相融合的产业特征转型。在这种情况下，总编辑应该头脑清醒，尽量策划好每一个选题，提高选题质量；明确市场定位，使图书最大限度地占领市场；提高单本书效益，使总的效益相加和发展规模大致匹配。

二是要正确处理好数量与质量的关系。近两年全国图书品种年突破 20 万种，许多出版社新书品种大量增加，书店内新书蜂拥，令读者目不暇接，但图书质量却持续下滑。首先是选题质量下降，不好不坏内容的图书骤然增加，通俗平庸、时尚消遣类图书大量地替代了体现学术品位和人文精神的高尚出版物的位置，无厘头、恶炒、搞笑类图书招摇过市，重复出版、跟风出版严重，抄袭侵权案例增多；

其次是编校质量下降，"无错不成书"成了对出版人的嘲讽和出版人的自嘲。有的图书甚至因为编校不认真，导致出现严重的政治错误。一些出版社或多或少都有这方面的教训，为此蒙受重大政治、经济损失的事件并不鲜见。作为选题质量和图书质量的第一责任人，总编辑应严把质量关，在提高质量上狠下功夫。要形成优上劣下的选题淘汰机制，健全质量检查评估体系，建立质量优劣的奖惩制度，选配好质检人员，把"质量第一"落实到各个环节。现在国内外一些工商企业对存在质量问题的产品实行召回制度，我们出版业可以借鉴这种做法，召回存在质量问题的图书，赔偿读者损失，待改正错误后重新投放市场，以增加全体从业人员的质量意识。

三是正确处理好大与小的关系。近年来一些出版社致力于"造大船"，向"做大做强"发展，但对多数出版社来说，"造大船"并不是唯一的选择。是"造大船"还是"造快艇"，是"大而强"，还是"小而特"，总编辑应根据自己单位的实际情况进行定位。"大而强"是改革、是发展，"小而特"亦是改革、是发展，不能盲目从众，须从实际出发做出明智选择。谋求做大者，也要精心打造，处理好每一个细节；谋求做小者，也要做好重大出版项目，在某一领域做强，做出特色。《福布斯》中文版首次针对中国上规模的非国有企业进行调查，近日正式公布首次推出的100家顶尖企业并不是大家耳熟能详的以规模取胜的企业，"稳健扩张"是众多上榜公司的共同点。我们出版业应从中受到一点启迪。

四是要处理好快与慢的关系。随着社会节奏加快和新技术的应用，我们图书出版的节奏也大大加快了。过去半年、一年才能出版的图书，现在一周内就能完成选题策划、组稿、印制和读者见面。快是一种追求，也是一种无奈。一些出版社为了快速应对，频出新书，"短平快"品种增加，库存虚胖，退货惊人，短期行为加剧，甚至

"萝卜快了不洗泥",引起读者反感。在这种状况下,总编辑应有沉静的心态。要牢记文化传承的社会责任,坚守出版业的优良传统,严格按出版规律办事,该快则快,当慢则慢,"坐得住冷板凳",学会"冷眼向洋看世界"。再快也要坚持"三审制",把好质量的每一道关口,还要经营好"十年磨一剑"的重大项目,组织好本社常规特色书目的出版,不在盲目跟进中后继乏力和迷失自我。

五、制定规划,放眼长远,做到可持续发展

可持续发展是科学发展观的又一要义。促进出版业可持续发展,总编辑要在以下几方面做出努力:

第一,精心制定长远发展规划。好的出版社都注重立足当前、谋划长远,精心制定中长期发展规划。总编辑要积极参与到规划制定中来,为制定规划献计献策。同时要把着力点放在近期和中长期图书出版计划的研制上,这是总编辑的主要职责之一。通过制定规划,明确未来若干年的选题思路、框架、主要项目。通过制定规划,对已有的选题进行回顾、清理,找出未来的发展空间;通过规划选题,增补体现本社特色和发展趋势的选题,加大选题储备。在制定规划时,要处理好长期形成的地位、特色与时代前进和读者需求不断提升的关系;处理好已有选题积累和创新的关系,坚持与时俱进,不断增强选题的时代特色,做到丰厚、充实、新颖,为出版社可持续发展奠定选题基础。

第二,引进人才和以培训提高编辑的综合素质。人才是竞争取胜之本,也是持续发展之本。总编辑要有渴求人才之心,通过各种渠道延揽编辑人才,用到重要岗位,"得人才者得天下",出版界已屡见这样的先例。对已有编辑队伍要通过各种方式强化培训,提

高其创新能力、市场适应能力,加深文化积淀,促进知识更新,增强综合素质。编辑队伍还要有计划、有选择地不断补进新人,形成梯度结构成长跟进,为可持续发展提供永续不绝的人力资源。

第三,建立一支稳固的作者队伍。作者资源是出版社发展的重要支撑力,有一支良好稳固的作者队伍,出版社才可能在竞争中立于不败之地。要平等地对待作者,维护作者的权益,加强与作者的联系和沟通,与之建立深厚的友谊和相互的信任。要根据时代的发展,注意发现有潜质的新人,经常向作者队伍补入新鲜血液,形成老、中、青各个梯次,不断积累壮大这笔促进出版社持续发展的宝贵的"无形资产"。

第四,注意形成稳定的读者群体。通过引领阅读和服务读者,逐步形成购买、阅读本社图书的读者群体。这部分群体是多年来出版社用质量、特色、服务赢得的,也是可经久享用、不可多得的重要资源,须倍加珍惜。总编辑要特别重视这个群体的稳定和发展,对"上帝中的上帝"要格外留心和善待。既要照顾他们形成的欣赏传统和阅读习惯,不轻易改变选题和图书的风格,又要注意他们兴趣和爱好的变化,满足他们新的需求。要通过丰富多彩的阅读、欣赏、交流活动,形成社方和读者的互动和联动,不断增强感召力和凝聚力。如果读者队伍像滚雪球一样越来越大,出版社的可持续发展便有了深厚的群众基础。

(原载《中国编辑》2006 年第 6 期,
《新华文摘》2007 年第 6 期转载)

建设出版强国关键在于出版创新

党的十八大提出要扎实推进社会主义文化强国建设，这是党中央赋予出版工作者光荣而重要的任务。品牌出版单位必须有这样的责任意识、使命意识，勇于承担在出版强国、文化强国建设中所肩负的使命和责任，要努力使自己对党的十八大精神的理解更深入一些、在建设文化强国中贡献更大一些。通过认真学习党的十八大精神，我们形成了一些认识和思考。

建设出版强国关键在于出版创新。党的十八大明确指出："建设社会主义文化强国，关键是增加全民族文化创造活力，要深化文化体制改革，解放和发展文化生产力"，分别从创造力、体制机制、文化生产力等三个方面强调了创新的巨大作用。对于品牌出版社，我们认为可以从以下三个方面发力：出版内容创新、出版机制创新和出版营销创新。通过出版创新，建设出版强国。

内容创新是出版的本质要求。出版是以内容体现其价值的行业，自有书籍以来，人类所有的文明成果几乎都是依靠出版传承后世，出版史就是创新史；内容创新是文化创造力迸发的必要准备。党的十八大报告指出："让一切文化创造源泉充分涌流"，这就需要出版行业，尤其是品牌出版单位，做好内容生产的相应准备，为文化创造力的迸发准备好容器，准备好出口。党的十八大报告指出："为

改革创新篇

人民提供更多更好精神食粮",这就需要出版行业严把内容生产关口,多出精品力作,杜绝平庸之作,唯一的路径就是不断创新,通过内容创新,满足读者日益提高的文化品位和日益增长的精神需求。诗人苏曼殊有诗云:"试看古来名作者,定随时代遭新词。陈言满纸中可用?即便成篇亦可嗤。"品牌出版单位,更要按时代的要求去开拓创新,努力从发展趋势中寻找带有鲜明时代性的选题。选题具有鲜明时代性,才有重大价值,才会受到读者欢迎,也才能体现出版社推动社会进步的价值。

近年来,我国出版业在出版体制改革上成就突出,成功地进行了出版社由事业单位向企业转变这项艰巨而宏大的工程,很多出版单位面向市场,焕发了生机活力。品牌出版单位在这场深刻变革中,更应该站在时代潮头,激流勇进,直视自身缺陷,通过深化改革促进体制机制创新,实现更大发展。品牌出版社机制创新途径有三:一是强化原有出版品牌,充分发挥传统优势,争取主管部门的政策倾斜和大力扶持。二是深挖潜力,改革限制出版生产力发挥的旧有机制,通过建设分社制等多种形式,提高人员积极性,促进企业发展。三是联合强势品牌,整合现有资源,通过纵向联系上下游出版资源和横向联系出版单位,通过跨地区、跨海内外的战略合作,打造出版全产业链,纵深发展,实现更好的社会效益和经济效益。

党的十八大指出,要"解放和发展文化生产力"。解放和发展文化生产力,对我们出版社来说,就是解放和发展出版力。出版力的释放,很重要的一点就是出版营销。过去,品牌出版单位"酒香不怕巷子深",只要牌子响亮、内容过硬,营销可以少做或者不做;但是今非昔比,随着市场化进程的加快,不仅要讲出版营销,而且更要讲营销创新,这不仅是出版单位现代化、市场化的内在要求,也是出版企业实现两个效益的必然要求。品牌出版单位可以从以下方面着手，开创营销新局面：以品牌营销为核心，内容营销为支撑，作者营销为外延，网络营销为重要手段，同时加大网络营销和店面营销的力度，营造全员营销、全面营销的积极环境。

（刊载于《中国新闻出版报》2013年1月23日第1版）

创新是落实文化"走出去"的必然要求

三联书店创办于1932年,是中国出版集团旗下我国出版业的"老字号"。三联书店重视文化传承、文化积累,认真履行文化责任,在改革开放30年来有很大发展,成为我国思想文化和学术出版的重镇,被称为我国知识分子的精神家园。由于这样的定位和特色,我们在引进国外和海外出版物版权方面,在引进西方学术著作方面,做了许多工作,有很大贡献,但在"走出去"方面,却有一定差距。近年来,我们开始高度重视"走出去"工作,时间不长就取得了前所未有的版权输出成果。已输出《文心》《中国史前考古学史研究》等12种图书版权。还有多种在商谈接洽中。《城记》《老子十八讲》《福建土楼》等4种书的英文版达成了输出意向。经过努力,我们在一年内可输出图书版权20种左右。这和版权输出大社比,无疑是"小巫见大巫",但于我们自己却是不小的进步。不仅完成了集团下达的两年任务指标,而且使自己有了良好开端,开始尝到了甜头,也进一步树立了信心。

创新从三方面切实努力

落实文化"走出去",就必须创新,创新是文化"走出去"的必然要求。那么,我们应当从哪几个方面去创新呢?窃以为应当从"优化""强化""美化"等方面去努力。

传统文化的"优化"。中国传统文化博大精深,这是"走出去"的基本内涵,但在内容选择上要注意"优化"。所谓优化,就是要突出精神性、文化性,中医藏药、推拿按摩、饮茶炒菜固然受欢迎,当然也很重要,但重要的还是应突出我们的精神、学术、理念,这种"走出去"才是长期的,有深层意义的,对人的精神世界构成影响的。再就是精神性的东西里面,要选择优秀的东西,来一个去伪存真,把好的东西介绍给人家。如宣扬和谐、仁爱,而不去宣传官场潜规则和厚黑学;宣传科学,而不是介绍算命打卦、装神弄鬼。再就是内容上的新颖,而不能总是在《十三经》《四库全书》、四部古典文学名著等方面做文章。

中国特色的强化。只有传统的,才是民族的;只有民族的,才是世界的。在创新过程中,我们要特别突出中国特色、中国独有。这次法兰克福书展,中国馆突出中国元素,就给外国人以震撼和面目一新的感觉。在输出的内容上,一定要有中国特色,形式最好也要有中国作风和中国气派,不能抹杀个性去和国际接轨。特色就是品格,特色就是生命,就是我们文化"走出去"的法宝。

装帧形式的美化。装帧设计要考虑国外读者的审美要求,吸引他们的眼球,做到简洁、美观,符合审美国际化趋势,这就要改变我们以前的设计观念和思维定式。还要改变装帧设计过度和印制繁杂的做法,"过度"不利于环保,容易引起国外读者的反感,也不符合形式为内容服务的原则,有碍制作上的转换。

创新是文化"走出去"的助推器

实践证明,有意识地进行创新,可能有效地促进"走出去",

使"走出去"走得更好、更远。凡是注重创新、变革的出版单位，"走出去"都取得了比较好的效果。这两年，我们三联书店增强了"走出去"的自觉性，有意识地在制定选题规划时就考虑哪些选题可以"走出去"，适合"走出去"，有意识加大输出版权的力度，同时也积极探索"走出去"的新途径，收到了较好效果。

一是在合作出版形式方面创新，借与国外出版社战略合作，推出"走出去"板块。我们与澳大利亚LP旅行出版公司合作，出版了LP国际指南系列。这个产品是"引进来"的，目前已出版《欧洲》《美国》《日本》等56个品种，印了近90万册。在合作过程中，我们开始考虑"走出去"的问题，经过反复协商，我们和LP公司合作开发中国国内指南。这个国内指南可以"一鱼两吃"：一是满足国内读者自助游的需要；二是经过翻译，可以供国外游客浏览、了解中国使用，让"国内游"部分"走出去"，扩大中国的影响，促进中国旅游产业的发展。

二是注重内容的创新，给传统典籍注入新的内容。比如我们推出的《老子十八讲》，在法兰克福书展上受到外国读者好评，有的出版单位已有购买版权意向。这是因为，老子的《道德经》是存在已久的，外国人大都知道，无新鲜感，但我们请王蒙来对其进行新的解读，融入了作家的人生体会和现代观念，这就使传统典籍有了新意。

三是讲求出版形式的创新，满足国外读者的阅读需要，实现无障碍对接。比如《福建土楼》，我们在出版时就预计这本书会引起国外出版界的兴趣，但仅出中文版，国外出版界也许不太方便了解书的内容。故我们在做中文版的同时，专为参加法兰克福书展量身定做了英文版，将其带到会上展示。这样做效果很好，已经有出版社向我们表达了购买版权的意向。

改革发展是出版创新的强大动力

一、"走出去"是出版单位所肩负的新的重要职能。10年前,文化"走出去"对出版社尚没有硬性要求;5年前,逐渐成为出版单位的自主行动;而目前已是不可推卸的责任和必须完成的"硬指标",成为出版业务的重要组成部分,成为国家对出版集团、出版集团对下属出版社进行考量的重要板块。

二、强化"走出去"有赖于也有益于整个出版工作的创新。"走出去"作为出版社的一项重要工作,它的发展有赖于出版社整体实力的增强,它的创新有益于整个出版工作的创新。一个出版社有思路、有套路,勇于拼搏,敢于创新,实力不断增强,就会为"走出去"创造条件。而"走出去"则又会推动整个出版工作,它会赋予我们国内国外两个视角,不断激发创新活力,改变我们的思维模式,也会锻炼我们的队伍。就目前来说,我们的文化"走出去"主要是考虑社会效益;版税收益不足以带动经济效益的提高,这也是一些出版社"走出去"积极性不高的一个原因。其实,只要运作得当,赢利也是做得到的。中华书局的《于丹〈论语〉心得》,一次卖了10万英镑就是很好的例子。

三、改革发展是出版创新的强大动力。创新,不仅是文化"走出去"的必然要求、必要条件,也是整个出版工作突破进取的关键,越来越受到业界的重视。我们的体会是要激发员工创新的积极性,必须进行改革,通过改革建立激励人们创新的机制。2009年以来,三联书店进行了加大改革力度的尝试。打破原有的编辑组织结构,撤销了生活、读书、新知3个编辑室,成立学术、文化、大众、旅行4个出版中心,通过调整组织结构,调整选题结构,明晰图书产品线，改变管理模式，转换机制，加大对人才队伍的培养力度。这种调整，在三联书店是前所未有的，是具有震动性的。我们的目标，就是要通过改革重组，把店内编辑、生产、经营各部门逐步做大、做活，使之成为事业部管理形式的二级单位。让二级单位充满活力，承担"双效"责任目标；赋予其一定权限，让其自个儿去折腾、去发展。待条件成熟时，把几个中心变为学术分社、文化分社、大众分社、旅行分社。连同《三联生活周刊》《读书》，再加一个对外合作出版机构，组成7个板块，形成"七星拱月"之势，届时可以考虑成立三联书店出版集团，作为中国出版集团旗下的一个子集团。另一个目标是借助三联品牌的巨大影响力，通过品牌授权、加盟连锁等形式，在全国各地建立数十家乃至上百家分销店、加盟店，在新华书店、民营渠道之外，打造三联版图书的独有发行渠道，重现韬奋先生当年生活书店在全国建立50多家分店的辉煌。"渠道为王"，一旦这个目标实现，我们就握有了生存发展的主动权。这些梦想的实现须经过努力奋斗，而改革是成功的必由之路。

（原载2010年4月28日《中国新闻出版报》，
《新华文摘》2010年13期转载）

抓住机遇大力发展文创多元经营

首先，要抓住全民阅读广泛开展的机遇，适合中小学生的阅读需要，开发相关的产品。众所周知，现在全国的全民阅读已经呈现出前所未有的好形势，主要表现为四个特点：

第一个特点是全民阅读已上升为国家战略。党的十八大以后，党中央、国务院更加重视全民阅读，习近平总书记多次强调要爱读书、读好书、善读书，李克强总理四次把全民阅读写入政府工作报告。其中第一次我印象十分深刻，那时李克强总理召开政府工作报告座谈会，我代表书业参加座谈，在会上提出的建议是把"倡导全民阅读"写入政府工作报告。"全民阅读"写入政府工作报告，明确了政府推动全民阅读的责任。

第二个特点是现在全民阅读立法已经提上了重要议事日程。《全民阅读促进条例》的制定进入快车道，《中华人民共和国公共图书馆法》也已经通过国务院常务会议，提交全国人大审议。值得注意的是，全民阅读立法具有特殊性，与一般的立法不同，它调节的不是人与人之间的关系，而是政府与人之间的关系。全民阅读立法要求政府必须为全民阅读创造条件，必须保障公民的阅读权利，这就是其特殊性。完成立法之后，政府不能不作为，而要每年拿出资金、制定规划支持全民阅读，支持实体书店的发展。倘若不做，将会被追责。

第三个特点是 2016 年 12 月份发布了《全民阅读"十三五"时期发展规划》,这是第一次出台此类规划。这份规划明确提出了全民阅读的目标、措施和任务,现在各个省也都在制定规划。

第四个特点是全国各地的读书活动风起云涌。无论是读书活动的开展还是读书推广人的宣传,全民阅读已经呈现出良好的局面,这为文创产品提供了很好的机遇。

其次,要抓住国家实施中华优秀传统文化传承发展工程的机遇,开发相关文创产品。中共中央办公厅、国务院办公厅印发了《关于实施中华优秀传统文化传承发展工程的意见》,这是一个重要的信号,也是一个重大的措施。它在全国范围内,从小学抓起,对中国的传统文化开展普及。由此,中小学的书法教育、诗词教育等都将迎来机遇。

再次,要抓住科学技术快速发展的机遇,满足少年儿童对科学的好奇心,发展文创产品。目前已经有商家制造出玩具机器人;据说国外有一种帮助读书的辅导机器人,这实际上都是文创产品。希望书业同人能抓住这个机遇。

在大力发展文创多元经营时,要处理好非书品经营和图书经营的辩证关系,坚持发展主业,做到主副业相辅相成,共同发展。

第一要点是要加快非书品经营的步伐,大胆闯、大胆试,开创非书品经营的新局面。过去,书店为增加每平方米的效益,开展了多种经营。但事实上,非书品经营对书店产生的效益是多方面的:一是增加经济实力,二是扩大社会影响,三是完善产业链条,四是提高发行业的创新能力和培养创新人才。所以,我们要从更高的角度、更全面的高度来认识非书品经营,甚至什么是主业,什么是副业,都存在需要进一步辩证认识的问题。

第二要点是不忘初心,坚守主业,牢记责任和使命,实现核心价值。"书店到底是做什么的"这一点是必须强调的。无论是新华人、出版人还是发行人,无论是国有还是民营,很多公司和个人并不是为了单纯的经济效益而在书业奋斗,甚至有的是从其他行业挣钱来发展书业。这种情况下,我们更要坚守主业,牢记新华人的责任和使命,实现核心价值。书店大都在城市的核心区域,是城市的文化地标。我们的努力方向是让书店成为精神地标,这就需要通过自身的努力来提高全民的素质和素养,而不仅仅停留在经济目标上,才能实现我们的核心价值。如果仅仅把书店当作一个产业,而忘记了文化的价值和行业的价值,那就迷失了方向,也失去了根本的优势。

第三要点是正确处理辩证关系。这主要表现在三个方面。一是处理好战略布局上全局和局部的关系。对于新华书店的负责人来说,在战略布局方面要处理好全局和局部的关系,坚持主业、坚持使命是全局,多元经营是局部。二是要处理好主流和支流的关系。无论何时,主业经营都是主流,而多元经营无论多么壮大,都是支流。三是要处理好主副业相互转化的关系。主业是书店的后盾、基石、平台,也是资源优势和人才优势之所在。要利用这样的优势,在非书品经营上做足特色。同时,完善主业的产业链,提升主业的影响力,增加对读者的吸引力,进一步激发人才的积极性。

关于多元经营的边界,我认为有三方面需要注意。一是不损害主业,不弱化主业。诚然所谓主业和副业,都需要重新定位和认识,但是图书主业的绝对地位不容动摇。二是多元经营要尽力靠近文化,要有文化品位,要和书业经营搭界。我曾考察过很多书店,多元经营呈现出可喜的局面。但我们一定要注意,无论主业还是副业,一定要有比较好的文化品位。三是非书品经营要有创新能力,能够进行独立自主的研发,形成并保护知识产权。现在书店内经营的非书产品,有一部分是自主研发,但是仍有很多是贴牌经营。未来,更为重要的应当是我们进行自主研发,提出创意,拥有自己的版权。这样才能更好地体现自身的价值。

(刊载于《中国出版传媒商报》2017年7月7日)

弘扬传统篇

对三联书店向学术文化出版重镇
成功转型的思考

2012年是生活·读书·新知三联书店创建80周年，在党和国家领导人的关心和广大作者、读者的支持下，我店成功地举办了系列店庆活动，"7·26"人民大会堂召开的庆祝大会，更是将店庆活动推向了高潮，产生了广泛的社会影响。三联书店这一我国出版业的著名品牌，将会受到更多人的关注；它所走过的80年道路，将会有更多人研究和探讨；它未来的发展走向，将会在总结历史经验的基础上按时代的要求进行确定。纵观80年成长发展史，三联书店的命运和国家命运、人民命运、民族命运紧密相连，三联的进步与时代进步、社会进步、人民进步同步。因此，三联不单是三联人的三联，更是知识界、文化界和社会各界及广大作者、读者的三联，人们关注它、研究它、呵护它成长进步，是真诚而又自然的。

对此，作为三联人，既感到欣慰、自豪，同时也深感肩上沉甸甸的压力。研究三联的发展史，总结它的经验，以期有更大的进步，是我们应尽的责任。

在回顾三联书店80年历史的时候，对其前半程和后半程有两个清晰的定位：前半程是红色出版中心，后半程是学术文化出版重镇。

两者之间如何连接，又是如何成功转型的，是人们普遍关注的一个话题。本文就这一话题展开研究，谈一点个人的思索。

一、转型的必然性、条件以及为转型成功付出的努力

众所周知，20世纪三四十年代三联书店的前身生活书店、新知书店、读书出版社先后有邹韬奋、胡愈之、黄洛峰、李公朴、徐伯昕、钱俊瑞、徐雪寒、华应申、艾思奇等进步人士大量出版马克思主义经典读物，传播先进的思想理论，成为国统区进步出版事业的堡垒，对青年人追求进步、走向革命产生了极大的影响。从事进步事业，有三联前辈们自身的选择和追求，也有中国共产党的支持和指导。如生活书店是在党推动下成立的，创始人之一胡愈之是老党员；邹韬奋病逝前留下遗言："如其合格，请追认入党"，去世后获得党中央批准。读书出版社创始人艾思奇1935年入党，黄洛峰1927年入党，新知书店的钱俊瑞、徐雪寒、薛暮桥等都是中共党员。三家书店均建有党组织，1937年三家书店完全处于党的领导之下，从事革命出版活动。1987年中央有文件规定，凡1949年10月1日前在三联工作的员工，承认其革命经历，享受离休待遇。在党的指导下，三联前辈们所从事的出版工作以"力谋改造社会"（邹韬奋语）为目的，明确提出改造社会的方法就是进行社会主义革命。那时许多出版物都是围绕"中国革命"这一主题组织出版的，这类书有马列主义经典著作，有研究和介绍马克思主义思想和理论的著作，有介绍马克思主义经典作家生平事迹的著作，有宣传马克思主义思想、理论、方法的普及读物，以及作为"红色经典"的中外名著，如郭大力、王亚楠翻译的全译本《资本论》，艾思奇著《大众哲学》，张仲实译、普列汉诺夫著《社会科学的基本问题》，斯诺著《西行漫记》，鲁迅译、

〔苏〕法捷耶夫著《毁灭》等。据统计，三家书店共出版图书2000余种，刊物50余种，在全国开设百余家分店，对于马克思主义在中国的传播，对于民众特别是青年知识分子的影响和启迪，起到了至关重要和无可替代的作用。1949年7月，中共中央发布了《中共中央关于三联书店今后工作方针的指示》，其中明确指出，三联书店"过去在国民党统治区及香港起过巨大的革命出版主要负责者的作用"，对三联人曾经为革命和进步出版事业做出的贡献给予了高度评价。

有着红色印纪与红色基调，被誉为"红色出版中心"的三联书店为什么会"转型"？这是由社会变革和新中国出版布局形成与调整诸多因素造成的。1948年10月26日按照党的指示，生活书店、读书出版社、新知书店在我国香港地区合并成立生活·读书·新知三联书店，随后大批骨干回内地发展，1949年三联书店总管理处迁至北京；1951年，三联书店事业发展至顶峰，分店恢复并开办至全国各地，出版物品种、数量、影响力居全国各出版单位前列，事业兴旺，蓬勃发展。正当此时，三联书店的"转型"和"被转型"被悄然提上了议事日程。首先，这是由社会根本变革造成的。国民党统治被推翻，人民当家做主的新中国成立，这使三联书店从事出版工作的目的发生了根本变化。虽然"力谋改造社会"的目标没变，但过去是"砸碎一个旧世界"，现在是"建设一个新中国"，从过去的"破坏者"到今天的"建设者"，三联书店的出版方向和出版思路必然发生变化；它要投身到社会主义建设中来，参与到社会主义新文化建设中来，必然更多地关注学术发展、文化建设，而从过去以"红色"为主流转变为以"文化"为主流，随时代潮流而动，与时俱进，这是必然的，也是"必须的"。其次，这是新中国出版布局调整形成的。1950年10月，经中共中央批准，出版署于当年9月15日至25日组织召开的全国出版会议决定，新华书店改为国营的书刊发行机构，不再兼营出版；而以原属新华书店总店的出版部门为基础，分别成立人民出版社、教育出版社、美术出版社等。地方各级新华书店也做相应调整，成立各地人民出版社等出版机构。规定中央和各省人民出版社，统一出版马克思列宁主义经典著作和政治读物。这样，过去以出版政治性读物为主的三联书店面临调整。1951年，三联书店被合并到人民出版社，作为其副牌存在。实际上，到此时三联书店出版政治类读物的使命已经完成。再次，这为三联书店自身的经营特点所决定。三联书店及其前身生活、读书、新知三家书店，经营上都采用股份制，虽然由党领导，但在经营方式上呈私营性质，这与建国后日益强化的公有制所不相兼容。新中国成立前夕，中共中央亦曾决策继续发展以三联书店为代表的公私合营出版事业，但随着私有制的社会主义改造的加速，三联书店最终以前述方式完成了所有制和经营模式的改变。

三联书店面临转型是必然的，但转型的路径有多条，何以选择学术文化出版呢？而这又是由三联书店自身条件等因素决定的。

首先，三联书店自有其学术文化出版的根基。20世纪三四十年代，生活书店、读书出版社、新知书店在出版大量具有革命性、战斗性的红色出版物的同时，也先后出版了许多学术研究著作。这些学术著作是三联前辈"力谋改造社会"的一个侧面，体现了他们对于民族前途、社会进步方面的深刻思考和使命感。这些著作不是为学术而学术、为研究而研究，而是从中求索真理、启迪民智，许多著作在今天仍然有开启山林、泽被后世的意义。如探求人生问题、研究社会问题的有傅雷译《人生五大问题》、吕叔湘译《文明与野蛮》、薛暮桥著《中国革命问题》、沈志远著《近代经济学说史纲》；以马克思主义的史学观念研究历史、为中国革命道路提供理论论证的著作有吕振羽著《简明中国通史》、吴晗著《历史的镜子》，范文澜主编《中国通史简编》，杜守素、侯外庐等著《中国思想通史》第一卷等。这里有原创著作，也有大量引进的西方人文社科与科学著作。新近由三联书店出版的《三联经典文库》（第一辑100种），其中一大部分是学术著作。这些学术著作不仅为以后三联学术出版奠定了基础，而且形成了三联学术著作出版的鲜明特点，这就是密切结合社会实际，通过学术研究回答现实问题。"学术的思想，思想的学术"，三联书店的学术著作出版蕴含有这样一种特色。

其次，50年代的学术出版使三联学术著作出版的传统得到较好接续。1954年初，在胡乔木同志的关怀下，由中宣部上报中共中央并经批转的《关于改进人民出版社工作状况的报告》里提出，"应在人民出版社内部设立三联书店编辑部……三联书店应当更多出版著作书籍，以便使党员和非党员作者的各种虽然尚有某些缺点，但有一定用处的作品都能印出来。……翻译书籍中除马克思列宁主义的著作外，各种古典学术著作也应陆续有译著出版。三联书店可以较多出版社会科学其他古典著作的译本"。根据这一指示，不仅失去独立建制的三联有了自己名义的编辑室，而且"马上做了一件事"，就是由陈原亲自领导出版"汉译世界学术名著"。当时做的计划是要翻译出版一亿两千万字的世界学术名著，并且在1954至1957年间已经出版了如黑格尔《小逻辑》、凯恩斯《就业、利息和货币通论》等名著。虽然这个庞大的系列出版计划后来被1958年恢复业务的商务印书馆和中华书局转走，但是三联人又一次经历了学术著作出版的历练，三联书店获得了植入学术基因的又一次重要机会。

再次，改革开放新时期为三联学术著作出版提供了新的机遇。应运而生的《读书》杂志成为思想界、知识界改革开放的一面旗帜。"读书无禁区"喊出了知识分子的心声，赢得了广大知识分子的极大信任，当时团结了一大批知识分子，使之成为今后三联书店的作者和忠实朋友，三联书店从此和广大知识分子"同气相求"，建立了血肉相连的密切联系。1986年1月，三联书店从人民出版社分离出来，独立建制，这是一次机遇，也是一次选择。三联书店既不能沿袭过去"红色出版"的老路，又要遵守专业分工，同人民出版社"保持距离"，故而选择了学术文化出版道路，被定位为"以出版人文科学和社会科学书刊为主的综合出版社"。从此，三联书店的发展道路尘埃落定。学术文化基因植入渊源有自也好，先天的禀赋传承也好，时代造化的机遇也好，总之，三联书店在我国出版领域最终选择了一条适合自己发展的道路。

机遇总是留给有准备的人，这句话同样适合三联书店。三联书店从选择学术文化出版道路，到真正成为人们公认的学术文化出版重镇，为此付出了艰辛而又不懈的努力。

许多三联同人为三联书店的成功转型付出了心血。在这里，我们必须提到范用、沈昌文、董秀玉的名字，他们对三联的成功转型多有建树。范用和陈翰伯、陈原、倪子明创办《读书》杂志，组织出版了《傅雷家书》《随想录》等三联转型的标志性产品，凝聚和团结了大批优秀的作者和忠诚的读者群体。"谈笑有鸿儒，往来无白丁"，范用为三联书店凝聚了广泛的作者人脉，也积淀了浓郁的人文气质。沈昌文抓住改革开放初期的极好机遇期，把陈原等人当年批量引进西方人文著作的愿望变为现实，大量翻译出版西方学术文化著作《宽容》《情爱论》《第三次浪潮》等，一时间洛阳纸贵，使三联书店有了面向世界、面向未来的面孔，使转型更富有现代意义。董秀玉借助在香港三联工作的历练，具有了更加丰富的经验，进一步向学术文化出版的深度和广度进军，组织出版了《钱钟书集》《陈寅恪集》等重头产品，而《我们仨》的出版和常销不衰，则让人品味到三联的图书更洋溢着一种人文关怀。新锐、一流的质量标准，思想智慧、人文精神的出版理念，昭示着转型的成功。据我观察分析，三联书店向学术文化出版重镇的成功转型完成于20世纪末，而在21世纪又不断得到丰富和完善，应该说，这是几代三联人前赴后继共同努力的结果。

二、变与不变：在坚持中守望和发展

转型意味着变化，转型成功意味着变革成功。转型前后对比，三联书店发生了明显的变化。首先是出书方向方面的变化。三联书店不再以出版介绍、阐释马克思主义原理的著作为己任，而是以社会主义意识形态的思想建设和文化建设为追求，将出版学术文化著作作为出版方向，革命性、战斗性弱化，思想性、研究性突显。其次是出版结构方面的变化。有人做过统计，20世纪三四十年代，全国出版《资本论》《列宁传》等红色出版物400余种，而三联书店及其前身出版机构出版的就占一半左右，其余一半为解放区的新华书店所出版。而转型之后，三联书店的出版物大量是学术类著作及其普及读物，政治和时政类读物大幅度减少，现今三联书店每年也会安排一些具有三联特点的政治类图书出版，如《早年毛泽东》《毛泽东的读书生活》《万水朝东》等，但比重较小。再次是读者对象方面的变化。三联书店过去面向广大要求进步的青年宣传革命真理，向大众宣传抗战和社会进步；现在更多的是面向知识界、学术界、文化界，面向严格意义上的知识分子和文化大众，按范用先生所言，即是"文化人出给文化人看的书"。与此同时，所依赖的作者也悄然发生变化，结识了一批学界大家和新生代作者，整合和扩大了自己的作者资源。

进入21世纪之后,为了适应市场和读者变化的新形势,继续保有我国学术文化出版重镇的地位,三联书店大胆创新求变,不断调整自己的发展思路。近年来更是加快改革发展步伐,多有变革创新之举。比如调整选题结构,在坚持原有学术、思想板块的同时,组织出版大众读物,提升社会效益和经济效益;比如提出品牌、人才、企业文化战略和"做强做开"的基本思路,发展品牌,依托品牌发展,力求提升出版能力和扩大社会影响,不盲目追求数量和规模的扩张;比如做强发行渠道,通过和各省新华书店建成战略合作联盟,或者尝试建设自有渠道,将书刊顺畅地送到读者手中。近年来我店针对三联读者、作者较多"上网"的特点,注重网上销售,既扩大了业绩,又增加了社会影响。另外,我店加大内部体制机制改革,实行分社制和双效业绩目标考核等,调动了编辑人员的积极性。我们还将2012年定为"创新发展年",通过一系列创新来谋求更大的发展,等等。

然而,为转型求变也好,为发展求变也好,都是以"不变"为前提的。千变万变,决定三联书店基本属性的东西不能变。作为众多读者心中的"学术文化出版重镇"和广大知识分子心目中的"精神家园",三联书店必须坚守自己的根本,因为有坚守才有个性,有个性才有未来。

一是坚持与时代同行的革新精神不能变。站在时代前沿,与时代同行,这是三联书店最本质的东西。"激流勇进",在回望三联80年历史的时候,我们用这四个字概括三联的历史。"弄潮儿向涛头立,手把红旗旗不湿",宋代诗人潘阆《酒泉子》中的这一名句是三联书店自身形象的真实写照。一些读者形容三联书店是穿"青年装"的,有理想、有朝气,领时代潮流,开风气之先。其中一以贯之的是三联的变革精神,它永远站在时代的潮头,从民主革命时期宣传真理、鼓吹革命，到社会主义革命时期倾情投身文化建设，到改革开放新时期"读书无禁区"的一声呼喊，再到今天积极投身变革，在变革社会中也变革自己，在谋求社会进步中也实现自身的进步，而这一切，均与三联创始人"力谋改造社会"的初衷有关，源于三联人对社会进步、时代发展、人民幸福的责任感，这是最宝贵的力量源泉和最能打动人心的现实表现。

　　二是坚持以文化为本位的定位不能变。80年历史的三联书店，在新的市场条件下，重新发力，重新崛起。拓展渠道、扩大品牌影响力以及成立集团公司，是目前阶段的重点与未来的目标。然而，这一切依然只是手段。三联有自己的文化坚守，所有努力都是为着我们的理想：传承文化精神，探索真理与新知。这是由三联书店创立之初即明了的"事业性"所决定的。邹韬奋先生说得很清楚，首先我们要坚持事业性，事业性是根本，我们是为文化而生的，离开文化传承，我们的根本就没有了。这同样是为我们学术文化出版的定位所决定的。号称"学术文化出版重镇"而不重视文化含量，不努力于文化传承，不着力于文化贡献是不可想象的。近些年为了生存和发展，三联书店非常重视"商业性"，重视经营和市场拓展，而且取得了不错的经营业绩，销售收入达到近2亿元，年实现利润3300万元，是2008年的近4倍，但这些同样是手段，是为自己的"事业性"也即文化发展和传承服务的。三联书店在任何时候、任何情况下都不会把追逐赢利作为自己的根本目的。

　　三是坚持"竭诚为读者服务"的办店宗旨不能变。邹韬奋先生创办生活书店时，就将服务精神作为"生活精神"的重要内涵。竭诚为读者服务与中国共产党"全心全意为人民服务"的宗旨有本质上的一致性，又具有出版行业的特点。它从根本上解决了出版"为了谁"的问题，成了一代又一代三联人遵循的座右铭。今天竭诚为读者服务，仍要继承老三联时时处处为读者着想的传统，为读者排忧解难，提供热情周到、细致入微的服务，但首先是要出版适合读者需要、深受读者欢迎的优质精神食粮，在当今出版物市场泥沙俱下的状况下，强调这一点尤为必要。出版行业的着力点、兴奋点必须放在多出好书好刊、力推精品力作上面。这是最本质、最贴心、最能体现"服务精神"的服务，三联书店必须带头坚持。

四是坚持"一流、新锐"的质量标准不能变。多年来三联书店形成了自己的产品质量标准，这就是"一流、新锐"。所谓"一流"，即无论出版学术读物、文化读物还是大众读物，都要求居国内一流和领先地位；所谓"新锐"，就是具有创新性、开拓性，具有探索意义，不人云亦云、拾人牙慧。这是三联书店对作者的要求，也是对自身出版物的要求。三联书店坚持自己的质量标准，从不以"合作"名义放弃质量把关，从不让经济利益左右对书稿内容质量的评估。符合三联图书的质量标准，不赢利或暂时不赢利也精心出版；达不到三联图书质量标准，给多少资助、包销多少册也不予接纳。这一点从领导层到编辑形成高度共识。为此三联书店多年走"少而精"的精品路线，近年来调整战略布局，为提高竞争力在逐步扩大规模，但是质量仍被视为三联的生命线。今年以来，我们总结以往学术著作的出版经验，整合、提高各部门已有质量标准，形成《生活·读书·新知三联书店学术著作出版规范》，从6月1日开始在全店试行。"炮制虽繁必不敢省人工，品味虽贵必不敢减物力。"三联同人牢记"同仁堂"的古训，无论发展到多大规模，都要坚持"一流、新锐"的质量标准。

五是坚持"人文精神，思想智慧"的出版理念不能变。探索真理、启迪民智、传播新知是三联书店作为"红色出版中心"时期的出版理念，"人文精神，思想智慧"则是今天三联的出版理念，它传承了三联的原有理念，又具有当今"学术文化出版重镇"的特点。

倡导人文精神，提升思想智慧，清楚地勾画出三联书店服务于社会的着力点，也决定了三联图书较高的文化品位。坚持出版富含思想性的学术著作、富含人文精神的文化读物，面向大众的读物要传播新的生活理念和健康的生活方式，倡导人与社会、人与自然、人与人的和谐，宣赞美好的心灵，体现人文关怀。近几年《目送》《巨流河》《新论语》等图书的畅销，可以看出三联人沿着这一出版理念做出的努力。

六是保持"不官不商，有书香"和"清新、庄重、认真、求实"的格调不能变。杨绛先生和季羡林先生先后这样评价三联书店的风格，这既是对三联人的勉励，也道出了三联人的一种追求。这种风格和格调是三联和广大知识分子共同营造的，只有"不官不商，有书香"，才能和知识分子相亲相近；只有保持"清新、庄重、认真、求实"，才能受到知识分子的欢迎；也只有坚守这种风格和格调，才能更好地成为党团结广大知识分子的"统战部"，发挥党联系知识分子的纽带的作用。近年来三联书店致力于打造"三联文化场"，建立读者俱乐部，开通书香巷，成功改制韬奋书店，创建了全国出版社中第一个面向社会开放的公共图书馆。这些举动旨在营造浓厚的书香氛围，使三联的特色更加鲜明，同时为建设书香社会做出更多努力。

80年过去了，三联书店从红色出版中心到学术文化出版重镇，经历了一次次成功的跨越，又站在了新的历史起点上。在今天坚守文化使命、传承文化精神、继续探索真理与新知，需要更加坚忍，更加有定力，但三联人决心不负广大作者、读者的期冀，在坚持与时代同行中开创更加辉煌的未来。

（本文刊载于《中国编辑》2012年第5期，
《新华文摘》2013年第4期转载）

今天如何发扬韬奋先生"竭诚为读者服务"的精神

在三联办公楼的四层,面向电梯的大厅敬放着韬奋先生的塑像,塑像后面"竭诚为读者服务"几个大字,便是先生手创的生活书店的店训。我每天走出电梯,面对先生的塑像和遗训,脑海中常常会思索这样一个问题:我们今天如何发扬先生倡导的"竭诚为读者服务"的精神?时逢韬奋先生创办的生活书店成立75周年,店里分别在上海、北京举办了一系列感思追念活动。我参加了这些活动,还和同人一起参观了上海韬奋纪念馆,拜谒了龙华韬奋先生墓,也读到了更多涉及生活书店、读书出版社和新知书店的史料,所有这些,都有益于我对"竭诚为读者服务"精神的理解,帮助我加深了对始终萦绕在怀的这一问题的认识。

韬奋先生创办的生活书店诞生于20世纪30年代初,作为1949年以前重要的进步文化机构,先后出版了一千多种进步的社会科学和文学书刊,在读者中和社会上产生了极大影响,许许多多的人因为读了生活书店的书刊而走上了革命道路。在邹韬奋、胡愈之先生的领导下,生活书店、读书出版社、新知书店共同奋斗,写下了中国现代出版史上光辉的一页,为人类进步、民族解放和文化事业发展做出了重要贡献。韬奋先生和他创办的生活书店之所以业绩辉煌、成就骄人，最重要的原因，就是一以贯之地倡导并力行竭诚为读者服务的精神。韬奋先生说："生活书店可以说是服务社会起家的。生活书店的前身是《生活》周刊社所附设的书报代办部，是完全以对读者尽义务为宗旨的，当时《生活》周刊社不但为读者代办书籍和报刊而已，其实对于读者的种种需要只要是我们的力量办得到的没有不竭尽心力为他们服务。"对于读者托办的事情哪怕是分外之事，"我们无一事不是尽我们的心力做去，以最诚恳的心情做去。只须于读者有点帮助。我们从来不怕麻烦，不避辛苦，诚心恳意地服务。我们的这种服务精神，引起了国内外广大读者群众的深刻同情，于是对于我们文化事业给予非常热烈的赞助。他们对于我们书报特别信任（同时当然也因为我们所出的书报有正确的内容），我们的文化事业便由此一天天向前发展起来，我们现在不但保持我们对于社会的这种传统的服务精神，而且还要尽量发展这种传统的服务精神，由此使我们的文化事业得到更大的开展，由此使我们的工作对于国家民族有更普遍而深刻的贡献"。我之所以大段引用韬奋先生的话，就是让大家注意到生活书店"服务精神"的由来，和韬奋先生对这种精神认识的"高度"和"深度"，以及服务精神和事业发展的逻辑关系。可以说，"竭诚为读者服务"是办店宗旨，亦是立店之本，既具有生活书店的"个性"，又对文化企业的生存、发展具有普遍意义。生活书店"竭诚为读者服务"的宗旨被今天的三联书店承继下来，作为店训和代代相传的优良传统。

今天谈论继承和发扬"竭诚为读者服务"的传统精神，有必要对其进一步加深认识和明确定位。

首先，这一精神和中国共产党"全心全意为人民服务"的宗旨是高度一致的，而且是这一宗旨的具体体现。"竭诚"和"全心全意"

几乎是同义语，"为读者服务"与"为人民服务"只是显示了同类中个性和共性的差异及范围的大小。生活书店办店宗旨和中国共产党的宗旨高度一致并非偶然巧合，而是有其必然性的。生活书店从创办起，就把追求光明和真理、推动民族解放和国家进步作为自己的使命，它在中国共产党的领导和影响下，在艰苦环境中奋斗开拓，成为出版界传播进步文化、推动民族救亡运动的一面旗帜。从本质上，它是革命的、进步的、新生的，与时代为伍的，是置身于中国共产党领导的革命洪流中，自觉地按照党的要求和指明的方向去努力的。"竭诚为读者服务"不仅是"生存之道"，而且是微言大义，昭示了生活书店存在的价值和意义。站在这样的高度去认识，我们继承这一传统就会更加自觉。

其次，如何理解"竭诚"？从字面上看，就是全心全意、尽心竭智、鞠躬尽瘁，就是最为恭谦、最为诚恳的态度和行为。韬奋先生描述的是"竭尽心力""诚心恳意"，"尽我们的心力做去，以最诚恳的心情做去"，他要求，"服务不仅仅是替人做事，而且要努力把事做得好。所以我们不但要做事，而且要做得诚恳、热诚、周到、敏捷、有礼貌"，等等。对"竭诚"二字的含义和韬奋先生的要求，我们不难理解。问题在于，置身于市场经济大潮涌动、交换原则通行的今天，"竭诚"是不是有条件的？是不是投"桃"报"李"和待价而沽的？我想，这种服务是无条件的，是不计报酬的。因为它是一种服务的心意和态度，并不等于把自己的东西无偿地赠送于别人。就像商店说"顾客是上帝"，意在把顾客当上帝一样尊重，并非把商品白白送给"上帝"，这个道理是显而易见的。事实上，只要你竭尽心力、不计报酬地为读者服务，并持之不懈地坚持下去，就一定能得到回报。这种回报就是信任、支持，就是我们的事业在广大读者的信任和支持下得到更大发展。

再次，读者是谁，即我们服务对象的范围是大众还是小众？这一点也有必要讨论。我理解，这个"读者"是指大众，不是少数人，甚至是一群人。对此，韬奋先生有明确阐述，他说："我们必须注意到最大多数的群众在文化方面的实际需要，我们必须用尽方法帮助最大多数的群众能够提高他们的文化水准，我们必须使最大多数的群众都能受到我们文化工作的影响。因此，我们在出版方面，不能以仅仅出了几本高深理论的书，就认为满足，必须同时顾到全国大多数人的文化食粮的需要，就是落伍群众的文化食粮的需要，我们也要尽心力使他们得到相当的满足，我们深信为着国家民族的利益，我们的任务是要使最大多数的同胞在文化水准方面能够逐渐提高与普及，这对于整个国力的提高是有着很大的效力。"基于这种认识，韬奋先生非常明确地把促进大众文化作为生活书店总的原则中的首要原则（另两大原则为供应抗战需要和发展服务精神），用四个"必须"确立了为读者服务的着眼点和着力点，这对于我们今天制定出版方略和编辑方针仍有着重要的指导意义。

以上，我们对"竭诚为读者服务"做了理论意义上的阐述和理解，那么，我们今天究竟如何承继这种精神，将其弘扬光大呢？我认为当前出版界应从以下几个方面切实做出努力：

第一，努力为读者提供更多更好的优质产品。这是"竭诚为读者服务"的第一要义，是出版人的价值和职责所在，是出版业以人为本的具体体现。中宣部部长刘云山最近在一次重要讲话中指出："出版社的价值和影响主要是通过图书来体现的，有没有高质量的图书对于出版社至关重要。"现在，我国已年出图书23万余种，其中新书达12万种之多，但水平参差不齐，一些图书质量问题严重，被读者诟病。当前一些出版单位仍在争相扩大规模、品种，这是形势使然、需求使然，但我们更应注意在品种高速增长的同时，努力提高图书质量，为读者提供信得过的优质产品。一要着力提高图书内容质量，在选题的创新和书稿编辑加工上花费气力，满足读者全面提升素质的需求。二要重视图书编校质量，把差错控制在最低限度，满足读者的正常阅读需求。三要讲究图书装帧设计，设计符合国家技术标准和具有审美创意的作品，满足读者的审美需求。四要选准印、装厂家，保证图书印制质量，满足读者享用标准产品形态的需求。总之，我们给读者提供的产品应当是优质的，起码是合格的。否则，"竭诚为读者服务"就丧失了基本前提，就成了一句空话。

第二，最大限度满足读者的现实和潜在需要。我国有十几亿人口，出版社面对最广大的读者。读者也是分群体、分层次的。每个读者的阅读需求都不尽相同，同一个读者也有不同的阅读需求。因此，我们出版人既要面向大众，又要关照小众；既要宏观着眼，又要微观到位，细化读者需求。要坚持为人民服务、为社会主义服务的方向和百花齐放、百家争鸣的方针，弘扬主旋律，提倡多样化，贴近实际、贴近生活、贴近群众，创新内容、创新形式、创新手段；当前特别要注重利用新技术、新材料和新的传媒载体，使产品丰富多样，满足读者多方面、多层次、个性化的阅读需求。当然读者的需求是无止境的，我们要用敏锐的眼光和深切的注意，随时去发现他们需求的变化，不断地给予满足。对于"走出去"的产品，我们还要研究域外读者的需求，增强针对性、适用性，使人家乐意购买和阅读。

第三，善于站在读者的角度观察和思考问题。出版社出书是由一个个紧密环节组成的，要把为读者服务落实到每一个细节，需要"换位思考"，站在读者的角度来提出要求、确定答案。读者会要求其购买的图书内容精彩，同时又要方便购买、阅读、使用和收藏。比如对于一名农民读者，他会希望给自己看的图书应该是"买得起、看得懂、用得上"的。对于一名老年读者，他会希望阅读的图书字号大一些，这样看起来就不会太吃力。对于一个收藏者来说，他希望同一出版社或同一类型的图书不宜开本过多、形状差异过大，以利于识别和摆放。对广大读者来说，购书主要是用来阅读的，因此除满足图书馆和部分读者收藏需要外，尽量少出让手腕发酸的精装书。再比如定价时想想读者的承受能力，尽量把价位压得低一些，不使一些读者因囊中羞涩而望书兴叹。现在一些出版社热衷给图书奢华包装，加大了印制成本，增加了读者的购买难度，这是与"竭诚为读者服务"精神背道而驰的。

第四，给读者提供周详具体、无微不至的服务。在这方面，生活书店的老前辈们早已给我们做出了榜样。即使和业务无关的事，他们也竭诚尽力地去做。比如为读者的夫人物色好的产科医院，为吃官司的读者介绍可靠的律师，为远在南洋的读者的母亲和夫人选购国内的绸缎衣料。只要有所托请，他们都不怕麻烦，做得十分到位。即使在交通和通信条件极为便利的今天，我们许多人也是办不到的。"非不能也，是不为也"，在我们心生感叹的同时，对老前辈们也有了更多的敬意，想象他们是怎样用一点一滴的努力同读者建立极为信任的关系的。今天已是不同的时代，但我们同样面临着怎样密切与读者的关系的问题，这里有宏大的空间，也有许多的"分内工作"需要我们来做。比如，组织开展各种讲座，热心为读者推介近期出版的新书；比如用通信、网站、电子信箱、手机短信等多种形式和读者交流，热心解答读者提出的问题，提供他们需要的相关资讯；比如及时准确地邮购读者需要的图书，方便快捷地满足他们异地购书的需要；比如对读者寄来的存在质量问题的书刊及时调换寄回，并致以真诚的歉意；比如详细记下读者需要的已售缺图书，再版时及时通知对方购买。以上只是简单列举了几个方面，其实要做的事有许许多多。只要心中有读者，眼中才会有"活儿"，腿脚才能勤快，像生活书店的老前辈们那样脚踏实地、精益求精,一件一件一丝不苟地做到实处。果真如此,我们出版社和读者的关系就会日益密切、热络,我们出版界和读者就能产生良性互动,整个出版事业的发展就有了最为广泛的群众基础。

　　韬奋先生力倡的"竭诚为读者服务"的精神,意蕴精深,内涵丰富,是个需要深入研究的重大话题,我只是谈一点粗浅的个人认识。作为三联的一员,我为能工作在这样一个集体中而自豪,同时也深感肩负的责任。三联书店承继生活书店的大统,"近水楼台先得月",有责任也更应该把韬奋先生"竭诚为读者服务"的精神发扬光大,为我国社会进步和文化事业发展做出更大贡献。我愿和广大同人一道,为此付出切实的努力。

（刊载于《中国新闻出版报》2008年4月23日）

韬奋精神是一座富矿

最近,第十一届韬奋出版奖颁奖仪式在京举行,我国出版界又有20名同志被授予"韬奋出版奖"这一荣誉称号。我忝列其中,有几分兴奋,也有几分不安。所以兴奋,因为这毕竟是全国出版界个人最高奖项,获此殊荣不易,它是对我多年奋斗后人生价值的肯定。所以不安,即是深感自己"盛名之下,其实难副",离对获奖者的基本评价"政治素质好,专业造诣高,具有良好职业道德操守、高远文化追求,在出版行业长期勤奋工作、默默奉献,为出版改革和发展做出了突出贡献的优秀人物"尚有很大差距。我把获得这一荣誉看作是对我个人的鼓励,是对在新时代为出版事业奋斗的三联群体的褒扬。我深深地体会到,这一设立多年、评过多届的出版界个人最高奖项,之所以用韬奋先生的名字命名,其根本宗旨便是弘扬韬奋精神,将韬奋精神和其努力奋斗的目标一代一代传承下去。我作为韬奋先生等先辈开创的三联事业的后继者之一员,有近水楼台得月之便利,更有传承先生精神之责任,应以获得"韬奋出版奖"为起点,更加自觉地继承韬奋先生的事业,更加努力地弘扬韬奋精神。

2012年是生活·读书·新知三联书店创立80周年,以邹韬奋先生1932年7月1日成立生活书店为发端,三联书店走过了80年的辉煌历程。在将要隆重进行80年店庆之际,我们更加怀念生活书店创始人、我国著名出版家、三联事业的主要奠基人邹韬奋先生。清明前夕,我们京沪港三联书店负责人和员工代表数十人前往上海龙华烈士公墓,和韬奋先生的女儿邹嘉骊一起祭扫韬奋墓,寄托我们的追思怀念之情,表达弘扬韬奋精神的决心。我在雨中虔诚地向先生那块草丛中小小的墓碑献花、鞠躬,就在举起拳头领誓的一瞬间,我的心头受到了强烈震撼,也似乎对韬奋精神有了更加深刻的体悟。

毫无疑问,韬奋先生在我国的进步出版事业中处于领袖地位,他是中国进步出版事业的一面旗帜。1944年7月24日,邹韬奋先生逝世后,毛泽东、周恩来、宋庆龄、郭沫若、朱德、陈毅、叶剑英等对其评价甚高,周恩来说其是"出版事业模范"。五年后,中共中央在《关于三联书店今后工作方针的指示》中明确指出"三联书店(生活书店、新知书店、读书出版社)过去在国民党统治区及香港起过巨大的革命出版事业主要负责者的作用,在党的领导下,该书店向国民党统治区及香港的读者,宣传了马列主义、毛泽东思想和党在各个时期的主张,这个书店的工作人员,如邹韬奋同志(已故)等,做了很宝贵的工作"。对以邹韬奋为代表的三联人曾经为革命、为进步事业做出的贡献给予了高度评价。

韬奋精神是一座富矿,我们今天弘扬韬奋精神有特殊的时代意义,我以为应当从以下几个方面去发扬光大:

一是"竭诚为读者服务"的服务精神。

"服务精神"是生活书店的奠基石和一贯传统,它要求每一位职工要心存读者,把读者当作朋友,而且还是超越商业关系、彼此间可以沟通与信任的好朋友。因而对于读者的服务,"不是仅求一次的周到,是要求继续不断的周到",也不限于门市、邮购、复信答疑,而是贯穿出版活动的全过程,表现为"一点不肯马虎,一点不肯延搁,一点也不怕麻烦","竭尽心力","诚心恳意"。"服务精神"不仅是生存之道，而且是微言大义，昭示了出版业存在的价值和意义。我们今天"竭诚为读者服务"，就是要摆正位置、端正心态，努力为读者提供更多更好的优质产品，保证质量，多出精品，杜绝劣质品和残次品，最大限度地满足读者的现实和潜在需要。服务方式要随时代的发展而创新，善于站在读者的角度观察和思考问题，为其提供周详具体、无微不至的服务。

二是正确处理事业性与商业性关系的经营理念。

"义"与"利"关系在邹韬奋身上有着内在的统一，他提出的正确处理事业性与商业性关系的命题，是我国出版界两个效益关系的最初论述，一直延续到我们今天的出版实践中并需要持续不断地予以回答。他强调出版的"文化本位"，提出以文化为目的。他认为"所谓进步的文化事业是要能够适应进步时代的需要，是要推动国家民族走上进步的大道"，"具体的事业体现在努力于引人向上的食粮"。"要充分顾到我们的事业性，有时不惜牺牲，受到种种磨难也毫不怨尤。"同时为了生存和发展，必须顾到商业性，做到两方面相辅相成。重温韬奋先生的教诲很有现实意义。在市场化盛行的今天，我们有必要特别强调事业性和"文化本位"，始终坚持正确的出版导向，以社会效益为最高准则，努力实现社会效益与经济效益的统一。要以传播中华民族优秀文化、社会主义先进文化，引介国外其他民族优秀文化为己任，严格把关，严格选择"文化食粮的内容"，决不让有害人身心健康的坏书和格调低下的出版物出笼。要坚持事业性、商业化两轮驱动、两翼齐飞，防止方向跑偏而误入泥潭。

三是追求光明、坚持真理的不懈追求。

邹韬奋在所处的时代中不为强权所动，不为名利所惑，不怕流亡和牺牲，保持了自由精神和独立人格。我们今天的时代虽截然不同，但出版也面临市场的挤压，出版物也面临利益的诱惑，出版人也面临何去何从的选择。而面对市场保持清醒，保持个性、特色和文化品位，才是真正的出版家，才能真正赢得社会和读者的尊重与信任。

作为韬奋出版奖的获得者，作为韬奋先生开创的三联事业的承继者，我再一次承诺，我愿意为弘扬韬奋精神做出自己的微薄贡献。

（刊载于《中国新闻出版报》2012年4月9日）

继承和弘扬有三联特色的企业文化

一、三联书店的历史渊源与品牌形成

三联书店是从1932年7月创办于上海的生活书店发端，1948年与成立于1936年的读书生活出版社和成立于1935年的新知书店合并成立生活·读书·新知三联书店。在20世纪三四十年代，这几家出版单位先后有邹韬奋、胡愈之、黄洛峰、李公朴、陶行知、钱俊瑞、徐雪寒、华应申、艾思奇等进步文化人传播先进的思想理论，成为在国统区进步出版事业的堡垒，对青年人追求进步、走向革命产生了极大的影响。代表作品有邵宗汉译《苏联印象记》，艾思奇《哲学讲话》（后改为《大众哲学》），王季愚译高尔基著《在人间》，邹韬奋著《萍踪寄语》，郭大力、王亚南译马克思著《资本论》，纪华译列宁著《左派幼稚病》，翦伯赞著《历史哲学教程》，等等。这些图书的出版对于真理的传播，对于民众特别是青年知识分子的影响与启迪，都起到了不可估量的作用。而我们要清楚的一点是，在当时出版这些书和期刊是要冒很大风险的，不但要时时迁徙以躲避日本侵略者的炮火与破坏，更要与守旧独裁、消极抗战、压制进步力量的国民党统治进行顽强的斗争。也因此三联人形成了自己独特的精神传统与文化品格，就是始终追求思想的新锐、一流，始终走在时代的前列，始终有极强的文化使命感与文化责任感。三联书店在1986年恢复独立建制后，事业很快得到突飞猛进的发展。三联在20世纪80年代出版的《傅雷家书》《随想录》《情爱论》，创办的《读书》杂志等都在广大读者特别是青年读者中产生了巨大的影响，取得了显著的社会效益与经济效益。截至2009年，共出书4000余种，年主营业务收入达1.4亿元，利润1500万元，被新闻出版总署授予"全国百佳图书出版单位"称号。取得这些成绩，有品牌的影响，也有文化传统的积累在起作用。

三联书店历史悠久，已经形成了自己的企业文化，有着自己的品牌，有着自己的企业价值体系与文化追求；其企业文化建设在很大程度上是一个继承、创新的问题，而不是要重新创建的问题，这一点也是与大多数出版单位不同的地方。比如，店务管理实行民主集中制，实际在1933年生活书店成立后的第一次社员大会上由胡愈之起草的合作社章程里就已经规定了三条原则，即"经营集体化、管理民主化、盈利归全体"。比如邹韬奋先生格外强调的"竭诚为读者服务"的精神，就是在他给《店务通讯》（于1938年1月22日由生活书店总店编印、专供本店同人阅读的油印内部刊物，前后共出111期）上开设的"每周谈话"栏目中提出并加以倡导的。邹韬奋先生还将生活书店的宝贵传统归纳为"坚定、虚心、公正、负责、刻苦、耐劳、服务精神、同志爱"等八种精神。1949年以后三联书店以"人文精神，思想智慧"为出版风格，出版了大量不但思想新锐、超前，而且格调清新、脱俗的图书，深受知识界、文化界与读书人的推重，被誉为知识分子的精神家园。许多社会知名人士对此都有很高的评价，如杨绛先生就评价三联为："不官不商，有书香"，季羡林先生则归纳三联的"店格"为"清新、庄重、认真、求实"，等等。这些都是我们需要着力总结并继承发扬的。

二、三联书店企业文化建设现状

三联书店领导班子高度重视企业文化建设，在企业发展的三大战略中就包含了企业文化发展战略，还结合转企改制提出了一些具体目标，比如提出建设"和谐三联、活力三联、文化三联"，明确不但要建设一个内部团结、和谐融洽的三联，而且要使三联在继承原有深厚传统积淀的基础上，更有活力，更有朝气，同时要求三联人在传播文化的同时自身也要做一个文化人。提出要以人为本，一方面继承发扬韬奋先生所讲的"竭诚为读者服务"的精神，将为读者服务尽心尽力作为一切工作的指导原则；另一方面要以员工为本，重视员工自我价值的实现与提升，为员工发挥不同领域的特长提供舞台，此外还要关心员工的生活。开展争先创优，积极参加集团组织的各项活动，并在这些活动中连获大奖。我们根据企业经营规模的不断扩大，正考虑在各地开一些分店，进一步扩大品牌的影响。品牌的推广也要逐步进行，将品牌标识统一起来。不但重视产品的营销、形象的宣传，内部交流与沟通也进一步加强。像《店务通讯》就继承了20世纪30年代邹韬奋创办时的刊头，那时的《店务通讯》办得有声有色，我们加以恢复就是想更好地体现三联的企业文化，使之成为一个内部交流与对外宣传的重要载体。我们编写出版了《生活·读书·新知三联书店员工手册》，做到人手一册。我们还有自己的门户网站，对于企业内部的重要活动、重要产品与其他资讯都有及时的反映。除常规的党团组织活动外，三联工会职工还自行组织有各种俱乐部，比如羽毛球、乒乓球、登山等俱乐部，企业也给予适当的经济支持，丰富职工的业余文化生活。

三、对三联书店企业文化建设的构想与思考

企业文化的的确确是我们的重要工作，这不是敷衍，也不是因为上级的安排，而是我们自身有这个需要，而且确实取得了很大的成效。下一步，我们对企业文化工作有着详细安排，根据集团要求制定了《三联书店企业文化建设三年工作规划》及《实施细则》。三联书店究竟有着什么样的精神传统，应该遵循什么样的管理原则，力求营造什么样的企业氛围，在这些文件里，我们都有很充分的思考与整理。我们提出要让三联的员工生活得更幸福、更有尊严，并把该目标作为企业文化建设的重要内容。这是因为过去我们更多强调的是个人如何多为国家、为社会、为集体做贡献、多奉献，较少考虑员工的个人利益与福利待遇。我们现在：第一，要让员工的收入有所提高；第二，发扬民主之风，在遵守法制和店规的同时让员工人人敢说话，人人得到尊重，呼吸自由的空气；第三，创造条件支持个人实现自我价值。这些都是企业文化建设很重要的内容。

企业文化建设自身有其规律性，并非遵循一个规划就一劳永逸，也不可能一蹴而就，要有长期性的准备。三联的企业文化不但有传统，而且很独特，在全国的出版业中都是独树一帜的，比如领导无特殊化，管理民主化，员工有个性、有理想、有追求，等等。这些一方面是可贵的财富，另一方面也对企业领导者的领导艺术与才能提出了更高的要求，更需要领导者发挥以身作则、身先士卒的感召作用。在当前出版体制改革、出版业转企改制的新形势下，三联书店的企业文化建设如何进一步开展得有声有色、取得实效，需要我们更多地思考，特别是处理好以下几个方面的关系：

（一）商业性与事业性的关系问题

出版社转企，并不等于业务工作完全商业化，"两个效益"的问题已经强调了很多年。对于三联书店而言，在1949年以前就是纯粹的民营书业，本来就天然地具有适应市场、把握读者需求、敏锐洞察学术动向的特征，因此继续坚持思想的原创与新锐、品味的独特与高端是三联书店的独特和优势所在，与市场化的趋向并不矛盾。相反，如果三联书店出一些格调低俗的书则不仅会对自身的声誉，而且对自身的经营产生极大的负面影响。这是我们必须在店里强调的一种共识，即无论任何时候，我们都要把事业性放在首位，这也是企业文化建设需要把握的一个准则。

（二）学术高端与通俗大众的关系

我们出版的图书，即使是纯学术的，是否一定本着面向小众的目的？为什么不能在学术与大众之间多架设一些沟通的桥梁？如一些大家、名家写的小书，通俗易懂又深入浅出。说到底还是我们对读者的态度问题。不仅是三联书店，在一些出版人的心中似乎只有令人望而生畏的大部头、严密宏大的体系、晦涩费解的语言才足够称得上学术与高端，凡是通俗化、大众化的追求都不免与媚俗画等号。人们在意的似乎不是问题的提出与解决、思想的意义与价值，而只关注外在形式与包装的华丽与否，这是我们需要走出的一个误区。

（三）经济利润的扭曲效应与企业和谐氛围养成之间的矛盾

不可否认，目前大多数出版社采取的新的绩效考核办法有效促进了出版生产力的提高，激发了员工的积极性，但它的一些负面作用也是不容忽视的，比如造成一些书的同质重复、跟风炒作；比如造成出版业内的生态失衡，一些作者资源被过度索取，等等。三联书店目前虽然也进行了绩效改革，但是我们以每个图书出版分社为基本单位考核，不过于强调个人的业绩，允许并提供一定时间与条件让有的编辑去精心策划，打造精品图书。这样是不是能避免上述的弊端还有待实践的检验。总而言之，出版社在经济利益的压力与驱使下，如果领导者不能秉公处事，没有合理的制度设计，则必然引发内部矛盾，形成企业和谐、向上的氛围也就无从谈起。这是建设企业文化过程中需要我们认真考虑的问题。

让弘扬韬奋精神有更多的现实承载

我作为生活·读书·新知三联书店的代表，参加今天隆重而又简朴的"韬奋祖居落成典礼"仪式，心情很有一些激动。由三联书店员工出资捐建的韬奋祖居，在县委县政府的大力支持下，在县委宣传部桂峰部长及其工作人员的精心谋划和运作下，在潢川镇领导和沙塘村领导的具体参与下，在不到两年的时间里，就从立项到今天的落成典礼，速度之快、质量之好让人赞叹。看到美丽的信江河畔矗立起庄重、大方、朴素而又实用的韬奋祖居，看到韬奋祖居中精心巧妙的设计和布置，看到与祖居融为一体的良好的自然环境，想到它投入使用后对弘扬韬奋精神以及为村民开展文化活动提供的便利，我们为之高兴，为之欣慰。我对韬奋祖居的落成和投入使用表示由衷的祝贺。

韬奋先生是我国进步新闻出版事业的先驱，是中华民族民主解放的斗士、伟大爱国者和中国共产党优秀党员，一生追求真理，为推动社会进步献出了毕生精力。韬奋精神是韬奋先生在一生追求真理、推动社会进步中所体现出来的精神风貌、思想品格、理想气质的综合精神形态。周恩来总理说，邹韬奋同志经历的道路是中国知识分子走向进步、走向革命的道路。毛泽东主席说，"鞠躬尽瘁，死而后已"，这就是韬奋精神。中央历代领导人都对韬奋先生、韬奋精神有崇高评价。2012年7月，三联书店在人民大会堂举行80周年店庆，胡锦涛同志、习近平同志、温家宝同志、李克强同志等都充分肯定了韬奋先生及其领导的进步出版事业对中国革命和民族解放做出的突出贡献。韬奋先生逝世近70年了，但韬奋精神一直伴随着我们，滋养着我们，它是我们弘扬社会主义价值观、建设中国特色社会主义、实现中华民族伟大复兴"中国梦"的重要精神财富，是教育后代成长进步的重要精神源泉，值得我们永远珍视、继承和弘扬。

韬奋先生是江西余江县人，他是余江人民的光荣和骄傲，也是我们三联人的光荣与骄傲。1932年，韬奋先生创立了三联书店前身之一的生活书店，是三联事业的开创者。今年，我们经国家新闻出版广电总局批准，恢复设立了生活书店，目的也是为把韬奋先生开创的事业延续下来，弘扬韬奋精神。我们欣喜地看到，余江县委县政府非常珍惜韬奋品牌这一重要精神资源，高度重视这一资源的弘扬利用，把它和"血防精神"一道作为全县努力拼搏上台阶的精神动力，并取得了社会经济文化进步的卓越成果。县委宣传部围绕弘扬韬奋精神动了许多脑筋，做了许多工作，县里也涌现了像邹华义先生这种自觉自愿、舍家舍财终生不懈弘扬韬奋精神的先进典型。我们对县委的决策很敬佩，对大家为弘扬韬奋精神所做出的努力深受感动。韬奋精神是我们共同的财富，弘扬韬奋精神是我们共同的责任。余江和北京，我们身处的位置不同，但韬奋精神这条红线把我们连在一起。我们三联书店愿意为弘扬韬奋精神做更大的努力，做更多的事情，也愿意为韬奋家乡余江县的繁荣兴旺做出自己的贡献。

韬奋祖居落成了，弘扬韬奋精神多了一个重要的实物载体，多了一个教育基地和平台，有了一个我们可以寻根的地方。我们要充分发挥好它的作用。恢复韬奋祖居的想法，得到了邹家华同志的支持和重视，我几次向他汇报，也给他看了设计图。家华同志指示，不要仅仅办成纪念的地方，放几张照片，介绍介绍生平，而是要利用起来，供村民们学习、娱乐使用，对我们把祖居建成韬奋书屋和农村文化活动中心的想法，他很赞成。今年受桂峰部长之邀，我去找邹家华同志为"韬奋祖居"题词，老领导欣然命笔，这就是我们看到的"韬奋祖居"这几个大字。我们今后还会关心韬奋祖居的建设、使用，还会到这里"寻根、感恩、谋发展"。"祖居"开工时，我来过一次，我说过，让我们的友情像信江水长流不息，让我们的事业像香樟树兴旺茂盛。今天我还有新的祝愿，就是祝愿韬奋精神在韬奋家乡更深入更广泛地生根、开花、结果，更加发挥"正能量"的作用，推动全县宏伟蓝图的实现。祝愿县委县政府在带领全县人民在通向小康的路上，迈出新的更大的步伐，取得更辉煌的业绩！祝愿韬奋家乡这块土地上的人民文明富裕、幸福安康！

（2013年12月25日在韬奋祖居落成典礼仪式上的发言）

品牌建设篇

将品牌优势转化为发展强势

在中国出版集团公司的六大发展战略中，品牌战略居于举足轻重的地位。我围绕这一战略的实施和展开，说一点粗浅的看法。

一、关于三联书店近几年在实施品牌战略方面的几点体会

三联书店近几年有较大的发展，得益于实施品牌战略，我们的做法和体会有以下几个方面：

第一，高度重视品牌建设，强化品牌在全局工作中的统领作用。三联品牌是几代三联人历经艰辛、顽强拼搏创立的中国出版业著名品牌，是三联的核心竞争力。三年前店领导班子调整后，就明确提出了品牌发展战略，这一战略居品牌、人才、企业文化三大战略之首。几年来我们紧紧"咬定品牌不放松"，千方百计营销品牌、创新品牌、丰富品牌，扩大品牌效应，品牌战略得到了实实在在的推进和实施，也取得了实实在在的成果。

第二，通过生产好书好刊发挥品牌效应，提高品牌美誉度。出版品牌的建设与发展，最根本的是产品，开什么花结什么果，出什么书就有什么样的品牌效应。我们把主要精力用在多出好书好刊上，通过优质书刊来维护和发展品牌。近年来出版了《三联经典文库》《金

克木集》《杨振宁传》《早年毛泽东》《万水朝东》《目送》《巨流河》《罗摩桥》《李瑞环谈京剧艺术》等一批好书。《三联生活周刊》《读书》继续在打造核心价值观、引领阅读方面发挥品牌示范作用。

第三,通过各种途径和措施,千方百计扩大品牌影响力。2012年4月在无锡召开第二次社店战略合作联席会,合作伙伴扩展到五省四市。在黑龙江、辽宁、宁夏等省和自治区设立图书零售店,将品牌影响力向发行下游延伸。作为品牌建设的重大尝试,开始打造"三联文化场"并取得阶段性成果:以美术馆东街22号编辑综合业务楼为依托,建立读者俱乐部,开通书香巷,筹建韬奋图书馆,成功改制韬奋书店;建立"网上书店",开通淘宝网三联旗舰店,形成了一个上下立体、内外贯通、文化氛围浓郁、高度密集的核心文化圈。在我国台湾地区设立生活·读书·新知三联书店特约经销店和销售专柜,扩大三联版图书在全国范围内的影响。联合日本平凡社出版中日双语版《鲁迅箴言》,产生了国际影响,获日本装帧设计大奖和亚太出版商年会图书奖金奖。

紧紧抓住三联书店80年店庆这一历史性机遇,通过在人民大会堂召开庆祝大会、《三联经典文库》出版座谈会等一系列重要庆祝活动,提升三联品牌影响力。

第四,坚持走创新之路,不断为三联品牌注入新的生机和活力。三联品牌既要坚守,又要与时俱进,要不断增加新的内涵和元素。2010年我们提出打造"大三联"的概念,倡议并在北京主持召开了首届京沪港三联高层年会,三家三联书店62年来第一次坐在一起研讨合作发展大计,发表了《京沪港三联书店弘扬三联品牌坚守文化使命的共同宣言》。现在三家三联的合作进入实际操作阶段,共同投资成立的三联时空国际文化传播有限公司已经注册。我们通过改革创新机制,将三联韬奋图书中心转制为股份制的三联韬奋书店,不仅扭转了多年亏损的局面,而且使这张京城的著名文化名片重新散发魅力,成为实体书店通过改革创新起死回生、逆势上扬的"标本"。我们筹建了隶属出版社的第一个面向社会公众开放的公益性图书馆——韬奋图书馆,让它成为三联书店的"文化名片"和子品牌。

第五,通过深化改革,为品牌拓展更广阔的发展空间。在改革推动下,三联的组织结构更加优化和壮大,去年成立学术分社、文化分社和综合分社,增设专题项目部、对外合作部。建立三联书店(上海)有限公司,作为三联品牌向华东以至南方深入发展的桥头堡。投资购买了三处房产,决心在实体上再造一个"三联",为品牌架构更广阔的发展空间。条件成熟时,申请成立三联出版集团,实现集团化发展。

二、对中国出版集团公司实施品牌战略的建议

(一)对品牌重新认识和定位

要重新审视和深化认识中国出版集团公司所拥有的一系列著名文化企业品牌(以下简称品牌)的重要价值,品牌是中国出版集团的第一生产力和首要资源,要放到最重要的位置去掂量和认识。"不识庐山真面目,只缘身在此山中",我们要站在集团外面看集团,看集团的品牌优势。和国内其他出版集团相比较,我们最大的优势是什么?

依我之见,中国出版集团优势有三:一大优势品牌优,出版品牌家家牛;二大优势人才优,专业出版竞风流;三大优势是占位,"中央军"加"国家队"。而最大的优势是我们集团拥有一系列品牌。可用四句话概括:"荣宝百科商中三,三个人字各当先。新华东方

两现代，中图世图加外翻。"

（二）品牌战略的着力点

做强做大中国出版集团，既要围绕"中国出版集团"这个牌子做文章，更要在其旗下的品牌上下功夫。在新打造"中国出版集团"这一品牌的同时，尽快将其旗下的商务、中华、三联、荣宝斋、大百科等做大做强。已有品牌做大做强之日，就是中国出版集团强大之时。

（三）加大实施品牌战略的力度

1. 重心向下，把旗下出版品牌做强做大。商务、中华、三联等十余家著名品牌是集团的重要组成部分。应该放低重心，自上而下在这些品牌上发力，把每一个品牌都发展好，把每一个品牌都做强做大。

2. 利用旗下品牌把集团做大做强。如用"三联"的品牌，在全国建立数百家连锁书店，形成中国出版集团旗下销售网络，不仅补集团缺项，而且借助品牌影响力一举登高，增强知名度和竞争力；也可在国外开办若干家书店，增强国际影响力。

3. 加快战略布局。由集团统一协调，在上海、南京、广州、沈阳、成都等重要城市集中设立一批商务、中华、三联、荣宝斋等品牌名企分店，形成向全国辐射的效应，扩大品牌影响力，必要时向海外扩展。

4. 提升品牌产品。产品是品牌的根本支撑，要倾力打造。一是梳理品牌产品，摸清家底（如商务的辞书、中华的古籍整理、三联的学术）；二是强化品牌，进行质的提升和量的扩张；三是要大胆创新，形成新的品牌产品。

5. 加大品牌投资。上市融资后，以品牌为核心进行战略投资。不仅要扶持品牌，更要利用品牌做事，如借三联之影响力打造书店；还可用品牌去收购、兼并业内企业，利用品牌由主业向多元发展延伸，放大品牌效应。

6. 利用品牌进行战略重组。以品牌为龙头，整合同类资源和渠道，在较短时间内做大规模，实现扩张。也可有意识扶持组建几个名牌"小集团"，形成数足鼎立抬升中国出版集团公司的局面。

通过品牌创新和扩张开创发展新局面

2012年7月26日,生活·读书·新知三联书店在人民大会堂举行了80年店庆,品牌影响力得到进一步彰显。面对新的形势,三联人认识到,品牌是我们的核心竞争力,离开品牌,我们将一无所有。但是,我们又不能躺在品牌上吃饭,而是要推着品牌前行。80年店庆之后,我们围绕加大品牌创新和扩张,主要做了以下几项工作:

一、京沪港三联书店联手成立三联国际文化传播公司;支持我国台湾地区的合作伙伴华品文创出版股份有限公司在台北设立三联书店,扩大三联书店的品牌影响力,真正实现跨地区实质性的发展,也给我们带来了新的机制和新的效益。

二、推出一批有影响力、对三联品牌有强大支撑力的产品,如《邓小平时代》《王鼎钧作品系列》《蔡澜作品系列》《陈寅恪的最后二十年(修订版)》《中国经济改革二十讲》等。其中,《邓小平时代》影响重大,业绩显著。三联书店领导班子在谋划2013年全年工作时,提出"举全店之力,打造2013年社会科学类第一畅销书《邓小平时代》"的目标。截至当年3月底,该书上市两个月零十天,共发行近80万册,合计码洋7328万元,一本书拉动了我店市场占有率,排名由原来的第100位左右迅速上升到第32位。

我们确立的目标之所以能够实现,是认真贯彻集团公司"内容创新"战略要求的结果，是坚持三联书店"一流新锐"标准的结果，是全店上下共同努力的结果。为了出版、发行好这本书，我们成立了以总经理、总编辑为组长，各方面、各部门工作人员参与的营销工作小组，从设定选题时就谋划营销工作，提出了明确的销售目标和周密的营销计划，整体规划，精准定位，实施全员营销、立体营销、全面营销。全员营销有多种措施，要求人员到位、责任到位、奖惩到位，取得了良好效果。不仅《邓小平时代》这本书在极短的时间里被更多中国人知晓，该书作者傅高义教授还获得了第二届"世界中国学贡献奖"，并应邀出席博鳌论坛。傅高义教授对与三联书店的成功合作深表欣喜，一再说"三联是赢家，我也是赢家"，"双方实现了合作共赢"。此外，《中国经济改革二十讲》获得了第八届国家图书馆文津图书奖第一名；《鲁迅箴言》获得了亚太出版商联合会图书奖金奖和德国莱比锡最美图书银奖等。

三、创办《新知》杂志，扩大三联品牌期刊出版群。目前，三联书店已有《读书》杂志、《三联生活周刊》。我们即将创办的《新知》杂志，与"生活""读书"杂志相匹配，使原来的生活、读书、新知三家出版社都有杂志面世，这对于形成新的品牌群有重要作用，得到了国家新闻出版广播电影电视总局（以下简称"总局"）和中国出版集团的支持。

四、恢复"生活书店"这一著名出版品牌。作为三联旗下一个新的品牌出版机构，"生活书店"目前已在积极运作中，总局已经受理，国家工商部门已经核准域名。恢复"生活书店"，既是国家文化大发展大繁荣的标志，体现了国家对传统品牌的高度重视，又对三联书店的发展具有重要意义：一是可以丰富三联的产品线和出版物。生活书店这一品牌的加入，可以丰富和完善三联书店长期以来形成的独具特色的产品线和模式。二是可以对传统出版品牌进行保护，不致流失。生活书店的恢复可以对品牌进行有效的保护。三是丰富三联的品牌群，有利于未来的集团化发展。"生活书店"将进行差异化定位，我们初步的考虑是，三联书店的追求是"人文精神，思想智慧"；生活书店的追求是"生活向导，人生挚友"，在大众文化出版方面迈出新的步伐，同时继续加大体制机制创新力度，为品牌的发展积蓄力量。2012年我们实行了分社制，取得了成功。今年我们完善改革办法，将分社制经验在全店进行推广，较好地解放了出版生产力。

中国出版集团公司总裁谭跃同志在集团"内容创新大会主题报告"中强调："各有关单位要加大品牌激活、品牌创新、品牌延伸、品牌兼并、品牌投资力度，积极探索品牌价值链营销、品牌跨界融合，释放品牌集群效应，扩大有效生产规模，进而实现品牌有效扩张。"三联书店愿意在这方面进行积极的尝试和努力。

咬定品牌不放松　依托品牌谋发展

2011年是三联书店深化改革、实现跨越式发展的一年，在三联发展史上有标志性意义。店领导班子以改革发展统领全局，实施品牌、人才、企业文化三大战略，依靠全店员工开拓创新，圆满完成了集团下达的年度工作任务，实现了社会效益和经济效益双丰收。继2009年荣获"全国百佳图书出版单位"、2010年获得第二届出版政府奖"非常五加一"、荣登"状元榜"后，2011年被评为全国新闻出版系统先进集体。经济效益实现"三连增"，主营业务收入达到1.94亿元，较上年的1.61亿元增加3288万元，增长21%，增长额位居集团出版企业第二名；利润在上年度突破2000万元的基础上突破3000万元大关，达到3300万元，增长57%，是2008年800余万元利润的近四倍，创造了前所未有的佳绩。

成绩取得的原因是多方面的，是合力的结果，但最为重要的原因，是三联上下一心，咬定品牌不放松，依托品牌谋发展，取得了很好的成效。品牌维护和建设的做法和成果可以概括为以下五个方面：

第一，高度重视品牌建设，强化品牌在全局工作中的统领作用。三联品牌是几代三联人历经艰辛、顽强拼搏创立的中国出版业著名品牌，是我们最大的优势，是三联的核心竞争力。三年前店领导班子调整后，就明确提出了品牌发展战略，这一战略居品牌、人才、企业文化三大战略之首，得到了扎扎实实的推进和实施。店领导班子成员一致认识到，能到三联工作是我们的荣幸，依托品牌发展是明智的选择，发展三联品牌是我们的责任和使命。几年来我们紧紧"咬定品牌不放松"，千方百计营销品牌、创新品牌、丰富品牌，扩大品牌效应。通过企业文化建设等各种措施，在全店员工中形成认知品牌、热爱品牌、发展品牌、依托品牌发展的共识，全店员工上下一心，为三联品牌的发展不懈努力。

第二，通过生产好书好刊发挥品牌效应，增强社会效益，提高品牌美誉度。出版品牌的建设与发展，最根本的是产品，出什么书就有什么样的品牌效应。我们把主要精力用在多出好书好刊上，通过优质书刊来维护和发展品牌。2011年书刊的效益、质量均有较大幅度提高，全年共出版图书520种，同比增长9%，总造货码洋1.6284亿，同比增长12%。《金克木集》《杨振宁传》《早年毛泽东》《万水朝东》《辛亥年》等一批图书分别获得国家级等不同奖项。《明式家具研究》等4本书获第五届中国出版集团公司荣誉奖，《巨流河》等6本书获中国出版集团综合奖、优秀编辑奖、优秀畅销书奖等多种奖项。中国出版集团公司2011年度优秀畅销书、常销书奖中，我店《一路走来一路读》《罗摩桥》《万水朝东》榜上有名。《王蒙演讲录》《我与八十年代》等7种图书被评为全国优秀畅销书。《三联生活周刊》在与其他媒体的激烈竞争中，不仅以采访突破能力、深度挖掘选题能力赢得了口碑，而且越来越体现出独特的分析与舆论影响引导能力；去年围绕辛亥革命一百周年、建党九十周年、鲁迅诞辰一百三十周年等重大活动，组织的重大热点与社会焦点两类重量级选题数占全年56期的一半以上，保持和扩大了社会影响力。《读书》获第五届中国出版集团奖优秀栏目奖。两刊继续在打造核心价值观、引领阅读方面发挥品牌示范作用。

2012年我们有一批富有影响的重点图书将出版。其中包括《李瑞环谈京剧艺术》，吴敬琏先生的《中国经济改革二十讲》，《郑泽堰》和《三联经典文库》《世界观察文丛》《中学生图书馆文库》等。在集团的大力支持下，我们在激烈竞争中拿下了《邓小平时代》的版权，彰显了三联品牌的强大作用。

第三，通过各种途径，采取多种措施，千方百计扩大品牌影响力、加深品牌穿透力。2011年4月，三联书店在青岛市组织召开战略合作联席会，与江苏等四省一市建立战略合作联盟。在黑龙江、辽宁、宁夏等省和自治区设立图书零售店，将品牌影响力向发行下游延伸。作为品牌建设的重大尝试，提出打造"三联文化场"并取得阶段性成果：以美术馆东街22号编辑综合业务楼为依托，建立读者俱乐部，开通书香巷，筹建韬奋图书馆，成功改制韬奋书店，建立"网上书店"，开通淘宝网三联旗舰店，形成一个上下立体、内外贯通、文化氛围浓郁、高度密集的核心文化圈。这一举措，受到了新闻出版总署主要领导同志的充分肯定。在我国台湾地区设立生活·读书·新知三联书店特约经销店和销售专柜，扩大三联版图书在全国范围内的影响。我店联合日本平凡社出版中日双语版《鲁迅箴言》，出版后中日两国学者举行座谈会，产生了国际影响，还在韩国出版了韩文版。

2012年，我们将抓住三联书店80年店庆这一历史性机遇，通过在人民大会堂召开纪念大会、《三联经典文库》出版座谈会等一系列重要活动，隆重庆祝生活·读书·新知三联书店成立80周年，大幅增强三联的品牌影响力。通过强化"三联文化场"建设，进一步增强三联的社会影响力和文化辐射力。《三联生活周刊》在年度内举办"文化年"活动，提高品牌美誉度。

第四，坚持走创新之路，不断为三联品牌注入新的生机和活力。2010年我们提出打造"大三联"的概念，倡议并在北京主持召开了首届京沪港三联高层年会,三家三联书店 62 年来第一次坐在一起研讨合作发展大计,发表了《京沪港三联书店弘扬三联品牌坚守文化使命的共同宣言》。去年三家三联的合作进入实际操作阶段,共同投资成立三联时空国际文化传播有限公司,协力开拓国际市场,三方商定联手庆祝三联书店建立 80 周年,其他合作也在顺利进行中。

"继承老三联,建立新三联,打造大三联"已经成为三家的共识和实际行动。继续支持《三联生活周刊》在新型出版业态方面开拓创新,经过两年努力,初步建立了包括官方网站、微博群、手机报、电子阅读、电子商务在内的多媒体传播平台,为数字化品牌建设奠定了基础。我们通过改革创新机制,将三联韬奋图书中心转制为股份制的三联韬奋书店,不仅扭转了多年亏损的局面,而且使这张京城的著名文化名片重新散发魅力。我们正在筹建隶属出版社的第一个面向社会公众开放的公益性图书馆——韬奋图书馆,让它成为三联书店的"文化名片"。目前三联书店拥有《读书》《三联生活周刊》《爱乐》、三联韬奋书店等子品牌组成的品牌群。我们将丰富、完善它,并依托三联书店这棵大树,去创造更多的三联系列品牌。

第五,通过深化改革,为品牌发展拓展更广阔的发展空间。改革全面推进了三联各项事业的发展,奠定了进一步发展壮大的物质基础。三联的组织结构更加优化和壮大,去年成立学术分社、文化分社和综合分社,增设专题项目部、对外合作部。通过调整组织机构和建立新的机制来促进发展。发行部门实行发货、回款承包制改革,调动发行人员,发货同比增加 29.35%,回款同比增加 27.1%,库存量首次低于发货量。实施积极向外拓展的品牌发展战略,建立三联书店(上海)有限公司,作为三联品牌向华东以至南方深入发展的桥头堡,将上海世纪出版集团格致出版社的两名副总编辑聘入三联(上海)有限公司,分别担任总经理、副总经理,业务已经开展起来,并通过参与集团组织的上海"回家"大型庆典活动，提高了知名度。年度内固定资产大幅度增加，投资购买了集团开发的马连道项目和中印公司等两处房产，而在上海投资的500平方米办公用房已投入使用，三项房产投资合计1.15亿元，共计9080平方米，实现了从实体上再造一个三联的宏大目标。2012年计划主营业务收入突破2亿元，利润同比增长20%，达到4000万元，从经济体量上向中大型出版机构迈进，尽快从"小而特"变为"中而优"，再变为"大而强"，这是我们确定的奋斗目标。

品牌的创新和发展永无止境，在未来发展中，我们将为品牌发展架构更广阔的发展空间，计划在主营业务收入达到2.5亿元、利润突破5000万元、基本达到较大型出版企业经济体量时，申请成立三联书店出版集团，在中国出版集团公司的统领下实现单体出版社向集团模式的跨越，创造三联的新辉煌。

精心打造中华民族优秀出版品牌

胡锦涛同志最近就文化体制改革问题发表的重要讲话中，提出"要精心打造中华民族文化品牌，提高我国文化产业国际竞争力，推动中华文化走向世界"。为实现这一要求，我国出版界要着力打造中华民族优秀出版品牌，使其在建设出版强国和我国文化走出去中发挥更加重要的作用。

我国的出版品牌大体由三部分组成：一是经过长期培育，在新中国成立前已形成的出版品牌，如商务印书馆、中华书局、三联书店等；二是在新中国成立后，经过近六十年发展形成的品牌，如人民文学出版社、人民教育出版社、人民美术出版社等；三是在改革开放新时期成立，在激烈竞争中脱颖而出的品牌，如中国大百科全书出版社、外语教学与研究出版社等。这些出版品牌约占全国图书出版单位总数的1/5。众多品牌出版单位历史悠久，产品众多，影响广巨，在我国出版业中有举足轻重的地位，在促进我国文化大发展大繁荣的过程中，发挥了很好的示范和引领作用。譬如在坚持正确出版导向、服务社会服务人民方面发挥示范作用；在创优质、出精品、确保质量方面发挥示范作用；在努力创新、与时俱进、反对甘于平庸方面发挥示范作用；在坚守文化责任、倡导社会正气、杜绝庸俗之风方面起示范作用；在加快出版走出去步伐、扩大中华文化在国际社会的影响方面发挥示范作用，等等。在打造中华民族优秀出版品牌的过程中，要特别注意发挥已有出版品牌的作用，依托它们提高我国出版产业的国际竞争力，增加版权输出，推动中国文化走出去。

打造中华民族优秀出版品牌，大体上有三种路径：一是对原有出版品牌"锦上添花"，给以政策倾斜和大力扶持，尽快让其壮大规模，增加实力。这是打造出版品牌的一个捷径。因为已有出版品牌历史悠久，产品效应好，在读者中广有信誉，已得到市场的广泛认可，还有些品牌在国际市场上也有重要影响，只需在原有品牌基础上加深和扩大效应即可收到成效。二是将一些出版品牌集束整合，建立品牌群，形成优势互补，造成整体效应。如中国出版集团公司旗下就拥有商务、中华、三联、荣宝斋、人民文学、人民美术、人民音乐、大百科全书等著名出版品牌，这种优势使之在全国处于领先地位，能和国外出版业的品牌抗衡和竞争。三是整合出版资源，打造业界"航母"。21世纪初以来出版业的集团化运作，大大增加了一些出版单位的实力，形成资产、销售快速增长的若干出版集团，如江苏凤凰、安徽时代等。这些品牌都是整合资源后快速成长壮大的结果。实践证明，充分利用现有资源，选择科学的整合方式，有利于品牌的产生和发展。

政府部门和社会各界要为打造优秀出版品牌献计出力，提供帮助。我们长期恪守的出版分工政策以及出版业传统的地域划分与行业布局，贸易壁垒与资源分割在很大程度上制约了出版品牌单位的做大做强。而世界上著名的大出版集团无不以其巨大的码洋数额、相当的市场占有率以及在文化领域几乎无所不包的经营范围立足于世。与之相比，我们的出版品牌在规模、数量上和人家都有很大的差距。因此，应对品牌出版单位给予扶持、帮助，为其不断发展壮大提供良好的政策环境。比如在国家出版基金的使用上，在出版资源的利用上，在管理政策的倾斜上，等等。还要按照党中央的要求，深化文化体制改革，着力构建充满活力、富有成效、更加开放、有利于文化事业科学发展的体制机制，打破地域性限制和行业限制，构建竞争有序的现代文化市场体系，进一步放开搞活，为我国品牌出版单位发展壮大"放水养鱼"，使之充满生机和活力。

已有品牌出版单位要通过深化改革，建立充满活力的激励机制和运行机制，增强自身发展能力和参与国际竞争的实力。要清醒地认识到自身的差距，在设定企业战略目标时要瞄准世界上与自己同质的一流出版企业与之竞争，努力扩大国际知名度和影响力。要借助转制为企业的有利时机，建立与现代企业发展相适应的组织结构、用人机制与激励机制，解放出版生产力。从2003年起，我国文化体制改革进行试点，出版、发行等领域已在管理体制、运行机制特别是"三项制度"改革方面进行探索，一些品牌出版单位已积累了许多宝贵的经验。以生活·读书·新知三联书店为例，2009年以来，店里深入贯彻落实科学发展观，坚持把发展作为第一要务，加大改革力度，破除一切不适应科学发展的障碍。首先是对编辑部门进行结构调整与重组，撤销原生活、读书、新知三个编辑室，成立学术、文化、大众、旅行四个出版中心和审读室，形成四个中心加两室的基本格局。这种布局对调整选题结构、明晰图书产品线、培养人才队伍、形成新的管理体制、促进长远发展起到了重要作用。其次是加快人事制度改革，打开了人员"能进不能出"的瓶颈，建立了正常进入退出的机制，从而使"能人进得来，庸者不沉淀"，并把有才干的同志选拔到重要岗位和更能发挥作用的岗位，调动了员工的积极性。再次是落实责任制，总经理和各出版中心、各期刊签订双效目标责任书，年初签订，年底考核，用数字说话，用事实说话，严格按照奖罚规则实施,增加了员工的责任心。上述措施促进了企业两个效益的大幅攀升,不仅出版了《目送》《老子十八讲》《1944:松山战役笔记》《唯一的规则》等一批在业界有影响、受读者欢迎的优秀出版物,还提高了经济效益。2009年全店实现利润1410万元,几乎比上年度翻了一番。2010年上半年销售收入大幅度增长,实现利润是去年同期的2.48倍,已基本完成上级下达的全年利润指标,进一步增强了经济实力和在行业中的竞争能力,为走向国际市场、增强国际竞争力创造了条件。

(刊于《中国新闻出版报》2010年8月26日)

发挥品牌出版单位在建设出版强国中的作用

到 2020 年把我国建设成为出版强国的战略目标，为我国出版业描绘了美好的发展愿景。而要实现这一愿景，需要方方面面付出切实努力。品牌出版单位是我国出版业的一支重要力量，应在建设出版强国中发挥主力作用和示范作用。

我国的出版品牌大体由三部分组成：一是经过长期培育，在新中国成立前已形成的出版品牌，如商务印书馆、中华书局、三联书店等；二是在新中国成立后，经过近 60 年发展形成的品牌，如人民文学出版社、人民教育出版社、人民美术出版社等；三是在改革开放新时期成立，在激烈竞争中脱颖而出的品牌，如中国大百科全书出版社、外语教学与研究出版社等。这些品牌社大都被新闻出版总署评为"全国百佳图书出版单位"，总计百余家左右，约占全国图书出版单位总数的 1/5。众多品牌出版单位历史悠久，产品众多，影响广泛，在我国出版业中有举足轻重的地位，为繁荣我国出版事业、满足人民群众的文化需求做出了重要贡献。建设出版强国是在与国外出版业竞争和对比中实现的。我国已是出版大国，这是就数量而言；而要成为出版强国，就必须在质量上下功夫，在出版品质上居于世界领先地位。重点在这里，难点也在这里。如同经济领域中各个品牌所具有的无可替代的号召力与市场认同度，品牌出版单位同样在建设出版强国中大有用武之地，有关领导部门要突出重点，紧抓品牌出版单位不放松，充分发挥其主力军作用。品牌出版单位也要认清其历史使命，主动做前卫、挑重担、增压力，多出版既无愧历史又无愧时代，既在国内有影响又在国外有影响，既在国内居一流又在国际居一流，既纳入中华民族永久记忆又纳入世界记忆的精品力作，为我国出版业由大到强做出不懈努力。

在我国以往的出版实践中，在促进我国文化发展大繁荣的过程中，品牌出版单位发挥了很好的示范和引领作用。在为建设出版强国的奋斗中，同样需要发挥品牌出版单位的示范和引领作用。出版品牌分布在各个出版领域和地理区域，有很强的示范效应。譬如在坚持出版正确方向、服务社会服务人民方面所发挥的示范作用；在创优质、出精品、确保质量方面所发挥的示范作用；在努力创新、与时俱进、反对甘于平庸方面所发挥的示范作用；在坚守文化责任、倡导社会正气、杜绝庸俗之风方面所起到的示范作用；在加快出版"走出去"步伐、扩大中华文化在国际社会的影响方面所发挥的示范引导作用，等等。通过示范、交流，引领更多的出版单位投入到建设出版强国的行列中，加快我国建设出版强国的步伐。同时我们也要看到，品牌出版单位经过长期发展和积累，虽然具有相对优势，但面对建设出版强国的重任、国外富有竞争力的对手和国际出版业竞争激烈的态势，还会有种种不适应，要认清历史使命、加快发展步伐，必须克服种种困难。这些不适应与亟待克服的困难主要体现在：

首先是我们的很多品牌单位，特别是如前所述的前两类品牌出版单位，由于长期实行事业体制，离退休人员积累较多，大多已背上了沉重的养老负担，对单位的发展不能不说是一个严重的制约。

虽然目前出版业转企改制实行新的养老统筹办法后有望从根本上解决这一问题，但要逐步消化历史遗留的问题仍需假以时日。

其次是对许多品牌单位而言，由于受长期的计划经济体制影响，加之我国的出版结构长期畸形发展，利润严重倚赖教材、教辅，一般书、大众书未在市场竞争中形成合理的布局与层次，也未在普通读者心目中构建强有力的地位与影响。因此，大多业内公认的品牌出版单位反而自身管理体制与运行机制落后，大锅饭、行政化现象严重，市场竞争能力低下，不能适应现代出版企业的要求。

再次，我们长期实行的产业政策及受此影响下的宏观环境不利于出版品牌的进一步发展。有一定历史积累的品牌出版单位大多形成了自己独特的文化传统，而且都具有自己的出版特色与传统强项，比如商务的辞书、中华的古籍、人美社的连环画等。改革开放后形成的一些品牌社也大抵如此，如外研社的外语教材、译林的外国名著等。这是企业的核心产品，也代表了企业的核心竞争力。但问题的另一方面在于，我们长期恪守的出版分工政策以及出版业传统的地域划分与行业布局，贸易壁垒与资源分割在很大程度上制约了这些品牌社的做大做强。这就造成了一个很奇特的现象，就是如果对我国出版业码洋最高的出版社与知名度最高的出版社进行排名，可能是两个完全不同的名单，之间几乎没有交叉重复。而世界上著名的大出版集团无不以其巨大的码洋数额、相当的市场占有率以及在文化领域几乎无所不包的经营范围立足于世。与之相比我们明显感到，差距不仅在规模、数量上，更在环境、意识上。

对此，品牌出版单位要有清醒的认识和应对之策，要有强身之道，应从以下几方面做出努力：

首先，品牌出版单位，特别是被新闻出版总署授予了"全国百佳图书出版单位"的出版社要树立建设出版强国"舍我其谁"的使命感，勇于争先，勇挑重担，动员全体员工以饱满的热情投入到建设出版强国中来，不负众望，不辱使命。要借助品牌出版单位，特别是一些老字号出版单位特有的文化传统，为其注入新的时代气息与内容，焕发青春，激发活力。比如三联书店作为有名的老字号品牌社，其文化传统就非常独特而深厚，不仅在本店，就是在全国出版业也广有影响。像"竭诚为读者服务"的宗旨，"坚定、虚心、公正、负责、刻苦、耐劳、服务精神、同志爱"的精神理念，对于孕育、形成三联书店的文化品格都起到了难以估量的作用。在新的历史时期，三联书店又提出"人文精神，思想智慧"的出版理念，坚持"一流、新锐"的出版标准，坚持知识分子立场和文化立场，面向多层次的知识大众，所出版的图书产品注重思想性、启发性，重在给人以启迪并体现人文关怀，注重独立思考，不随波逐流、人云亦云，突出个性、品味和特色，因此在社会上不仅团结了一大批有影响力的作者，也得到了广大读者的赞誉。

其次，要通过深化改革，建立充满活力的激励机制和运行机制，增强自身发展能力和参与国际竞争的实力。即使是品牌社，也要清醒地认识到自身的差距，在设定企业战略目标时要瞄准世界上与自己同质的一流出版企业与之竞争，要具有远大的抱负，绝不可小富即安，应努力扩大国际知名度和影响力。要借助转制为企业的有利时机，建立与现代企业发展相适应的组织结构、用人机制与激励机制，解放出版生产力。2003年起，我国文化体制改革进行试点，出版、发行等领域已在管理体制、运行机制特别是"三项制度"改革方面进行探索，一些品牌出版单位已积累了许多宝贵的经验。没有这些经验的探索与积累，就不会有今天出版业的思想解放与改革步伐。仍以三联书店为例，从去年以来，店里深入贯彻落实科学发展观，坚持把发展作为第一要务，加大改革力度，破除一切不适应科学发展的障碍。首先是对编辑部门进行结构调整与重组,撤销原生活·读书·新知三个编辑室,成立学术、文化、大众、旅行四个出版中心和审读室,形成四个中心加两室的基本格局。这种布局对调整选题结构、明晰图书产品线、培养人才队伍、形成新的管理体制、促进长远发展起到了重要作用。其次是加快人事制度改革,打开了人员"能进不能出"的瓶颈,把有才干的同志选拔到重要岗位和更能发挥作用的岗位,调动了员工的积极性。再次是落实责任制,总经理和各出版中心、各期刊签订双效目标责任书,年初签订,年底考核,用数字说话,用事实说话,严格按照奖罚规则实施,增强了员工的责任心。上述措施促进了企业两个效益的大幅攀升,不仅出版了一批在业界有影响、受读者欢迎的优秀出版物,还提高了经济效益,进一步增强了经济实力和在行业中的竞争能力。

再次,要爱才、识才,广聚人才。一方面要特别注意吸纳懂得新媒体技术、站在当代出版前沿的尖端人才;另一方面要从自身实际出发,吸纳与自身出版风格与理念相匹配的人才,从而形成一支目标高远、勇于创新、务实高效的人才队伍。人才兴社,依靠人才振兴出版行业,人才在建设出版强国中有不可或缺的作用,对此我们要有清醒的认识,并在选拔使用人才方面有切实的行动。

品牌出版单位自身的改革发展,以及在建设出版强国中发挥更大作用,离不开社会有关方面的支持。国家与政府主管部门应当对品牌出版单位给予各种扶持、帮助,为其不断发展壮大提供良好的政策环境。比如在资金的使用上,在出版资源的利用上,在"退税"政策的制定上,等等。现在人们对于提高国家文化"软实力"、大力发展文化产业没有任何异议,而具体到许多领域、环节,则无论在政策上还是可操作性上,都还存在很多限制与困难。比如对于出版资源的利用,目前在跨地区、跨部门的资源重组方面我们已有了一些成功尝试，但跨行业经营因受政策局限，还没有迈出更大的步伐；在融资方面也还存在着种种限制，思想仍不够解放，国家对于重点文化企业的扶持力度仍有待加强等。我们要按照党中央的要求，深化文化体制改革，着力构建充满活力、富有成效、更加开放、有利于文化事业科学发展的体制机制，构建竞争有序的现代文化市场体系，进一步放开搞活，为我国品牌出版单位发展壮大积极创造条件，"放水养鱼"，使之充满生机和活力。

总之，我们应通过各方共同努力，发展壮大出版品牌，不断提高国际竞争力，使品牌出版单位在建设出版强国中发挥更大的作用。

（原载《中国出版》2010年9月上旬版）

品牌出版单位的人才强企战略

一、我国品牌出版单位的基本情况

我国的出版品牌大体由三部分组成，一是经过长期培育，在新中国成立前已形成的出版品牌，如商务印书馆、中华书局、三联书店等；二是在新中国成立后，经过近六十年发展形成的品牌，如人民文学出版社、人民教育出版社、人民美术出版社等；三是在改革开放新时期成立，在激烈竞争中脱颖而出的品牌，如中国大百科全书出版社、外语教学与研究出版社等。这些出版品牌大都被新闻出版总署评为"全国百佳图书出版单位"，总计百余家左右，约占全国图书出版单位总数的1/5。众多品牌出版单位历史悠久，产品众多，影响广巨，在我国出版业中有举足轻重的地位，为繁荣我国出版事业、满足人民群众文化需求做出了重要贡献。

二、人才在品牌出版单位事业发展中的重要作用

品牌出版单位的事业发展与人才培养息息相关。品牌出版单位所以成为品牌单位，其中一个重要因素，就是拥有一支不同凡响的人才队伍，这支队伍在事业发展中起着领军作用、支撑作用和传帮

带作用，从而使品牌单位在竞争中立于不败之地。

一是领军作用。放眼我国出版品牌单位，一般都有一个或几个重要的领军人物，这些领军人物自然是本单位的翘楚，一些人在全国也颇有影响，是本行业的风云人物。他们有思想、有远见，既能战略谋划，又能具体操盘，把事业干得风生水起。一些出版集团和一些品牌单位业绩一流，归根结底是有一流的领军人物。近几年中宣部"四个一批"、新闻出版行业"领军人物"、韬奋出版奖、政府特殊津贴等各个人才方阵中，都汇聚了一批这样的精英人物。

二是创新作用。创新是思想的产物，是思想火花的闪耀，而拥有一流人才，才可能拥有一支有创意的队伍。无论是老品牌在新形势下的拓展，还是新品牌的破茧而出，都有一流出版人才的重大贡献。

三是支撑作用。光荣历史延续，事业发展壮大，品牌出版单位都在创造属于自己的辉煌。事是人干出来的，高楼大厦是要有四梁八柱的。随着事业的拓展，所深入的领域更加广泛，更加需要众多人才的支撑。而品牌出版单位的人才各显身手，使事业发展获得了有力支持。

四是人才的传帮带作用。俗话说："名师出高徒"，因为拥有一批人才，这批人才又起着良好的"传帮带"作用，这就让品牌出版单位人才济济，兵强马壮。出版是一个传承性行业，品牌出版单位又有各自鲜明的特色，名编大家在传授技能的同时，也传承了传统，使品牌出版单位拥有一支体现自己特色的人才队伍。

三、品牌出版单位的人才"困境"

品牌出版单位具有培养人才的优越条件，但在新形势下也存在人才"困境"。具体表现为：

第一，人才分布的不均衡性。绝大多数品牌出版单位从事传统出版业，人才结构、人才本身的知识与能力结构和传统产业相匹配，而对新业态、新领域明显不适应，普遍缺乏新媒体出版人才、跨媒体出版人才和资本运营运作人才等。

第二，人才流失状况加剧。出版单位转企改制后，用人机制发生变化，一些人才受"高位重利"诱惑离开品牌出版单位，或自创新业。虽然可能仍在行业内创造效益，但毕竟对原品牌单位来说是一种损失。

第三，人才的闲置和浪费。因良巢引凤故人才众多，加上自设高门槛，品牌出版单位拥有一批让人羡慕的高端人才。如果这些人才不能各安其位、各尽其能，就会造成人才资源的浪费。大材小用，"高射炮打蚊子"的现象，在品牌出版单位并不鲜见。

第四，跨行业引进高端人才尚存困难。随着新技术的强力推进，出版业态正发生和将发生重大变化。"一业为主，多元经营"是面对市场的必然选择，品牌出版单位因应新局，须跨行业引进高端人才，但因经济实力所限和体制机制等原因，具体操作效果不佳。

四、三联书店的人才兴店战略

邹韬奋先生等前辈一贯重视人才工作。三联书店发展到今天，和强有力的人才支撑是分不开的。韬奋先生等三联书店主要创始人，就是当时的一流人才，而他们也非常重视人才队伍建设。韬奋先生身体力行，他说："我们要注意教育干部，使他们的天才能得到最大程度的发展，他有十分才干，我们要他的十分才干都发挥出来；他有百分才干，我们要他的百分才干都发展出来。我们要不让他的天才有一分一毫地埋没掉。"为此他还制定了人才主义的用人政策，用人唯贤，不把私人和任何关系作为用人的标准，认为这"是本店事业所以得到相当成功的最重要的因素之一"。

按照三联前辈的嘱托，也着眼于三联书店发展的实际需要，我店高度重视人才队伍建设，2009年1月店领导班子调整后，明确提出实施"品牌战略、人才战略、企业文化战略"，研究制定了《三联书店人才发展规划》，人才战略作为重要战略之一，得到了认真的实施和落实。

具体做法是：

（一）着力培养高端人才

高端人才是店里最重要的人才资源，在事业发展中有举足轻重的作用。我们采用实践锻炼、热心荐才、向上托举、支持其在行业内授课和参加学术活动等方式，使一批高端人才脱颖而出。目前有1位同志入选百名有突出贡献的新闻出版专业技术人员，4位在职人员享受政府特殊津贴，9人入选集团公司第一批人才梯队专家和专业人员，1人获得韬奋出版奖。我们还拥有一大批优秀的图书和期刊编辑、记者、美编、校对、版权、印制、市场营销等方面人才。

（二）注重培养管理人才

因为历史原因，领导班子成员年龄偏大，缺少中青年成员，存在青黄不接的隐忧。为解决这一问题，经店领导班子推荐，最近集团任命一名年仅34岁的优秀中层干部任副总经理。我们还新增设了总经理助理和总编辑助理岗位，制定了三联书店《总经理助理、总编辑助理选拔聘用的若干规定》，经过民主推荐、考察，选拔了1名经理助理、2名总编辑助理，作为领导班子后备干部进行培养；同时还设立了部门主任助理，作为部门领导的后备干部，这样就形成了店领导班子成员、总经理助理、总编辑助理、部门正职、部门副职、部门主任助理这样多层次、立体型的管理梯队。

2009年至今，三联提拔、晋升各层级干部50多名，调整面达到70%以上。2012年，为进一步推进三联图书出版事业的发展和壮大，班子决定开始尝试"分社制"，成立了学术出版分社和文化出版分社等分社，任命两位总编辑助理兼分社社长，在店务会授权的范围内，实行自主经营、独立核算，让他们在实际工作中锻炼和成长。《三联生活周刊》能成为全国一流周刊，主编朱伟功不可没。

（三）不拘一格引进人才

2011年，三联书店扩展业务，新成立了专题项目部、对外合作部、三联书店上海公司，这些新部门的一把手都是从外部引进的，他们都很好地融入三联履行职责。除了招聘中层干部，还大量招聘有工作经验的成手和骨干。这几年来我们招聘了各类人员50余名。同时持续进行内部调岗，力争达到最佳的人岗匹配；近几年内部调岗40余人次，通过这些方法，使全店人才结构得到一定程度的优化和改善。

（四）制度保障留住人才

重点是健全和完善配套管理制度，为留住人才、使用人才、奖励人才提供制度保障。转企改制后，为改变事业单位工资分配体系存在的"大锅饭、平均主义、干多干少一个样，干好干坏一个样"的弊端，我们冻结了原事业单位工资体系，实行了岗位、绩效工资制，效益优先，多劳多得，突出业绩，淡化资历，加大了企业在收入分配方面的自主权，为吸引人才、激励人才、留住人才起到了促进作用。

（五）舍得本钱培养人才

我们牢固树立起"人才投入是效益最好的投入"的观念，在人才工作上舍得花本钱。算大账，算活账，算长远账，落实"人才投资优先保证"，设立了人才发展专项基金，用于人才的引进、项目的支持、创业的支持、学习的支持。鼓励职工外出考察、研修、参加学术讲座，发表论文、出版著作、进行业务交流，在经费上给予积极支持，员工出国研修、培训、自费留学的，保留工作岗位；职工愿意读博、读研的，只要成绩合格，费用全部报销；单位也积极组织外出学习，近几年每年均组织全体编辑到其他出版社考察、交流，请专家来店授课，还组织中层干部培训班、年轻编辑和新入店员工培训班等，有目的性地加强职工培训，鼓励和支持人人都做贡献、人人努力成才。

（六）宽容个性容纳人才

一般说来，越是人才，越有个性。三联的不少职工都是很有个性的。尤其是在编辑部门，职工学历层次较高，大部分都具有研究生学历，还有好几个博士。他们都很聪明、独立，自我期望高，个性比较强。说起话来比较直率，时不时"顶撞"领导，我们领导班子对此并不介意，能够予以理解和宽容。员工能说其所想，感到在企业如鱼得水，心情舒畅，因而三联的人际关系相对比较简单，三联的编辑们对三联的忠诚度很高，队伍也长期保持稳定。

（七）拓展空间强盛人才

2009年以来，随着企业的不断发展，我们进行了数次组织结构调整、扩充。以图书编辑部门为例，2009年为了明晰图书产品线，整合人力资源和出版资源，强化大众文化读物出版，改组原图书编辑部门，成立学术、文化、旅行出版中心和综合编辑室，新成立了大众出版中心和信息技术与数字出版部；2011年成立了专题项目部，主要从事国家出版基金资助项目的编辑出版；2011年在原版权室单一版权管理工作的基础上增加编辑功能，成立了对外合作部；原发行部改制成为图书营销中心；2011年年底，组建成立了三联书店（上海）公司，目前主要从事图书编辑出版业务。2012年，原学术、文化等出版中心改组成立了学术、文化、综合、大众四个出版分社，北京、上海、香港三家三联书店共同出资成立了三联时空国际文化传播（北京）有限公司。组织结构的调整、扩充，为人才开拓了更广阔的发展平台和空间，而人才的成长进步又促进了企业进一步发展和做强做开，企业与人才共同发展，形成了良性互动。

三联书店：不官不商，有书香

生活·读书·新知三联书店是我国出版业的著名品牌，是创办于1932年的"老字号"，在激烈的市场竞争中如何发展，店领导班子明确提出了实施品牌战略的思路，带领职工走一条认识品牌、热爱品牌、维护品牌、发展品牌、依托品牌发展的道路，既壮大发展了企业，也发展壮大了品牌。实践证明，实施品牌战略、依托品牌发展是在激烈市场竞争中获胜的一个明智选择。

了解企业历史认知品牌

20世纪30年代，生活书店、读书出版社和新知书店分别创立后，邹韬奋、胡愈之、徐伯昕、李公朴、艾思奇等爱国人士和民主解放运动先驱率领一批进步出版人，组织出版进步书籍和杂志，宣传先进思想理论，传播科学文化知识，推进民族解放和人民民主运动，为人民革命胜利和民族解放事业做出了重要贡献。1951年，三联书店并入人民出版社后，仍以三联书店的名义出版了大量与社会主义建设相关的政治、经济、文化类图书，满足各界读者的需求。进入改革开放新时期以来，三联书店有了更大的发展。1979年创办《读书》杂志，发表《读书无禁区》等具有重要影响的文章，推进思想解放运动。同时，出版了一大批高质量的学术文化著作，供给多年陷于精神饥渴的广大读者，促进了当时的文化复兴。

1986年三联书店恢复独立建制后，逐渐发展成为一家以出版人文科学和社会科学图书为主的综合出版社，出版物涉及哲学、历史、文学、艺术、经济、政治、法律和社会生活等领域。二十余年来，三联书店秉承"竭诚为读者服务"的宗旨，恪守"人文精神，思想智慧"的理念，坚持"一流、新锐"的标准，出版各类图书4000余种。其中，《陈寅恪集》《钱钟书集》《三联·哈佛燕京学术丛书》等著作，具有重要思想文化价值和深广社会影响力；《金庸作品集》《蔡志忠中国古籍漫画系列》等面向大众的读物，在读者中产生了重要影响；与澳大利亚LP公司合作出版的"LP旅行指南系列"受到广大旅行者欢迎。三联书店作为中国思想学术文化出版重镇和品牌影响力最大的出版社之一，在业内和广大读者中享有盛誉，被誉为"知识分子的精神家园"。

进入21世纪以来，三联书店站在新的历史起点上，坚持固有的出版宗旨和理念，致力于发展先进文化，传播新锐思想，服务社会现实，满足读者需求，进一步壮大出版主业，扩大品牌的社会影响力，增强自身的经济实力和竞争力，社会效益和经济效益都有显著提高。被新闻出版总署授予全国百佳图书出版单位，并获多项荣誉称号；出版的图书、期刊多次获得国家大奖，受到读者好评；一批员工在行业各项评比中获得殊荣，受到表彰；店里党的建设和精神文明建设都上了一个新的台阶，广大职工展现了爱岗敬业的良好精神风貌。国有资产实现保值增值，年度利润持续增长，职工收入明显提高。

目前，三联书店已随中国出版集团公司改制为企业，面临新的发展机遇。为了适应新的形势和在激烈竞争中获胜，店里提出了以改革发展统领全局，全心全意谋发展；坚持传统特色，勇于开拓创新，坚持书、刊并举；正确处理事业性和商业性的关系，努力提高社会和经济两个效益的发展思路，确立了品牌发展战略、人才兴店战略、企业文化建设战略三大战略；修改完善了《三联书店五年发展规划》，提出了新的奋斗目标，采取了面向市场调整组织机构和选题结构、强化大众读物出版、加强发行营销工作等更加扎实有效的措施，各项工作上了一个新台阶。

总结企业文化热爱品牌

三联书店近80年的发展史，是一部坚持方向、服务大众、与时俱进的历史，是一部创建品牌、创新品牌的历史，是一部开拓经营、做强做大的历史，是一部以人为本、不断壮大人才队伍的历史。三联书店在发展过程中，形成了独具特色的企业文化，包括企业宗旨、企业价值观、企业精神、企业理念，是一代又一代三联人创造的宝贵精神财富，也是未来发展的精神动力。三联书店的员工应知晓企业的历史，深入了解本企业的企业文化，认同企业价值观，并为继承创续企业文化做出贡献。

鲜明独特的优良传统。生活书店、读书出版社、新知书店于20世纪30年代在上海创建后，在邹韬奋等先驱的领导下，组织出版了大量进步社会科学和文学书刊，在读者中和社会上产生了极大影响，引导许许多多青年走上了革命道路，写下了中国现代出版史光辉的一页。在为进步出版事业奋斗的过程中，三联书店形成了鲜明独特的优良传统。内容包括：坚持正确方向，与时代和人民同行，为社会现实服务；坚守文化理想和文化使命，以文化为本位，竭诚为读者服务，与著译者精诚合作；正确处理事业性与商业性的关系，坚持事业性与商业性的统一，实现二者的充分发展；在管理上采用民主集中制原则，发扬民主精神，店务管理民主化，等等。这些传统，每一条都是经验、智慧和心血的凝聚，都有极为丰富的内涵，需要认真地加以把握和领会，它们是我们的前进指南和立店之本。

竭诚为读者服务。生活书店自成立之日起，即以竭诚为读者服务作为全店工作的宗旨和从业人员的信念。生活·读书·新知三联书店合并成立后，将"竭诚为读者服务"作为店训，使这种服务精神得到了继承和发扬。"竭诚"，就是全心全意、尽心竭智、鞠躬尽瘁，就是最为恭谦的态度和行为。韬奋先生的要求是"竭尽心力"，"诚心恳意"，"尽我们的全力去做，以最诚恳的心情做去"，做得"诚恳、热诚、周到、敏捷、有礼貌"，"一点不肯马虎，一点不肯延搁，一点不怕麻烦"，通过服务和读者建立鱼水般的深厚情谊。

人文精神，思想智慧。坚持知识分子立场和文化立场，面向多层次的知识大众；注重与文化界、知识界、学术界的血肉联系，营造知识分子的精神家园；出版物注重思想性、启发性，重在给人以启迪；引领阅读，服务阅读，强调阅读的乐趣；体现人文关怀，关注民生；注重独立思考，不随波逐流、人云亦云，突出个性、品位和特色。

一流、新锐。"一流"，就是三联书店出版的书刊无论是专业读物还是大众读物，都应该是最好的、质量一流的。"新锐"，就是勇于创新，站在时代前列，善于捕捉潮头信息，具有前瞻性，与众不同，比人领先半步。坚持宁缺毋滥，走高品质的特色出版之路。

三联书店近80年奋斗过程中形成的鲜明独特的企业文化，体现了三联著名品牌的深刻内涵，是三联书店在激烈市场竞争中获胜的强大精神力量和核心竞争力，是克难制胜、长存永续的法宝。我们要坚守、发扬企业文化，无论什么时间、什么场合，关注现实、与时代同行的革新精神不能变；"竭诚为读者服务"的办店宗旨不能变;"人文精神,思想智慧"的出版理念不能变;"新锐、一流"的质量标准不能变;以文化为本位,注重文化传承、文化贡献的定位不能变;以员工为本,实行民主化管理的方式不能变;"不官不商,有书香"的格调不能变。

推进改革发展壮大品牌

近年来三联书店提出以改革发展统领全局,加大了改革力度,对新的发展机制和新的组织结构形式进行积极探索。撤销原生活、读书、新知三个编辑室,成立学术、文化、大众、旅行四个出版中心和一个审读室,保留原综合编辑室,形成四个中心加两室的新的编辑部门基本格局。这是三联书店推动改革发展新突破的重要举措,体现了领导班子的发展思路和变革决心,对调整全店选题结构、明晰图书产品线、培养人才队伍、形成新的管理机制、促进长远发展具有重要意义。人事管理制度的改革进一步强化,按企业聘用方式,调整任命新一届中层干部;打破了"能进不能出"的瓶颈,先后有数名职工因完不成任务和违反店规被解除聘用关系,合理的进入退出机制已建立;对 LP 出版事业部实行新的管理体制和双效业绩考核办法,引进社会资金进行国内项目的合作;加大与工作室合作的力度,新与两个工作室开展合作业务;成立信息技术与数字出版部,召开店信息整合利用工作会议,加大信息利用、整合的力度;开通三联网站,增强了三联形象宣传并密切了与读者的关系;三联韬奋图书中心网店正式开通运营,多了一个新的营销平台;在上海蓝桥文化科技产业园区投资购置 500 平方米写字楼,谋划向外地发展并进行前期准备。在加大改革力度的同时,着力加强企业管理。按照现代化企业管理制度要求,修订、补充、完善了现行规章制度,并加大执行力度，维护了良好的工作秩序。还适应转企改制和建立新的劳动关系的需要，制定了《三联书店员工手册》。这些改革措施促进了图书出版工作，使品牌社会影响力得到提升，2009年取得了显著成绩。《亲历者的记忆——协商建国》《亲历者的记忆——重大转折》被中宣部、新闻出版总署列为庆祝建国六十年重点图书。《中国文化导读》《毛泽东的读书生活》被推荐为中央国家机关读书活动重点书目。《美源——中国古代艺术之旅》获2008年度全国最佳考古文物鉴赏图书（单项奖）；《我在伊朗长大》入选《新闻周刊》评出的"当代五十书"。《基督教经典译丛》等15件作品，入选第七届全国书籍设计艺术展。《呼唤法制的市场经济》等19种图书获中国出版集团公司第四届图书奖。《目送》获中国图书评论学会组织百家媒体评选的"2009年度十大图书奖"，《1944：松山战役笔记》入选《中华读书报》评选的年度"十佳"图书，《继承与叛逆：现代科学为何出现于西方》获第五届"国家图书馆文津图书奖"。在全国出版社等级评估中被评为一类出版单位，获新闻出版总署授予的全国百佳图书出版单位荣誉称号。推出《陈寅恪集》（重印）、《记忆深处的老人艺》《镜中爹》《七十年代》《目送》《孩子你慢慢来》《老子十八讲》等一批重点图书，有3种登上全国畅销书排行榜。版权输出取得新突破，全年输出版权12种。期刊出版稳定增长，经营成果突出。《三联生活周刊》《读书》荣获"新中国60年有影响力的期刊"称号。《三联生活周刊》品牌影响力突显，继续扩大社会影响力的同时，获得了良好的经济效益，利润持续增长，比上年同期又有攀升。《读书》杂志成功举办创刊三十年聚谈会，扩大了品牌影响力，不断提高刊物质量，经营业绩也好于往年。全店经营工作得到加强，发行渠道进一步扩大，图书销售码洋达到历史新高，经济效益明显提高，利润比上年有大幅度提升，圆满完成年度各项任务。

我们在实践中认识到,三联品牌是几代人心血的结晶,是我们的核心竞争力。我们提出品牌战略,就是要热爱品牌、维护品牌、发展品牌。坚持品牌,坚持特色,我们就一定能在竞争中获胜。

(刊载于《中国新闻出版报》2010年1月25日)

精品生产篇

出好书比什么都重要

近日我参加业内一个研讨会，研讨的题目是"中国出版业发展与出版人的文化使命"。什么是出版人的文化使命？简言之，就是出好书。对出版人来说，出好书比什么都重要。我从以下三个方面阐述这一观点：

一是深刻认识出版的本质，坚守职业精神。

出版的本质是什么？我们为什么而来？我们是干什么的？在出版人面临各种市场诱惑的今天，这一系列朴素的问题需要我们扪心自问。出版物是一代又一代人知识、经验的汇聚和继承；出版的本质在我看来，就是"授知""续脉""弘道"。所谓"授知"，就是传授世界文明所积淀的知识经验；所谓"续脉"，就是接续中华民族几千年来的文脉渊源；所谓"弘道"，就是宣扬传播真理，推动社会进步。由此可见，我们出版人肩负着文化传承、载道弘道的重任，我们为这种使命而生、而活、而来。从出版的根本目的说来，我们不是为了赚钱，不是为了淘金，也不是为了个人私利。这方面韬奋先生为我们树立了榜样，他发自内心地热爱出版事业，有忠于职守、拼搏不息、奉献不止的职业道德精神；他不是为出版而出版，而是通过出版传播真理正义，力谋改造社会，推动时代进步。作为一名真正的出版人，今天面对困惑时要心无旁骛、笃定执着，坚守自己应有的职业操守。

二是"竭诚为读者服务"，为读者提供健康优质的精神食粮。

韬奋先生力倡"服务精神"，要求将其贯穿出版活动的全过程，"一点不肯马虎，一点不肯延搁，一点也不怕麻烦"，"竭尽心力"，"诚心恳意"。我认为，"服务精神"不仅是生存之道，而且是微言大义，昭示了出版业存在的价值和意义。我们今天"竭诚为读者服务"，就是要摆正位置、端正心态，努力为读者提供更多更好的优质产品，杜绝劣质品和残次品，最大限度地满足读者的现实和潜在需要。为做到这一点，三联书店始终在产品质量上下功夫，我们只出版有价值的书，不出版跟风炒作的书，不出版"注水"书，我们不敢说本本是精品，但是我们一直恪守"一流、新锐"的质量标准。2013年以来，三联书店连续推出《邓小平时代》《中国经济改革二十讲》《陈寅恪的最后二十年（修订版）》《中学图书馆文库（第一辑）》等一系列精品出版物，无一不是按照打造传世精品的出版理念编辑出版的，因而受到了读者的广泛好评。

三是正确处理事业性与商业性的关系，摆正"义"与"利"的位置。

韬奋先生提出的正确处理事业性与商业性关系的命题，是我国出版界两个效益关系的最初论述，一直延续到我们今天的出版实践中并需要持续不断地予以回答。他强调出版的"文化本位"，提出以文化为目的。他认为"所谓进步的文化事业是要能够适应进步时代的需要，是要推动国家民族走上进步的大道"，"具体的事业体现在努力于引人向上的食粮"。"要充分顾到我们的事业性，有时不惜牺牲，受到种种磨难也毫不怨尤。"同时为了生存和发展，必须顾到商业性，做到两方面相辅相成。重温韬奋先生的教诲很有现实意义。在一切市场化的今天，我们有必要特别强调事业性和"文化本位"，始终坚持正确的出版导向，以社会效益为最高准则，努力实现社会效益与经济效益的统一。对于经营工作，韬奋先生也非常重视。为了企业的生存和发展，必须重视商业性、重视经营，如果经营搞不好，连生存都困难，事业性也就不存在了，因此，商业性和经营工作必须引起高度重视。但是在韬奋先生的论述中，商业性即经营工作始终是第二位的，是从属于事业性的，两者有主次之分、从属之分。我们是文化企业，首先要看企业的事业性，即对文化传承和社会进步的贡献，出版了多少好书，贡献了多少精品，而不是首先看其如何会经营。三联书店近几年狠抓生产经营，保持经济指标连年稳定增长，取得了突出成果。但是营业收入和利润的增长不是我们追求的终极目标，它只是我们出版好书的必要条件。我们的最终追求是多出好书、好刊，匡扶世道人心，促进社会进步。不仅三联书店如此，所有出版单位都应该摆正"义"与"利"的位置，"义"在前，"利"在后，回归出版本位，出好书，多出书，为实现中华民族伟大复兴的"中国梦"贡献力量。

（刊载于《中国新闻出版报》2013年8月22日）

论以人为本对提高图书质量的新要求

我国出版业存在的图书质量问题，既为广大读者所关注，又为业内同人所忧虑。高度重视并切实提高图书质量不容延搁，势在必行。以人为本对提高图书质量提出了新要求，提供了新思路。我们要站在新的高度、新的角度来认识提高图书质量的意义，采取得力措施，努力使图书质量有明显改观。

一、以人为本赋予提高图书质量新的含义

科学发展观是我国社会主义经济建设、政治建设、文化建设、社会建设必须长期坚持的指导方针。以人为本是科学发展观的核心，其实质是"以实现人的全面发展为目标，从人民群众的根本利益出发，不断满足人民群众日益增长的物质文化需要"。出版业以人为本，就是以广大读者为本，以广大读者的需要和利益为本。图书质量包括内容质量、编校质量、设计质量、印制质量四个方面。出版业以人为本，最重要的就是全面提高图书质量，为读者提供合格和优质产品，满足其提高素质、享受阅读、审美愉悦等多重需求。

一是提高图书内容质量以满足读者提升素质的需求。众所周知出版业是内容产业，高质量出版物中丰富的内容、广博的知识、大

量的信息对提高人的素质具有重要作用。出版物的内容由读者消化、吸收，潜移默化，日积月累，就会对其素质产生积极或消极的影响。因此提高图书质量首先要提高内容质量，在选题的确定和内容加工上花费气力。要多组织提高读者素质、引导读者健康向上的选题，向读者传递先进思想、科学精神、优秀文化的选题，摒弃缺乏创新、通俗平庸、跟风出版甚至无厘头、恶炒、搞笑类选题，抵制那些会对公众素质产生消极影响、危害青少年身心健康、诱发青少年犯罪的选题。坚决不出《出版管理条例》明文禁止的图书。对拟出版的书稿应精细加工，确保观点鲜明、概念准确、内容丰富、知识科学。表述上也应尽量简洁易懂、通俗明快，便于读者阅读和掌握。

二是提高图书编校质量以满足读者的阅读需求。书籍是用来阅读的；人们所以要购买，首先是因为有阅读的需要。闲暇时光一卷在手，顿觉月明风清，神爽气朗。编校质量好的图书，让人读起来如入一马平川，无障无碍，渐入佳境。而时下一些编校质量不合格的图书，让人读了如在白米饭中吃出为数不少的沙粒，立马倒了"胃口"，败坏了阅读的雅兴。有的图书甚至差错百出，让人难以卒读。正因为如此，读者对编校质量问题反映强烈，从开始的"读者来信"发展到"消费者投诉"，直至起诉到法庭要求赔偿。在图书质量中，读者对编校质量的意见也最为普遍，讥讽"无错不成书"。我们出版人要认真倾听读者的呼声，重视图书编校质量，提供合格产品，满足读者的正常阅读需求。

三是提高图书设计质量以满足读者的审美需求。图书设计包括封面、版式、插图、装订形式等设计，既呈现书的外观形式，又蕴含着丰富的内容和设计者的个性。好的装帧设计不仅能够揭示、提示书的内容，而且能给读者以美的享受，使人愉悦、感奋和满足。因此不仅要设计符合国家技术标准和规定的合格品，还要"技高一筹"，设计出满足人们审美需求进而提升其审美水平的优秀作品。一要与时俱进，更新设计理念。将书籍装帧提升至书籍整体设计，作为一门独特的艺术，除了表现美，还要传递丰富生动的文化信息；二要注意研究读者当下的心理及其发展变化，跟踪和满足其视觉需要；三要注意外来优秀文化的引进，开拓设计思路，融合中西文化之美；四要采用新技术、新纸材、新工艺，体现实用之美、自然之美、创新之美，让人在视觉和触觉上都有新的感受；五要形式和内容和谐一致，谋求两者的对应和互补。设计应以方便阅读、方便购买为原则，不能一味过度"包装"，增加读者的购买难度。

四是提高图书印制质量满足读者享用标准产品形态的需求。纸品书籍不是虚幻的数字化载体，而是实实在在的物化读品，是一件看得见、摸得着、放到手上沉甸甸的实物。人们在阅读之前暂时难以判定其内容质量、编校质量之时，首先在印制上要求它是一个合格品。产品合格是消费者在购买任何东西时都有的要求，也是他们的一项权利。也就是说，人们有享用标准产品形态的需求，生产者应当满足这种需求。图书印制分为印制和装订两个部分，这两部分都有必须遵循的国家行业标准，达标即为合格。一本合格的印制产品，应严格按照设计要求，纸张货真价实，着墨均匀，字迹清晰，装订结实美观，无缺页、错页、残损等。一册在手，使读者对其外观形态感到物有所值，在购物心理上得到满足。

二、针对不同特点提升图书质量的各个方面

如上所述，图书质量包括内容、编校、设计、印制四个方面。《图书质量管理规定》明确规定：四项均合格的图书，其质量属合格；四项中有一项不合格的图书，其质量属不合格。形象通俗的说

法，就是"一个都不能少"。这就规定了对图书质量要实施全面质量管理、全面评估和综合评价。图书质量又是一个系统工程，哪一个环节出问题、哪一个系统不达标都不行。所以无论是管理部门还是从业人员，都要树立全面质量管理意识，不可有任何偏重和偏废。同时，要认识到这四个方面既相互联系，又独立存在，它们有着不同的特点。解决具体问题时要针对不同的特点对症下药，采取不同的办法和措施。

第一，针对图书内容质量关乎导向波动敏感的特点，在选题科学论证和三审制上下功夫。内容质量的关键在选题。因此出版社在抓质量时当关口前移，从选题论证开始。一般来说，选题的导向是显而易见的，只要立场正确、头脑清醒，经得起市场引诱，就基本不会发生失误。而判断某一选题的文化含量、社会价值如何，是提升还是降低读者素质，则需要反复论证，进行判定。每个出版单位论证选题的机制、方法、时段均不相同，但都可以通过论证来预期内容质量。选题一经确定，就要严格执行三审制度，保证书稿质量。其中一审是根基，只有坚持编辑责任制度，才能把根基落实。发生内容质量事故应分清责任，落实具体。

第二，针对图书编校质量易错多发较难发现的特点，在严格管理上下功夫。一本书编校质量好，就能帮助书稿准确无误地以文字表达思想和内容。但要做到这一点并非易事。校对就像撒网捕鱼，"过了数遍网，网网都有鱼"。做到差错率不超过万分之一确有难度，但经过努力是完全可以达到的。这种努力就是实施严格管理。要严格执行三校一读，一个环节都不能漏；严格遵照《图书编校质量差错率计算方法》计算差错率，不得含混和稍有放宽；要按照出版流程严格监督，从编辑校对延伸到对软片和印制成品的检查；要严格实行图书编校质量检查制度，不让不合格品蒙混过关；要按照规章制度严格处罚校对差错责任人，通过严惩来提高其责任心。

第三，针对设计工序繁杂琐碎和封面设计容易陈旧老套的特点，在精细和创新上下功夫。图书设计包括整体设计和封面（含封一、封二、封三、封底、勒口、护封、护套、书脊）、扉页、插图等，是一种多元组合。不仅要求不出差错（如错字、缺项、图片倒置、文图不符等），还要给读者以美感。因此，出版单位应要求设计者耐心、细致、精到，不放过每一个细节，同时给予必要的程序监控。在确保质量合格的前提下，还要大胆创新，装帧形式、封面设计、开本选择、用材用料都力求多种多样、百花齐放；提倡具有想象力的独特创意，开创书籍形态的新领域，克服设计类同、过时的毛病，不断用新的形式去吸引读者的眼球，满足其不断变幻的文化审美需求。

第四，针对印制质量属于工艺性差错的特点，在严格规范和加强质检上下功夫。印制质量出现问题，多系厂家在生产过程中出了工艺性和技术性差错。出版单位应选择生产规模大、技术化程度高、采用新工艺和具有相关资质的厂家印制产品，使印制质量得到基本保障。同时，要加强对成品样书的检查，及时发现偶然性差错，把住最后一道关口。有关管理部门在批准印制企业时要审查其资质，不具资质不得印装书籍。还要定期组织开展检查、评比，奖优罚劣，使具有资质的厂家印制符合国家行业标准的产品。达到这一点，有关部门对印厂法人的培训和法人对工人的培训都是不可缺少的。

三、提高图书质量需要出版管理部门和出版单位的双重努力

以人为本，为广大读者提供合格和优质产品，是出版管理部门和出版单位的共同责任和共同愿望，要达到这一目标，需要双方共

同努力，缺一不能奏效。但由于各自的站位、角度、思路不同，需要"分兵作战"，采取不同的措施和方法。多数情况下还需要紧密配合。

首先，作为国家和地方宏观管理部门的出版管理部门，负有监督出版单位为读者提供合格产品的职责，应不断采取措施和加大力度，保障出版物总体质量稳步提升。一是制定行业规范和行业标准，并监督贯彻落实。如《出版管理条例》《图书质量管理规定》等的颁布和实施。二是在总体工作布局上，把提高图书质量放在重要位置，提升到以人为本的高度。在舆论和工作格局上保持一种狠抓质量的"高压态势"，采取周密和强硬的措施改变现状。在具体做法上，不要对内容、编校、设计、印制四个方面平均着力，可在一段时间内"攻其一点不及其余"。比如目前抓图书质量宜以读者反映最为强烈、意见最为普遍的编校质量为突破口，列为重中之重，集中抓出成效，以此带动推进其他方面质量的提高。三是加大处罚力度，对不合格产品和生产不合格产品的出版单位予以处罚，以儆效尤。最近新闻出版总署公布教辅图书专项质检结果，对64种不合格读物予以处罚即是一例。四是通过选题、年检等日常管理，提出刚性要求。比如要求每个出版单位必须设置校对部门，配备一定数量的校对人员，等等。

其次，出版单位是图书产品的直接生产者，应把为读者提供合格产品作为自觉意识，做到"不待扬鞭自奋蹄"。一要不断提高对图书质量重要性的认识。它不仅关乎着能不能坚持以人为本、能不能坚持为人民服务的出版方向，还关乎着我们能否生存、怎样生存，时时牢记质量是出版社的生命线。二是建立严格的规章制度和质量检查评估体系，把选题论证审批制度、三审制度、三校一读制度、质量优劣的奖惩制度等一一落到实处，按照规章查处事故责任人。

三要规范流程管理，环环相扣，层层把关，密切配合，把不合格品消灭在流向社会之前。四要加大业务学习和培训工作力度，对编辑、校对、质检、设计人员等定期培训，不断提高其政治素质、编校素质和发现差错的能力。五要经常总结经验教训，探索建立一套确保质量合格的运行机制。

再次，出版管理部门和出版单位的密切配合至关重要。这种配合不仅是思想、认识、观念上的契合，还有动作上的协调一致。比如对不合格图书的"召回"。《图书质量管理规定》第17、18条明确规定了"收回，改正重印后可以继续发行""全部收回""收回、调换"等三种情况，但这是作为处罚的条款，并非出版单位的自觉行动。国内外一些工业生产单位召回不合格产品是自愿的，是为了维护企业的声誉。我们出版单位也应当有这样的自觉行动。但遗憾的是我们尚未发现一家出版社有如此举措。召回不合格图书不像召回问题汽车、电脑那么容易，但也并非完全办不到，"非不能也，是不为也"。看来出版单位在认识和行动上与出版管理部门的要求尚存差距。再比如出版单位校对人员的配置，出版管理部门可以按照比例硬性要求配备人员的数量，但所配备人员的素质高低则是由出版单位决定的。因此出版单位只有把"他律"和"自律"结合起来，把"要我做"变成"我要做"，才能真正做到以读者为本，确保图书质量。

（刊载于《中国出版》2007年第3期）

全民阅读与图书出版

全民阅读的开展，给图书出版带来了机遇。全民阅读是提倡更多人看书，而出版人的任务是出书，读书的人多了，出的书不怕没有人看，这对出版人来说不是一件好事吗？首先，全民阅读提供机遇的同时也带来了挑战，往后，出版竞争将会更加激烈，出版人对全民阅读适应不适应，提供的产品是否符合读者需要，这都是出版人将面临的考验。

其次，做好图书出版工作本身就是全民阅读规划当中的一个重要部分。全民阅读不是看着人家阅读，而是出版人要为推进全民阅读做出自己的贡献。出版人最大的贡献是什么？就是为读者提供好书。怎么提高全民阅读水平，从源头上保障全面阅读质量？这对出版人来说也是一个考验。全民阅读对出版人来说既是一种机遇，也是一种挑战；既是一种责任，也是一项任务。我们要认清全民阅读与图书出版的关系，认清每一位出版从业人员的责任。

调整出版思路　迎接全民阅读

为了更好地尽职尽责，出版社应从三个方面调整出版思路：

第一，要更加重视主题出版，满足全民阅读组织、开展活动的群体性需要。唱响时代主旋律、传播正能量、巩固主流意识形态是中国出版业的特色，也是出版工作者肩负的使命和任务。

主题出版在我国有一个发展过程。前些年提倡"唱响主旋律、坚持多样化"，近几年明确提出"主题出版"。主题出版不仅是党交给我们的光荣任务，也是出版社应该重视的重要出版资源，针对主题出版的问题应该积极探讨。

目前主题出版取得了很大成绩，应当充分肯定。但也存在一些问题。如形式过于单一，对主题出版的理解也过于狭隘；有人认为封面是红色的就是主题出版，有人认为颂扬社会主义就是主题出版，有人认为主题出版不是给读者出的，是为领导出的。像有的编辑说："领导，你要的书我给你出了，你交代的任务我完成了。"出版是面对读者的，书不是做给领导看的，主题出版也一样。另外，现在的主题出版还存在数量偏少、资源利用不够，甚至资源浪费的问题。所以出版社需要加大对主题出版的重视，进一步提升内容质量，调整出版形式，将思想性和艺术性更好地结合起来。重视主题出版，不是把主题出版当作口号、当成形式、当成不得不做的事情，而是要让主题出版真正走向市场，发挥作用。

什么是主题出版？从宽泛的角度理解，我认为，凡是能给社会提供正能量的作品，宣传社会主义核心价值观的图书，都是主题出版，也包括国外优秀题材的作品。2016年我带中国作家采访采风团到南海去访问考察，回来后我们通过人民文学出版社出版了《三沙，蔚蓝的绽放》这本书，还由人民美术出版社出版了个人诗集《美丽三沙行组诗百首》，这都属于主题出版。主题出版的形式是多样的，内容也非常宽泛，只有进行更加广泛的拓展，才能与日益开展的全民阅读活动和广大群众的需要结合在一起。

全民阅读是群体性的活动，经常有人或单位购买上百或上千本图书给特定的群体看，有的演讲活动或读书会会给读者发几十本或几百本，这不失为一个很好的发行渠道。类似的全民阅读活动是经常开展的，大家可以尽量使主题出版更加适合这种需要，从内容和形式上把主题出版做好。

第二，注重出版物质量，包括内容质量、编校质量、装帧和印刷质量，满足读者阅读精品的需要。近几年，随着出版规模不断增加，我国已成为世界上出版物数量第一的国家。据统计，2016年我国出版图书达40万种，但我们的出版物质量如何？不能不让人忧虑。出版界确实存在着"萝卜快了不洗泥"的状况，有些图书在内容质量和编校质量方面不过关，还存在印制和装帧方面的问题，有的书一翻页就掉了，这些问题影响很恶劣。国家新闻出版广电总局出版物质检中心每年都会对全国出版的图书进行抽查，每次都查出不合格产品。

在出版形式方面，有些编辑过于注重装帧设计，注重高大上的表现形式，反而给阅读带来了很多不便。记得邓小平同志的夫人卓琳曾说，每次都要去掉封皮才能看书。有的读者也说，太厚的书拿着看很不方便，有的人看书时甚至要拿刀子先把书切开。大众图书，特别是面向全民阅读的图书，应该庄重朴实，贴近读者，出版社更应该出版这样的图书。并不是说不能出版精装书，不能出过厚过重的图书，但如果目标群体是大众，就要尽量避免这种情况，图书应该适合人们的阅读习惯和需要。很多出版人搞装帧设计时喜欢加腰封，说一些大话、空话，搞名家推荐、内容简介等，其实有时并无必要，本来封面设计得很好，加个腰封反而把封面盖住了。人们一般看书时都要拿掉腰封，所以腰封这种设计形式有时既麻烦，又浪费资源。

第三，拓展多种出版方式，注重新旧出版形式的融合，适应读者多样阅读需求。现在大众的阅读需求发生了很大变化，从纸质阅读过渡到同时注重电子阅读，电子阅读已经成为新的阅读方式。

面对这种情况，我提出了一个"全阅读"的概念，即既要提倡纸质阅读，又要提倡在线阅读，因为两者是互补的。就阅读方式来说，在线阅读更便利，纸质阅读更传统。

现在手机上网非常方便，随便一点就能浏览各种信息，有的APP还能针对个人兴趣提供精准的推荐，但是阅读纸质书时欣赏淡淡的书香也是一种享受，两个不能互相代替。总之，读者的阅读方式确实越来越个性化，有的年轻人就喜欢在线阅读，在线也可以去网上图书馆进行深度阅读。所以出版社要适应读者需要，提供多种出版方式。我个人觉得，如果是传统出版社，还是应该多做传统纸质书的出版，因为在传统出版上我们有优势，可以在多出纸质图书的同时兼顾多种形式的出版；如果是新成立的出版机构，因为"应运而生"，更适合用新形式拓展，可以考虑直接介入新媒体出版。

有人担心纸质图书的命运，我认为，纸质图书会长期存在，与人类共存亡，只不过地盘会越来越小，越来越精。比如说，过去在电视普及的时候，我们说广播完了；在互联网普及的时候，说电视要完了，但是，即使互联网的使用人数达7亿多，电视和广播也都有了新的发展，我们在出租车上就能听到各种广播，所以说这种形式并没有消失，只是以更多元的方式与现代需求进行了融合。我再举一个极端的例子，过去多少年前，我们都是拿毛笔写字，毛笔是我们的通用书写工具；但是随着技术的发展，便捷的书写工具出现以后，毛笔就退出了历史舞台，但它并没有消亡，而是作为展现书法艺术的工具保留了下来。这些都说明，图书不会消亡，而且从美国、德国、日本的情况来看，纸质图书不仅不会消亡，还有卷土重来的趋势。作为一个品种，它有一定的生存道理。总而言之，我们既要把传统出版搞好，也要把数字出版搞好，提高我们的综合竞争能力，适应读者多种阅读方式的新需求。

公益出版　回馈社会

为了在全民阅读中发挥更大作用，出版单位还要在坚持两个效益的前提下，发挥自身文化企业的优势，回馈社会，多方位地参与公益活动。近十年来，出版单位在很大程度上参与全民阅读活动，就是以公益活动的形式开展的。面对全民阅读的公益出版的范围是很广的，具体有五个方面：

一、根据形势需要和自身实力制定公益图书出版规划。我们出版社每年都有自己的选题规划，每个编辑都有年度的出书规划，在规划当中，要确定哪些是公益出版。并不是说公益出版不以市场为导向，而是不以营利为导向。负责任的出版社和有社会责任感的编辑都会有这样的出版规划。

二、投入一定的人力、物力、财力从事公益出版活动。有的出版社、编辑专门从事公益出版，比如说有的出版社有专门的编辑从事"一带一路"图书的出版，这在很大程度上就是一种公益性的出版。

三、认真完成国家出版基金或其他专项基金扶持的公益出版项目。我国每年都会提供出版基金来支持公益出版活动。支持的公益出版范围很宽，涉及少数民族类图书、文化积累项目等，也包括面向大众的一些出版物。我国设有国家出版基金办公室，专门负责专项基金项目的审批和验收。需要注意的是，国家出版基金必须在完成稿件以后才能申请，不能光报一个题目，还要求按时完成出版任务。

四、组织参加慈善捐款与义卖。2008年汶川地震发生后，我国出版界组织了多场慈善捐款与义卖活动。当时，中国出版集团公司捐款约 450 万元，旗下的荣宝斋还组织画家进行义卖捐款，得到了黄永玉、范曾等 30 多位书画界名流的响应，每个人都捐出了一幅作品进行慈善拍卖。我国其他出版单位也都积极地进行了募捐与义卖活动，为灾区人民献上了我们出版界的一点爱心与温暖。

五、其他公益倡议及活动。这是我们出版社都广泛参与的一些活动，比如在世界读书日期间开展亲子阅读等丰富多彩的全民阅读活动，关注特殊群体阅读活动，为盲人、老人以及留守儿童阅读服务，等等。这些活动都属于公益出版活动，是献爱心的一种活动，也是推广全民阅读的一种活动。

（系根据本人在四川"文轩大讲堂"讲授《全民阅读与图书出版营销》讲稿整理而成）

出版大众文化读物是三联书店的重要传统

一、出版大众文化读物是三联书店的重要传统

出版大众读物、促进大众文化是三联书店的重要传统。邹韬奋先生为生活书店提出的总的工作原则就是促进大众文化、供应抗战需要、发展服务精神。他把促进大众文化作为总原则中的第一原则，提出"我们必须注意到最大多数的群众在文化方面的实际需要，我们必须用尽方法帮助最大多数的群众能够提高他们的文化水准，我们必须使大多数的群众都能受到我们文化工作的影响。因此，我们在出版方面，不能以仅仅出了几本高深理论的书，就认为满足，必须同时顾到全国大多数人的文化食粮的需要，就是落伍群众的文化食粮的需要，我们也要尽心力使他们得到相当的满足，我们深信为着国家民族的利益，我们的任务就是使最大多数的同胞在文化水准方面能够逐步提高与普及，这对于整个国力的提高是有着很大的效力"。韬奋先生不仅大力倡导，而且身体力行。他组织出版的图书、报刊都尽力面向大众。从生活书店1935年出版的《全国总书目》中，可见生活书店既出版《社会哲学概论》《中国经济论文集》《章乃

器论文选》《中国政略学史》《中国娼妓史》等许多学术论著，也出版了《社会主义讲话》《青年的修养与训练》《文学百题》《希腊神话》《天才舞女邓肯自传》《求婚的艺术》《性教育简谈》《婴儿日记》《各科投考指南》《小品文和漫画》《欧洲漫意》《游日鸟瞰》《漂泊杂记》《旅途随笔》《东南揽胜》《一位美国人嫁与一位中国人的自述》等一大批面向大众读者的图书。同样，新知书店、读书出版社也都组织出版过大量面向大众的图书。1986年1月1日三联书店恢复独立建制后，在逐步形成鲜明的学术著作出版特色的同时，也非常重视大众文化读物的出版。《傅雷家书》《一个人和她的一个世纪》《毛泽东的读书生活》《老一代革命家家书选》、巴金的《随想录》、钱钟书的《围城》、杨绛的《洗澡》《我们仨》，以及《金庸作品集》《蔡志忠中国古籍漫画系列》、几米的《向左走，向右走》，等等，在广大读者中产生了广泛影响。其中《傅雷家书》总印量达百万册，一时间洛阳纸贵，好评如潮。这些大众文化读物对增加三联书店出版总量、扩大社会影响、提高经济效益起到了重要作用。对三联出版大众文化读物，业内许多同人是认同的。沈昌文先生说三联出版大众文化读物是毫无疑问的；老前辈林言椒就店里组织出版畅销书提出了很多很好的具体建议；许多编辑也认为店里应当重视大众文化读物的出版。对组织出版大众文化读物，中国出版集团主要领导非常重视和关注，曾就出版畅销书进行了深入分析，提出了明确要求。指出："学术理论的出版是三联书店的立店根基和出版特色，要巩固好学术出版阵地，把最好最新的学术成果呈现给广大读者；同时也要加强大众文化读物的出版，多出人民群众需要的优秀大众读物，竭诚为读者服务、为大众服务。"有同人的认同，有领导的殷切希望，我们应不负众望，将三联书店出版大众文化读物的传统承继下来，发扬开去。

二、近年来大众文化读物弱化的原因与强化的理由

三联书店从来就不拒绝大众文化读物的出版,但近年来这类读物的出版有所弱化,恐怕是不争的事实。2003年6月《我们仨》出版,之后又有《我们的钱瑗》问世,这两本书都有相当的销量。这之后,大众文化读物的销量减少,影响日渐式微。2006、2007两年,我店缺少引人注目的畅销书。两年共出版新书393种,只有《八十年代访谈录》一种在当年销售达到3万册以上,五种图书当年销售达到2万册以上,为《雷锋》《如彗星划过夜空》《创意市集2》《西班牙旅行笔记》《中国文化导读》。面向大众的选题虽有一些比重,但单品种销量普遍较低,面向大众的图书没有销售到大众手里,就不可能产生较大的社会反响。

大众文化读物弱化的原因,大致有四种:

一是观念问题。有的同志认为出学术著作是传承文化、弘扬思想,而出大众文化读物则是跟风媚俗、自贬身价。因此,学术著作和大众文化读物越来越呈现"一头沉"的状况。

二是认识误区。对三联书店的传统理解得不够全面。认为我店只出学术著作,不出大众文化读物。或曰三联书店只能出小众读物,不能出大众读物。甚至把大众文化读物和学术著作出版对立起来,认为倡导出版大众文化读物就是否定三联的传统,降低三联的文化品位,丢掉知识分子的文化坚守。在这样一种认识氛围下,大众文化读物的成长就相对困难。

三是要求和措施不够明晰、具体。这两年店里明确提出抓适销对路的畅销书,虽目标明确,但责任没有分解,任务没有落实,也缺少相应的措施跟进。

四是大众文化读物的发行渠道不够畅通。多年来店里习惯发行学术著作，积累了丰富经验，但在大众文化读物发行方面相对经验不足，一些有潜质的畅销书难以脱颖而出。而这又在某种程度上挫伤了编辑人员组织出版大众文化读物的积极性，使一些同志产生畏难情绪，消解了已有的热情。

大众文化读物出版的弱化已给三联书店的发展带来了不利影响。明显的表现是出版物社会影响力减弱，在榜畅销书稀缺，一些零售店销售名次下降，新书平均印数不高，经济效益不够理想。2007年中华书局新书平均印数达到2.09万册，而我们1—11月194种新书的平均印数则为7900余册，差距可见一斑。这种状况应引起店领导和全店人员的高度关注，进而下功夫、花气力在大众文化读物出版方面努力有新的突破。强调这么做的理由也有四点：

一是继承和弘扬三联书店优良传统的需要。关心大众，竭诚为大众服务，从来就是三联的优良传统，我们今天要更加注重弘扬和光大。前面已讲到，这里就不展开说了。

二是为了承担社会责任和抓住难得的机遇。党的十七大向我们提出了"推动社会主义文化大发展大繁荣"的历史任务。作为出版人，我们有着得天独厚的优势，也肩负着沉甸甸的社会责任。我们要认真贯彻十七大精神，按照集团产品线建设的要求，一方面，加强学术著作思想读物的出版，积极反映理论创新成果，推进哲学、社会科学发展繁荣，为建设社会主义核心价值体系、弘扬中华文化、建设中华民族共有精神家园做出贡献；另一方面，强化大众文化读物的出版，为建设和谐文化、培育文明风尚、弘扬社会理想、提高公民素质做出贡献。同样，文化的大繁荣大发展也为我们提供了难得的历史机遇，社会对文化产品和出版物的需求，一定会有较大的增长。社会需要分量更重、有重大思想含量的学术著作，同样也需要具有普遍社会反响和市场效应的趣味性、大众类读物。大众文化读物中应具有劝人向善、向上的精神力量；无论是市场占有率还是文化的心理吸引力，都是极为重要的一种资源。我们要努力开发利用这种资源，服务社会民生，发展壮大自己。

三是着眼三联书店长远发展的战略考虑。近几年三联书店平稳发展，业绩不错，但我们也应清醒地认识到，我们身处激烈的市场竞争中，面临着前所未有的压力。要生存和发展，仅靠学术著作和思想理论读物是不够的，还必须大力开发大众文化读物。大众文化读物和学术著作可以互为补充，相得益彰。同时从营销战略的角度考虑，我们出版物的销售需要大众文化读物中的畅销书来拉动，畅销书对一般图书的销售拉动不可低估。中华书局过去的定位是专业的学术出版社，这几年适当拓展，围绕传统文化主业，做了大量历史普及文化读物，图书的品种大量增加，品牌知名度有了较大提高，市场的适应能力进一步增强。从"正说系列"到于丹的"解读系列"，中华书局出版的大众历史文化读物，使一般的读者或具有一定文化程度的读者都能够阅读，扩大了市场占有率，带动了发货码洋大幅度提升，而且提升了知名度，巩固提高了读者对品牌的信任度。店里有的同事对出不出某些作者的书有不同看法，这个可以讨论，但是我们决不能否定走学术大众化的道路，否则我们的道路就会越走越窄了。中华书局成功地走出了一条学术大众化的道路，其经验值得我们借鉴。三联书店有着巨大的品牌号召力，且我们的编辑队伍整体素质高，创新能力强。只要思想上高度重视，肯下功夫，每年抓出几本畅销书应该是没有问题的。假若我店每年有3至5种面向大众的销量在3万至5万册的畅销书，用它来拉动全店图书的销售，我们的经营状况就会有明显改善。

四是为了培育新的利润增长空间。三联书店是有着高度社会责任感的文化企业，我们所共同努力的目标是顺应时代进步的需要，推动国家民族在进步的大道上前进，努力于引人向上的精神食粮，传承文化，帮助打造中华民族的精神家园。同时，为了生存、发展，我们又必须赚钱。正如韬奋先生所言："因为我们要靠自己的收入，维持自己的生存"，"所以我们不得不打算盘，不得不赚钱"，"在不违背我们事业性的范围内必须尽力赚钱，因为我们所赚的钱是直接或间接地用到事业上面去"。这几年我店图书的经济效益并不理想。大概而论，利益中有六成是刊物所赚，四成是图书所赚，年图书利润400余万元。我们年出新书200余种，重印书200种，共计400种，平均一种书赢利1万元。而重印书因为成本低，利润要高一些，因此，新书每个品种平均利润不到1万元。即使如此，已实属不易。因为其中的学术著作是不容易赚钱的。我店学术著作平均印数7000册左右，2006年当年度销售5000册以下的97种，2007年1—11月为83种，可见学术著作出版的利润空间不大，想多收三五斗不太容易。要拓展利润空间，需着眼于大众文化读物，其读者面广，发行量大，利润率高，这从我店2006、2007两年度销售排行榜可以看出。这两年当年度销售在1万册以上的品种共计28种，绝大多数是大众文化读物。分别是《八十年代访谈录》《雷锋》《如彗星划过夜空》《扫起落叶好过冬》《红军》《上学记》《穷人的银行家》《傅山的世界》《苦命天子》《视觉品味》《史学九章》《中国建筑文化讲堂》《水浒人物之最》《花间十六声》《地图的发现》《创意市集》《西班牙旅行笔记》《中国文化导读》《设计，不安于室》《窥视工作间》《切·格瓦拉语录》《东南亚》《茶人茶语》《酒人酒事》《柬埔寨》《关于来洛尼亚王国的十三个童话故事》《香港味道》《汉字王国》。事实证明，应把大众文化读物作为新的经济增长点紧紧抓住。为了企业生存和事业发展，为了满足职工不断提高物质待遇的合理期盼，保障职工应有的权益，我们必须在坚持社会效益的前提下多赢利，而大众文化读物开发得好，就使店里多了一条实实在在的"财源"。

三、加大支持力度确保"四个落实"

一是思想上落实。心态决定状态，思路决定出路，观念是行动的先导。我们要通过反复讨论，在全店职工，特别是店中层以上干部和全体编辑及相关人员中形成如下共识：（1）出版大众文化读物是三联书店的优良传统，我们今天必须将这一传统发扬光大；（2）组织出版大众读物是我店当前和长远生存、发展的迫切需要，我们必须紧紧地抓住不放、抓出实效；（3）将大众文化读物作为重要的产品线摆上议事日程，形成学术著作、大众文化读物、旅行生活类图书三位一体的出版格局；（4）抓好大众文化读物事关全局，店领导、全体编辑、发行营销人员人人有责、人人尽责，共同努力开创新局面。

二是组织上落实。即进行相应的力量调整，使事有人管，活有人干。在店领导层面，应由专人分管协调；现有编辑室应切实负起出版大众文化读物的责任，必要时组建专门出版大众文化读物的编辑室；新的编辑室可以从现有编辑人员中选调，可以面向社会招聘富有大众文化读物出版经验的人士；在新的编辑室未组成前或组成后，亦可采取组建项目组的形式，由编辑和销售人员组成，实行项目组长负责制；建立书刊互动的大众文化读物出版新机制，由《生活周刊》组成图书编辑部，利用《周刊》面向大众、稿源丰富、写手众多、渠道广泛的众多优势，在将其办好的同时，出版一批受读者欢迎的大众文化读物（在生活书店留存的资料中可见，30年代就有过书刊互动。生活书店曾经出版过由《生活》周刊社编的《最难解决的一个问题》《悬想》《该走那条路》《迷途的羔羊》《迟疑不决》等多种图书）；完善市场部的营销功能，使其由营销宣传向营销策划转变，具体参与到大众文化读物的营销实战中来，从营销方案的制订开始，一直到营销个案的完成。在尚不能完成整体功能转换的现在，可分工一至二人来从事营销工作，以个案畅销书为纽带，与编辑人员形成密切配合；发行部应积极探索大众文化读物发行的新模式，适应店里强化大众文化读物出版的销售要求。

三是责任上落实。责任到人，这是最基本的方法。责任到编辑。每位编辑在年报选题中应有1至2种大众文化读物；在年出新书中，有一种达到销售在1万册以上。责任到编辑室主任。编辑室主任应保证在本室年销售新书中，有一种达到销售在2万册以上。责任到分管领导。分管领导对分管编辑室既定目标未能实现负领导责任。全店确定的综合目标未能实现，由店领导负领导责任。以上所指数字均指实销数，而非造货数，年终由发行部负责统计提供。

四是政策上落实。加大店里对大众文化读物出版的政策支持。对完成店里规定指标的编辑、编辑室予以奖励；对单品种年销售3万册以上的给予大奖；对单品种年销售5万册以上的给予重奖。对参与营销的相关人员、做出贡献的发行人员给予奖励（具体奖励方法另定）。对项目组给予特殊政策，达到预期目标给予奖励，也可采取灵活的分配政策。面向社会招聘富有策划、营销大众文化读物经验的人士，可待遇从优。用各种方式调动店内人员的积极性，促进大众文化读物出版目标的实现。

最后，我要特别申明，我这个发言没有涉及我店的学术出版问题，但这并不是说大众文化读物的重要性高于学术出版，或者说学术出版没有大众文化读物重要。经过多年实践积累，三联书店已成为我国学术出版重镇，出版了许多具有重大学术价值和专业影响力的图书，奠定了在国内学术界、思想界、出版界的权威地位，因而被誉为中国知识分子的精神家园。学术出版是三联的基调、特色，是三联的核心竞争力之所在，也是品牌价值的影响力之所在。对此，我们必须有非常清醒的认识。任何轻视三联学术出版的态度和言行，都是无知和不负责任的。我只是想说明三联书店在继续高度重视学术出版的同时，应强化大众文化读物出版，呈现"落霞与孤鹜齐飞，秋水共长天一色"的壮景。

（2007年12月21日）

强化三联大众文化读物出版的思考

一、把加强大众文化读物出版放到重要位置

1. 这是继承和弘扬三联书店优良传统、满足当今大众阅读需求的需要。过去我店出版的大众文化读物对增加出版总量、扩大社会影响、提高经济效益起到了重要作用。

2. 这是调整选题结构、更加贴近市场的需要。目前我们的选题在总量方面偏重于学术著作，离大众市场较远，不适应图书市场的需要，也不利于自身发展。

3. 这是培育新的利润增长空间、提高图书经济效益的需要。转企改制之后，企业必须具备生存发展的经济实力，担负起维护职工利益和国有资产保值增值的双重责任。

4. 这是努力做强做大、着眼我店长远发展的战略考虑。中宣部、中国出版集团领导对作为我国著名出版品牌的三联书店寄予厚望，我店已经制定的长远发展规划对发展目标提出了明确要求。

店领导班子和全体编辑要解放思想、大胆创新，站在适应转企改制要求、增强企业自身活力、着眼书店长远发展、维护书店和职工根本利益、推进我国文化大发展大繁荣的高度来认识和加强大众文化读物的重要性，破除思想障碍，在坚持原有出版特色、继续做

好学术图书出版的同时，勇于开拓，为我店大众文化读物产品线的生成、丰富做出切实努力。

二、对三联书店大众文化读物的界定

第一，大众文化读物不是一般意义的大众读物。它必须有文化含量和文化意趣，是由文化引申出来又回归文化，介于学术和生活之间的文化延伸地带。看重文化价值、注重文化品相是我们的内外在要求。

第二，它的读者对象不是一般意义上的大众。在市场细分的今天，传统意义上的大众已失去意义，代之以特定的群体指向。我们所指的大众是"小众"外的大众，大众里的"小众"，即国内专业知识分子之外的拥有大学以上学历的广大知识分子群体。这是我们的读者定位。

第三，在表现形式上不同于严肃的学术著作。在装帧设计、书名的选择上更贴近大众，更突出卖点。在内容组成上也不是严肃学术著作的框架，给人轻灵、便于接近的感觉。在语言风格上也力求清新活泼、好看易懂、妙趣横生。

第四，必须有相当数量的销量作为支撑。它的基本销量应在1万册以上，其中畅销书的销量应在3万至5万册之间。

根据以上界定，我店大众文化读物大致限定在以下几类。

（一）学术普及类图书

超出专业研究的领域，在更广泛的范围内诠释学术和学术相关的问题，满足专业外知识分子的阅读需求。如哲学、社会科学各学科普及类读物、传统文化普及类读物、各学科中疑难问题的趣味化阐释等。

（二）文化生活类图书

文化生活的领域非常宽泛，涉人及物，说古道今，与读者有较多的关联。如文化人物传记、历史名人回忆录、文人雅趣、饮食文化、旅行文化等。

（三）艺术文化类图书

艺术文化类图书不能仅限于满足特定的读者需求，应着眼于提高大众的艺术素质。我店已出版的建筑艺术、音乐艺术、电影艺术均可归入此类。这类图书应坚决从专业化的领域走出来，去获得更多非专业爱好者的青睐。

（四）文化知识类图书

面向广大知识分子介绍新知识、新技术、新领域、新学科、新业态等，我们处在一个快速变化、追新骛奇的时代，这类图书生逢其时，大有可为。

（五）其他和三联出版风格相近、拥有较大量读者的图书

我店大众文化读物出版采取有所为有所不为的原则。有些图书虽有较大发行量，但违反国家管理规定，或离三联风格相去甚远，我们也拒之门外。具体说来，即是不出低俗的图书。凡有损社会精神文明建设、败坏三联形象、降低三联品味的图书一律不出。不出偏重于实际操作的生活技巧类图书。着眼于人的精神文化层面，而非物质层面。不出明显超出专业分工范围且不据任何优势的书，因为这会使我店的产品线杂乱，同时因领域陌生而难收成效。不出跟风炒作的图书。缺乏主见、毫无创意、人云亦云的图书，会降低品味，

败坏三联形象。除此之外，其他选题均可纳入我们的视野。不要受限于传统、习惯，不要受限于个人偏好，破除思维定式，彻底打开选题思路。

三、促进大众文化读物出版的具体措施

（一）成立店大众文化读物出版专职机构（以下选取一种或两种并举）

1. 成立三联书店大众文化读物分社。按照分社体制进行管理。
2. 成立大众文化读物事业部或编辑室。按事业部体制进行管理。
3. 成立大众文化读物项目组。按项目组管理方式进行管理。

以上不论何种方式，均实行独立核算、自负盈亏，在管理模式、责权、奖惩方式方面实行新的机制。

（二）动员更多的编辑力量投入大众文化读物出版工作

1. 实行竞聘上岗方式选拔大众文化读物分社社长、事业部经理或编辑室主任。负责人聘用本部门人员，享有用人、经营自主权。
2. 项目组负责人采取个人报名、单位考评批准上岗制。
3. 愿意从事大众文化读物编辑出版的编辑，采取双向选择方式，可进入新的部门机构或项目组。

（三）实行编辑出版大众文化读物全责制

所有编辑每年所报选题中须有 1—2 种大众文化读物选题（申报选题须申明并符合店大众文化读物要求），或所有新书中有 1—2 种在当年销量达 1 万册以上。

（四）借助社外工作室在大众文化读物出版领域进行开拓

全国有超过 1 万家民营图书工作室，销售码洋过亿的至少有 30 家。据统计，每年由民营图书工作室策划的图书有 4 万余种，全国畅销书排行榜前十位的 60% 至 70% 都出自民营书业。民营书业是可资利用出版大众文化读物的重要力量。

1. 所有编辑室均可和工作室开展合作。
2. 今后与工作室合作的重点应放在大众文化读物和畅销书出版上。
3. 与工作室的合作可采取灵活方式。
4. 与工作室合作，采取互惠互利的原则。
5. 对诚实守信、与三联书店风格相近的工作室，可整体纳入体制内进行管理。

（五）充实我店大众文化读物编辑、策划、营销力量

通过招聘方式，将善于策划营销大众文化读物的人才吸纳进我店，通过人员结构调整促进选题结构调整。

（六）加强对大众文化读物的营销工作

多年来我店对学术著作的发行形成了一整套模式，取得了经验。但对大众文化读物和畅销书的营销缺乏经验，一些有卖点和营销潜质的图书没有达到预期营销效果。店里应采取对策，进行专题研究，重点做好大众文化读物的营销工作，从开拓选题、强化营销两个方面着手促进大众文化读物出版。

四、加大对大众文化读物出版的支持力度

1. 在全店继续开展解放思想、更新观念活动，认识到关注现实、

面向大众、与时代同行、勇于创新从来都是三联的优良传统，形成有利大众文化读物出版的良好氛围。

2. 领导班子要把大众读物作为重要产品线摆上议事日程，统一思想，形成合力，专人负责，积极为大众文化读物出版创造条件，大力支持编辑和营销人员在大众文化读物出版方面开拓创新。

3. 对积极组织大众文化读物并取得突出成绩的编辑予以重奖。对单品种年销售3万册以上的给予大奖，对单品种年销售5万册以上的给予重奖。对参与销售的相关人员、做出贡献的发行人员也按一定比例给予奖励。

4. 对专事出版大众文化读物的分社、事业部（编辑室）、项目组予以政策支持。在投资、利润提成等方面予以优惠，采取灵活的分配政策，确保店里增效益、个人得实惠。

5. 注重对文化读物出版实效的考核。编辑完成店核定的大众文化读物选题指标、单品种销售册数指标，视为完成年度任务；没完成任务指标者视为年度考核不合格，下年度不得晋升职级，或降低店内编辑级别。部门负责人承担相应责任，本部门完成任务予以奖励，没完成任务受到处罚。

6. 以大众文化读物出版拉动整个图书出版发行工作。继续高度重视学术出版，坚持三联书店已形成的基调、特色，同时开拓新的选题领域，形成新的活力和增长点，使学术著作、大众读物两条产品线相得益彰、互为补充，令我店的社会效益和经济效益迈上新台阶。

（2009年6月26日）

三联书店选题工作的基本思路

选题是出版社工作的重中之重。

选题是一个出版社的生命线。

选题是整个经营工作的基础。

下面我围绕三联书店选题的基本思路谈一些看法。这个思路我用八句话32个字概括，就是：

发扬品牌　保持特色；调整结构　勇于创新；

稳定规模　提高质量；面向市场　提升效益。

一、发扬品牌　坚持特色

发扬品牌，坚持特色，是我们制订选题最为重要的指导思想。三联品牌在业界内外、海内外皆有很高的知名度，这是三联几代人心血的结晶，是我们的核心竞争力，是我们在竞争中取胜的法宝。高举三联品牌不是空喊口号，不是权宜之计，而是实实在在的战略选择。我们树立品牌战略，就是要热爱品牌、维护品牌、发扬品牌、发展品牌，并依托品牌发展。店里实行品牌发展战略，是长远的、永不动摇的战略。

品牌和特色紧密相连。在品牌长期积淀的过程中，三联书店形成了自己的特色。这种特色体现在独特的优良传统中，包括：为革命出版事业艰苦奋斗、百折不回；与时代和人民同行，为社会现实服务；坚守文化理想和文化使命，以文化为本位；出版精品，追求一流；竭诚为读者服务；尊重、团结作者，与作者精诚合作；创新求变，开拓进取；坚持商业性与事业性的统一；发扬民主精神，实行民主管理，等等。这些是三联书店无比宝贵的精神财富，也是未来发展的精神动力。

这种特色体现在多年来形成的独特风格中，如注重与文化界、知识界、学术界的血肉联系，注重文化积累和文化贡献，"不官不商，有书香"，被誉为知识分子的精神家园。如注重独立思考，不随波逐流、人云亦云，注重突出个性和坚守特色。

这种特色体现在我们的产品中，"人文精神，思想智慧"是最为集中的概括。三联图书注重思想性，重在给人以启迪。不管什么书，都追求新锐、一流，这是我们的风格。经过多年发展，我店成为学术出版的重镇，思想学术、知识文化已成为我们产品的重要特色。因此在我们的产品线中居于首要地位。

发扬品牌，坚持特色，就是无论什么时间、什么场合，我店"竭诚为读者服务"的办店宗旨不能变，"人文精神，思想智慧"的出版理念不能变，"新锐、一流"的质量标准不能变，注重文化积累、文化贡献的传统不能变，"不官不商，有书香"的格调不能变。

发扬品牌，坚持特色，就是决不降低文化品位。坚持文化品位包括三方面：一是选题的原创，二是质量的上乘，三是内容的健康。

发扬品牌、坚持特色与面向市场并不矛盾，品牌只有在市场中才能擦得更亮，特色只有在市场竞争中才能卓尔不群。

发扬品牌、坚持特色与追求经济效益也不矛盾，既有社会效益，又有经济效益，显示品牌的生命力和特色的感染力。一本书鲜为人知，就没有经济效益，当然也没有社会效益，品牌的影响力也就无从谈起。

发扬品牌、坚持特色与出版大众读物也不矛盾，只要出的大众读物有文化意趣，在同类中居于一流，能在读者中畅销，就是扩大了品牌的影响力。

鉴于以上认识，我们在确定选题时，要特别重视体现三联品牌、传统、特色的选题，注重思想的丰富性、新颖性，学术的严谨性、科学性，把厚重的、有内涵的产品奉献给读者，把有文化意趣、能带来健康快乐的图书奉献给读者。

二、调整结构　勇于创新

调整结构是我们正在下力气做的一件事，也是明年选题工作的重点。因为几年来在增加规模的同时，我们的结构没有及时得到调整和优化，造成库存的大量增加和利润的连续下降。事实告诉我们，减少库存的根本出路在调整选题结构，提高效益的根本出路也在调整选题结构；成立几个出版中心，首要的就是明晰产品线，调整选题结构。三联书店是知识分子的精神家园，但它应是广大知识分子的精神家园，而不是少数精英的精神家园。所谓调整，就是多出一些面向大众、有市场效益的图书，如文化普及、学术普及、理论普及类读物。在学术、文化两块之外，我们新增加了大众、旅行两个板块，形成新的产品线，同时制定下发了《关于加强三联书店大众文化读物出版的决定》，提出实行大众文化读物全责制，就是基于调整选题结构的考虑。只有选题结构得到调整，目前的库存大、销售难的状况才能从根本上转变。

调整结构对编辑来说就是要勇于创新。这意味着走出一个熟悉的领域，走进一个陌生的领域，这对自己的认识、视野都是一个挑战，需要创新的勇气。敢于创新，才能走进新的领域，才能找到新的选题，才能更好地面向市场、适应市场。这都要求我们发扬三联不断创新、与时俱进的优良传统。店里要支持编辑创新，在符合三联书店总的选题格局下，敢闯、敢冒，敢提新的选题。至于这个选题的创造性如何，那要让市场来检验，让读者来品评。而求新在很大程度上是适应读者的需要，为此，我们要追求"标新立异二月花"，不要老是"似曾相识燕归来"。对新人、新视野、新选题要多扶持、少打击、少嘲讽。允许探索，允许失败，做得不好，改进就是了。在选题的确立上，希望从舆论到审批都创造一个宽松的局面。只有这样，我们的调整才会到位，才能取得成效。

三、稳定规模　提高质量

近几年我们的规模大体稳定在每年新书200种、重印书200种的格局上。特别是新书，从过去每年的120种、140种陆续上升到200种。适当扩大规模是必要的，目前的规模已经基本和我们的出版生产力大体适应，维持在这个规模上是明智的。因为，一是我们的编辑人数较少，品种太多让编辑疲于奔命，腰酸背疼，颈椎受损，影响身心健康；二是实践证明，我们这几年品种增加了，效益却没跟上。库存大幅度增加，2006、2007、2008三年是库存增加最快的三年，占全部库存的51.26%。三是最重要的，我认为像三联这样的特色出版社还是要走做专做强的道路，靠特色取胜，而不是走做大做强的道路。从以往的经验看，三联的书是靠品质、靠影响力取胜的，而不是靠品种数量取胜的。提出稳定规模，一方面给编辑吃了定心丸，再也不用那样疲于奔命；另一方面给编辑带来了压力，就是选题要"少而精"，要在提高质量上下功夫，在单品种效益上下功夫。

提高质量也是针对我们选题状况提出来的要求。我个人的看法是，近年来我店选题质量有些下滑，为了追求品种增加，多少放松了"新锐、一流"的要求，把关不严，出了一些"不痛不痒"的可出可不出、处在两可之间的图书。一些学术书并不在一流的水准上，还有一些是"炒剩饭"、拼拼盘，不具新意，难以吸引读者眼球。这几年，我们学术书的品种增多了，但总体质量却下降了，一些读者有这样的反映。广西师大、北大、南大等社后来居上，这种状况，绝不是品种数量的较量，而是质量的较量。

而要提高质量，就要拥有一流的作者队伍。了解你熟悉作者的研究状况，同他们建立密切联系，及时把他们的学术成果拿到手；要在原创上下功夫，多提供原创类选题；要关注国外的出版动态，把最新的出版成果、研究成果介绍到国内。还要重视"走出去"的工作，从确定选题开始就打造能走出去的产品。

店里将加大对选题的把关力度，从现在起，就要"宁可少一些，也要好一些"，谨慎批准，小心投入。

四、面向市场　提升效益

在当今的社会条件下，我们只能面向市场而无别的选择。解放思想，转变观念，首先要树立的就是面向市场的观念。只有在观念上脱胎换骨，才有获胜的可能，否则只能每况愈下，连生存都难以为继。转变观念的核心是要牢牢地树立起市场竞争意识，要充分认识到我们现在所处的环境是市场化的环境，运行的模式是现代企业的模式，面对的市场是竞争日益激烈的出版市场。转制后的出版社性质是企业，这就要完全按企业的运行规律办事，完全融入市场竞争的大潮中，学会走市场，学会市场营销，学会企业的管理理念和模式。这对出版社来说是一种思想解放,一次经营方式的根本改变。市场是出版者一切活动的中心。对我们编辑来说,确定选题时就不能以书店、以个人为中心,而是要以读者、以市场为中心。在坚持宗旨、原则的前提下,市场的认可、读者的认可才是最大的认可。你再有文化理想,不通过市场也是实现不了的。市场是无情的,但并不可怕。我们要昂首挺胸,勇敢面对,不疏离,不惧怕,大无畏地投入到市场中去拼搏。激烈的市场竞争能够激发我们的聪明才智,使我们最大限度地发挥潜能。现在传统出版的空间越来越小,竞争越来越激烈,我们受各方面的挤压不小,做出版真的很辛苦、很累。"累并快乐着",我们只能这样自我安慰,因为这是我们的职业选择。危机是激烈竞争带来的,但既然选择了这个职业,就选择了竞争。有的同志以为在三联就可以不去参加激烈的市场竞争,有的新入职员工以为到三联就进了避风港,这些想法都是不现实的。面对危机寻找生机,从来都是有志者的选择。听说有的同志对改革感到恐慌,对利润指标感到恐慌,说到底是对市场的恐慌,是面对市场不自信的情绪流露。面对市场,我们不要胆怯,要勇敢;不要消极,要积极;不要被动,要主动。能在市场的大潮中搏击,那才是真正的英雄好汉。我们有这么好的品牌,这么厚的文化底蕴,这么出色的一支编辑队伍,保特色、不惧怕、敢打拼,就一定能迎来"稻花香里说丰年,听取蛙声一片"的胜利喜悦。

  我们是企业,效益是我们的必然追求。虽然我们坚持文化本位,但只有有了良好的效益,我们才能生存、发展,况且我们承担着国有资产保值增值的任务,承担着提高职工生活水准的责任。因此,编辑在确定选题时必须考虑它的"含金量",即它有多少受众,有多少发行量,结果是赔是挣,进行客观的市场预期。同时在实际操作中降低成本、减少费用,以获取最大的利润。目前我店图书效益不高，干了一通白忙活的书还不少，因此，强调提高效益对我们具有现实意义。目前我们利润实现的主要依靠《生活周刊》，这是十分危险的。摆在我们面前的出路，是必须调整选题结构，大力面向市场，努力提高图书的经济效益，这是我们面临的最现实最紧迫的任务。

以上详细阐述了我店选题的基本思路。概括说，这个思路有以下要点：

一是走正路。坚持特色，守正出新，决不降低质量，决不降低品位，决不跟风媚俗，在新的社会条件下，将三联品牌发扬光大。

二是走宽广的路。开阔视野，拓宽思路，调整结构，遵循出版和市场规律，做到面对市场左右逢源，游刃有余。

三是走创新发展的路。与时俱进，勇于开拓，在继承传统基础上大胆创新，冲出一条改革发展的新路。

四是走双效俱佳的路。处理好事业性与商业性的关系、社会效益和经济效益的关系，做到整体的统一、动态的统一，获取两个效益双丰收。

（2009 年 11 月 17 日）

务必解决选题方面存在的三个问题

年年岁岁花相似，岁岁年年人不同。我们今天的选题研讨会和以往的选题研讨会有什么不同？我觉得最起码有三个不同：

一是会议的议题发生了变化。记得刚参加三联的选题研讨会时我很惊讶，讨论的不是选题，而是思路。我在吉林人民出版社做总编辑时，开选题会是讨论具体选题；在吉林省新闻出版局做了8年图书出版处处长，每年参加14个出版社的选题论证会，也是讨论具体选题。而三联讨论的是怎么发展的思路，不讨论具体选题。当时的三联主要负责人对我说，三联和其他社不一样，选题平时编辑都确定了，到会上不用讨论，就看看思路怎样。我当时感到的确不同。连续几年下来都是讨论思路，是做大还是做强，还有产品线的问题。我主持工作之前的最后一次选题会我记得很清楚，仍然是讨论思路，什么这类书做不做啊，那类书做不做啊，电影的做不做啊，建筑的怎么办啊，讲的是这些问题。

这几年我们选题研讨会确实发生了一些变化。2009年我们重点还是讲思路，确实要把思路梳理清楚；2010年就要求编辑把你手中的宝亮一亮，每个人都要讲，我记得有的编辑因为第二天要发言前一天晚上紧张得睡不着觉，不知道怎么讲。这一次我们是集约式的，由部门主任主讲，当然，有打"组合拳"的，有打"太极拳"的，各种形式都有；但重点是我们研究选题，三联书店的选题研讨会回归到选题上来了。我认为这是最大的一个不同。

二是会议的氛围不同。现在三联书店有一个很团结很和谐的氛围，大家说话无所顾忌，有什么想法，有什么意见，在会上会下尽可以表达出来。员工可以说，部门主任也可以说，领导也可以敞开来交流。这样我们就有一个和谐的氛围，很有利于发展。现在咱们新来的编辑都可以在会上充分发表自己的意见，没有问题，领导不会对你有别的看法，你有意见能表达出来，说明你在思考问题。

三是会议的组成人员发生了很大变化。这几年编辑队伍新老交替，在座的有很多新面孔，我们这支队伍确实在发展壮大，退了休的一些老同志仍然在以不同的方式为三联服务，我们的力量没有减弱，同时增加了新的力量。不仅是人员的问题，我们的部门也增加了。大家可以看一看，昨天的发言，前四位都是传统的出版部门——学术、文化、大众、综合，后面讲的三个新兴的部门，我们有专题项目部、对外合作部、上海公司，下一步还要成立三联国际文化传播公司，这样就会有八个部门，四个传统的，四个新兴的，人员明显增加。我们现在确实是兵强马壮，往这一坐，就看得出来三联的事业兴旺发达。

具体说来这次选题会还是有很大收获的。尽管有同志说这次会开得有些平，有本书叫《地球是平的》，我觉得我们的会有时候有些平，有时候是"横看成岭侧成峰"，是有收获的。我归纳了一下，比如大家深入具体地进行了交流，增进了编辑之间、领导与编辑之间、部门与部门之间、部门与编辑之间、编辑与行政部门、营销部门、发行部门等其他部门之间的联系。通过会议，大家可以交流一下，知道别人在想什么、在考虑什么，受到一些启发。这是第一点收获。第二点收获，大家都展示了自己的选题。有人昨天用了一个词叫"晒一晒"，晒一下手里到底有什么书稿，有什么考虑，这很好。我不能说每个同志手里握的都是荆山之玉、灵蛇之珠，因为我们还需要筛选，但我可以说同志们的葫芦里还真有药，虽然不一定都是灵丹妙药。选题是很丰富的，是有可操作性的。这是我们会议的第二个收获。第三是就产品线、重点选题、选题规划、考核方案、发展模式等进行了深入研究和探讨，这非常有利于明年和今后的发展。第四，由选题看到我们的编辑队伍成长壮大，部门主任都能够负起责任来；老编辑成果颇丰，新编辑茁壮成长，我们有了一支蓬勃向上、充满生机的编辑队伍，这是三联发展最为重要的力量。

这几年我们为什么有发展？应该说很大的方面来源于编辑的贡献。我们以好书取胜，如《目送》《巨流河》《鲁迅箴言》《太平轮1949》这样一系列好书，为三联带来了很好的业绩。

总的来看，三联的选题是丰富的、可操作性强的，用琳琅满目这个词也不过分，这是应当肯定的方面。

但也存在一些问题。首要问题是亮点和畅销书不足。虽然也有几个亮点，如《李瑞环谈京剧艺术》、吴敬琏的《中国经济改革二十讲》，还有《对照记》《郑泽堰——一位民国县长的传奇》等，但是亮点不够多，编辑在这方面动脑筋不够，积极主动性不够。第二，重点还不够突出，平铺直叙的比较多，看着一堆选题，但哪些是重点却看不清楚。第三，个别部门主任对本部门的选题总貌把握不足，思考不够。第四，选题的目标定位不准，自己出的图书是给谁看的？读者是谁？有一些拔剑四顾心茫然，不知市场在哪里。这些综合反映出三联书店的选题有三个倾向性问题，值得特别注意并纠正：

第一，三联书店的选题，离现实越来越远，这违背了三联书店的宗旨。三联书店过去是革命的、战斗的出版社，是要反映现实，和现实有紧密联系的。改革开放之初，我们领风气之先，是为改革开放出过力，为思想解放做出过贡献的。现在我们的选题缺少现实感，这一点使我感到很不足。大家一定记得中宣部出版局陶骅局长来店里调研时的讲话，《店务通讯》上刊登过，她说过一句话：三联书店出的学术，不是纯学术，三联书店不是为学术而学术。同样，三联书店也不是为文化而文化，三联书店是在这里提炼出自己的思想、自己的思考，来给人启迪。现在整个社会存在着一种平庸化倾向，但三联书店不应该平庸化，现在三联书店很多选题过于风花雪月，很多选题都距离现实很远，这点我很不赞同。我们有没有社会责任？比如说，现在的道德问题。有人戏言说，我们这个民族到了最缺德的时候；三联书店出版什么书能提高人们的道德素养？围绕着这个问题进行了什么研讨？有哪些问题意识？哪些选题是我们有意识地走出去组织的？去开个会，围绕着问题、围绕着会来组织，不要人家给什么选题，我们就出什么书。我希望这个问题能引起各部门主任的重视，每个编辑部门都存在这样的问题，都存在现实感不强的问题。巧妇难为无米之炊，你离现实这么远，怎么搞营销？你的选题本身就没有热点，怎么能形成热点？我希望每一个同志都能站在更高的层面上，从三联人的责任、三联的特色出发，好好想想这个问题。即使是学术类选题也可以更接近现实一些，就说我们"三哈"的图书也不一定都是纯学术的东西。

第二，我们离市场太远。三联书店的编辑们离市场到底有多远？自己想一想，读者在哪里，目标读者在哪里？我非常赞同舒炜说的，你的读者在哪？你现在在哪个位置？我想是在离市场很远的地方。即便是在邹韬奋时代，韬奋先生也提倡在商言商，处理好两个效益的关系。我们要到市场中去竞争，不是去迎合市场，也不是等同于市场。这本书怎么定价，怎么营销，目前只有少数编辑介入到营销过程里去。一些编辑在计划选题的时候，只考虑自己的兴趣，对不起，你的兴趣只有和市场、读者结合起来的时候，才是可采纳的兴趣，不然对出版来说就是空想。

第三，总的来说，我们的选题比较零碎，缺少整体感。很少有板块如红线连珠般清晰的。有的部门主任包括编辑，到底自己有多少好资源可能都记不清了；怎么排位，哪个在前，哪个在后，缺少规划。有的部门、有的人就是脚踩西瓜皮，滑到哪儿算哪儿，看不出有什么规划。所以我对选题总的评价就是有好说好，有不好就说不好。希望能引起大家的深思。如果你们觉得我讲得有道理，那就在行动上做些呼应。

三联书店这几年还没有大发力，我们只是调整选题结构，注意了市场，注意了产品和品牌的营销，还没有进行重大调整，编辑们思想解放的程度还不够，虽然也在辛苦做，但效果不够理想。现在各社都在竞争，有的直接瞄准我们竞争。我们一定要在两个效益上有突破，把我们的资产做大，名声做大，影响力做大，把我们的事业做强。为此，我代表领导班子，对我店编辑和选题工作提一些要求：

第一，要解放思想，更新观念。我们的思想还是比较保守的，离市场很远，我们还固守着自己过去的一些东西。固守传统是对的，坚守三联的特色也没有错，这是必须做到的。但不能说，我们就画地为牢，不向其他领域开拓。领导班子、中层干部要带头解放思想，要敢于做以前没有做过的事情。不要再去说这个三联以前没有做过，不要说这样的话，我自己也在寻找、开拓，在思考一些问题。《鲁迅箴言》是我策划的，最后又搞成国际版本。我再举个例子，《马迭尔旅馆的枪声》，有的人觉得这本书怪怪的，也是我拿来的。我跟老李说这个书一定要出，为什么？因为我想尝试一下图书与影视互动。如果行，我们就搞，不行就放弃。我还跟作者提了一个条件，说电视剧在中央电视台播出的时候，在每一集后面写上本剧同名小说由生活·读书·新知三联书店出版，让观众在每天晚上看电视剧的时候都能看到三联这个品牌。我说尝试一下，还因为这本书比较严肃，讲中日俄围绕着一个真实的历史事件展开的谍战故事，我问了一下张作珍，他做了一些市场调查，说发行2万册没有问题，现在2万册发出去了。尝试不一定成功，但要允许尝试，允许去做。现在的社会是一个多么开放包容的社会，我们要多做些尝试，不成功就收手，但也可能抱个"金娃娃"回来呢？

进一步解放思想，更新观念，这里面有几个具体事情。关于成立分社，舒炜说他希望一下子就跳进去，我赞同，因为成立分社已经提上议事日程了，其实中国出版集团里有的单位早就设分社了。分社不是个名的问题，分社的建立是个重大变化，不是换汤不换药，是既换汤又换药，还砸烂你的药罐子。不当家不知柴米贵，我就要让你当家，你舒炜来当家吧，这样机制上就突破了。所以分社必须成立，越快越好，目前可以成立两个分社，即学术分社、文化分社。分社成立以后，下放权力，在用人、财务、选题给予相当大的自由。其他部门条件成熟时也可以成立分社，可以提出要求，给分社的优惠政策会多一些。

要把分社的建立同考核体系的建立衔接起来，要把分社的建立与发行部门的改革衔接起来，要把分社的建立和上海公司、国际文化传播公司的成立相对接，这些问题要通盘考虑。店里在做战略考虑，就是在两三年后成立三联书店出版集团。要在中国出版集团里率先举出这个旗帜，因为三联具备这样的条件。我们有《读书》杂志，有《三联生活周刊》，有国际文化传播公司、上海公司，有内部这么几个分社，楼下有韬奋书店，有谁像我们的资源这么好？我们整体发展就是要走集团化发展的道路。我还要强调抓好重点项目，我简称"两库"，一个是"中学图书馆文库"，一个是"新知文库"，既然有很好的潜力，就要抓好、落实好。以前因为没有引起重视，我们活生生地把"二十讲"这个概念给毁了，毁了也找不出是谁的责任。其他社出这个"二十讲"，出那个"二十讲"，这是沉痛的教训。我们今天不是追究谁的责任，但是这种事情不能再发生。

第二，要勇于创新。只有新的东西才能吸引人，要有创意。上次开中层干部培训会，潘健组织的拓展训练就很有新意。

第三，编辑要深度介入营销发行。编辑出书不是说书出来就万事大吉，要把书当成自己的孩子，要让它健康成长。这里要特别表扬罗少强、徐国强、贾宝兰等几个编辑，对于书的营销和发行很上心。贾宝兰的《万水朝东》，当初谁能想到能发4万多册？现在却成了年度发行最好的书，还不是她找到了适合发行的渠道？

第四，要提高图书生产的工作效率。2012年上半年把图书生产节奏作为重点。我们的一些书非要反季节出，效果可想而知。要提高节奏，需要加点班就要加点班，不能总是朝九晚五。

第五，要重视对图书的评论和宣传。我们很多编辑一年到头一篇书评都不写，客观地讲，有些确实是忙得顾不上，有些恐怕是写不出来。这里明确提出要求，并列入年度考核指标。每个编辑必须在正式报刊上发表一篇书评文章。

第六，对青年编辑特别提出几点要求：一是抓紧给自己定位，根据店里需求，结合自己的学养、特长，做好选题开发定位，不能东一下西一下的；二是要有良好的精神状态和工作状态，要进入状态；三是要有危机意识，三联书店不是保险箱，也是有淘汰机制的；四是组织选题不能仅从个人兴趣出发，要与市场和读者的需要结合起来；五是要虚心向老编辑学习，不要自以为是；六是要严格遵守店里的纪律与有关规章制度。

（2011年11月）

回答编辑在图书出版工作中的五个疑问

三联书店选题创新研讨会开得很好，很充实。刚才，几位同人围绕宁夏之行的收获、在新的体制冲击下如何应对，以及三联书店的发展走向问题，提了很好的意见。大家一致认为，店里此次组织到宁夏回族自治区和宁夏黄河出版集团的同行进行交流收获很大，学习了经验，受到了启迪，开阔了视野。"读万卷书，行万里路"，我们这次组织编辑外出交流培训，不是仅凭读书就能得到的。大漠孤烟那里走一走，黄河边上走一走，那些诗意的熏陶，那些审美观念的接受，都是对我们精神的一种潜移默化的陶冶。"最是欣然驼峰卧，黄沙白云两悠悠"，在那种境界里，果真能很好地开阔视野。

下面就编辑讨论过程中提出的一些问题，一一谈谈我的看法。

一、关于选题创新的问题。关于选题创新研讨有没有必要，上次有同志提出这个问题，说它怪怪的，因为每出一本书都是新的。这话有一定的道理。但是真正的创新不是一种自然状态，而是自为状态，出版行业是一个需要创新的行业，创新就是标志。中国的出版业每年出30万种图书，去掉教材是24万种，我们不能说24万种本本都创新了，创新的是少数。对选题创新进行研讨或是力主开展选题创新应该是肯定的，创新就是与时俱进，就是一种不同，"新锐、一流"从来就是三联的传统，要追求一种新的东西。实际上我感觉目前三联书店比以前提倡的"新锐、一流"有弱化的倾向。过去都是领先半步，或者是我们率先引进一些新的东西，三联出了，别人马上就跟进，这种状况还是比较多的。但是现在我们创新的能力和创新的状况是有所下降、有所弱化的，引领潮流的作用有所降低，这是我的看法。关于创新，主要是哪些方面的内容？第一，选题创新要有新的思路，你在处理一件事情上，在选题策划上有没有新的思路？第二，一本书有没有新的内容？就是说一本书有没有新的思想，这是最为重要的。在书稿中表现出的这种思想不是通行的概念，不是既定的方针政策，不是一般的正确道理，而是新鲜的、具体的，第一次被说出、第一次被准确命名的个人见解，它既是个人独见，又是对某种现象与社会心理、对生活本质的有力揭示与高度概括。就是不随波逐流，不人云亦云。第三，有新的面貌。上次说到《红楼诗梦》这本书。这本书是由1987年版电视剧《红楼梦》编剧出的老书，现在拿到咱们这来之后可以说是经过全新的改造，完全成了一本新书了，有新的附加值。这本书是不是一种新书，是不是一种创新？我觉得是有这种元素的。我们三联的编辑都是一流的，也应当有这种新锐的思想，应当围绕这几个方面，有新的思路，有新的思想内容，有新的见解，有新的面貌。

　　二、关于编辑队伍重要性的认识。上次开会有人提问，说编辑到底重要不重要，编辑工作到底重不重要，编辑在领导的心目中到底处于什么样的地位，当时说希望领导能回答一下，潘总简单说了几句。但是我觉得这确实是一个问题，需要在这里谈谈我的看法。关于编辑地位重要性的认识，这里谈三点。第一到底重不重视，我个人的看法是，现在领导班子是重视的。对编辑工作，对选题工作，特别是对我们的编辑是重视的。这有几点理由或是说法。一是我们领导班子成员都是编辑出身，都是做了长期的编辑室主任后才做了店领导。潘总是上大学之前就做编辑，大学毕业后又做编辑。翟总是大学毕业后就做了编辑。李总是在大学毕业后到人民文学出版社做了编辑。我和汪家明稍晚一些。我们都是编辑出身，我们知道出版社是干什么的，编辑的地位是多么重要。你是做出版的，如果说编辑工作不重要，这是不可能的事。二是新班子去年1月组建以后，开始对选题工作进行讨论，4月召开编辑工作会议，7月进行选题研讨，9月进行组织结构调整，还是做了大量的工作，是把编辑工作放在重要的位置来考量。三是我们尽其所能地在提高编辑的待遇和改善编辑的办公条件上做了一些工作。适时提高编辑工资的级别，及时把编辑放到相应的工资档次上去，进行每个档次的调整。四是围绕编辑工作情况的一些变化，做了组织机构的调整，把一些编辑当中重要的人才放在重要的岗位上。另外我们班子向集团提出三联书店要设总编辑。因为三联书店自从独立建制以来，就没有真正设立总编辑，最后一个总编辑是倪子明，后来都是设立的总经理。我们考虑到现在担子加重，应该设立一个总编辑，集团也在考虑。总编辑设立之后，还会设总编辑助理，协助抓全店的选题工作。我说这些是想说明，店里对编辑工作是重视的。我们现在正考虑提高编辑的待遇，这里有个过程，需要我们有时间来做这件事情。编辑同志有些诉求，有些愿望，我们也都知道，包括有些想法，有些考虑，领导并不是不知道，但解决起来会有个过程。包括今年组织编辑去宁夏学习交流，也是提高编辑待遇的一个举措。有时大家可能还会有些误解。对于我们编辑的诉求，领导班子的决策需要平衡各方面的意见，照顾各方面的利益，听取各方面的诉求来做出决策。有的编辑的好意见我们会吸纳，有的虽然很好，但是暂时实行不了的，我们可能不会吸纳。领导班子会有个取舍，但大家提出的意见我们都会认真听取，认真地做记录，供领导班子参阅。

三、关于对我们自己成绩的考量。我有这么几点认识，第一，我们要提倡充分肯定自己的成绩，反对自我矮化，妄自菲薄，不然我们就不能自信。实际上三联书店目前还是一流的，但我们现在还面临困境，要关注这个问题。第二，我们提倡自尊，但反对自宠。因为只有以自尊作为一个精神支撑，才能谈得上自立自强，所以说我们要自尊。但是我们在自尊的同时，要特别警惕自宠。所谓自宠，就是盲目地自我感觉良好，或者把自己看得很金贵，失去了自知之明，也软化了自强之志，这我们也是反对的。第三，我们提倡关起门来找问题，走出门去讲成绩。凡是在我们内部开会讨论，都应该重点找出自己的问题，而不是肯定自己的成绩。年终总结时要讲成绩。但是在平时，我们应该关起门来多找问题。这不仅在编辑部，对发行部，对印制，我们是到了近乎严厉和苛刻的地步。我们在内部一定要找问题，多看问题，多找缺点，反对盲目乐观，这是因为我们本身就有不适应的问题，而且现在竞争太激烈了。我们后面是有"追兵"的，很多都有一些咄咄逼人之势，对于这些我们一定要特别清醒，决不可掉以轻心。

四、关于个人情趣、个人意志和个人作用问题。第一，关于个人情趣问题。个人情趣是有的，不能否定，但个人情趣要和店里的发展，和市场的需求、读者的需求充分结合起来。我上次在会上说"在市场面前个人情趣是微不足道的"，可能有点过分，但也有片面的深刻。我们充分尊重编辑的情趣，不应该武断地去否定。但我也希望我们的编辑不能仅仅从自己的情趣出发。要从店里的发展方向和大局以及读者的需求出发，真正把自己的情趣和大众的情趣、读者的情趣结合起来，这才是我们提倡的。第二，关于个人意志问题。个人意志在编辑出版当中，用好了是很好的。但是如果过分强调个人意志，局限于个人意志，这样永远不能拿来好的稿子，永远不能成为大家。富于包容，海纳百川，才是真正成为出版工作者的一个前提。第三，关于个人作用问题。有的同志说现在个人作用不好发挥，体制不行。有的同志说既要叫我们完成任务，又不能让我们选题自己说了算，完全是在不自由的情况下，个人作用是难以发挥的。这个问题应该怎么看，任何的自由和选择都有它的前提存在。编辑的个人积极性是不是在现行体制下就一定不能发挥，不是这样的。这在很大程度上是编辑积极性的问题。作为领导来说，一定会在有限的范围之内尽量创造条件，大家也应尽可能地发挥个人的主观能动性。

五、关于传统出版的命运。这关系到我们今后的出路。第一，传统出版业的命运问题。我个人的看法是，传统出版业不会消亡。有人说图书只有几年就完蛋了，我不这么看。也可能我守旧，但我今天把这话说到这儿，我们用实践来证明。图书出版是有历史的，在中国有千百年的历史。我们有几千年的纸质书阅读的历史和习惯。有不同层次的人的不同需求，说它完就完了？虽然我也感觉到危机，但我还是对传统的图书出版充满信心，因为总有人有需求。这是我的一个看法。第二，我有信心，就因为我们是三联书店，我们是三联人。坚持到最后的也会是三联书店，哪怕是收藏，也得收藏三联的书。我们不要妄自菲薄。三联书店有做传统出版的优势，现在我们还没法完全介入到数字出版里来。关于传统出版业的命运问题，我有一点体会：当电视普及的时候，大家都说广播完蛋了。结果广播电台经过自己改革，死而复生。不要那么悲观，关键是看你怎么做，怎么应对，要有定力。我们的应对之策就是要做精品，真正的思想是新颖的东西，是经自己思考、有自己独到见解的，是种精品的东西。我们要做精品，做一流。只要三联书店坚持自己的品牌，坚持自己的文化品位，就一定是有前途的。我们也会介入到新媒体来，现在

《生活周刊》已经进了十多个人,投资数百万元,即使可能会失败,我们也要做这种尝试。目前还是应该踏踏实实地做好三联的书,这就是我们的应对之策。

(2011年9月9日)

努力开创三联选题新境界

我们在景明园召开了三联书店 2014 年度选题研讨会，契合了我们三联光明的愿景。刚才大家都谈了自己的看法，对选题进行了梳理，效果很好。按照会议安排，让我做一个会议总结。说总结太严肃，就算做一个发言，和大家互动交流。

首先，这次选题研讨会开得很好，很成功，要充分利用这次选题会的成果，把选题工作落实好。

参加这个会我很高兴，我这个人不会隐藏自己，高兴就表现在脸上，"喜形于色"，让我高兴的有以下三点：

第一点，我们的选题非常丰富，可以说是万紫千红，繁花似锦。我有一个对比，我第一次参加三联的选题会，是 2005 年 11 月 24 日在门头沟的龙泉宾馆，会上讨论的不是选题，而是讨论三联做什么不做什么，比如，大众类的书出不出？电影的书出不出？建筑的书出不出？当时我还不习惯，我在会上提出了一个建议，根据我的理解，选题会不应该这么开，而应该研究选题，起码做到虚实结合。当时有的人还不理解，说我们三联就是这样。8 年过去了，我们的选题会确实回归到了选题的本位上。各个部门汇报了自己的选题，一共 11 个人发言，我很高兴地看到，我们的选题确实比较多，琳琅满目，这就给我们提供了可选择的余地，如果选题本身就很少，就不好办了。

选题的深度开发和广度开发也开始延展开来，从广度来说，三联书店的题材和涉及范围越来越宽了，比如香港李安的"微微南来风"；还有关于东南亚的、关于日本的选题，三联具有了国际化的视野，板块的形成、整合的力度开始加大。潘总说选题比较多，也比较乱，我是同意这个看法的，这里存在一个辩证的关系，繁花渐欲迷人眼，花多了，难免不太整齐，下一步我们就要把选题规划好、落实好。各个分社、各个出版单位都显示了自己的特色，套用几句古诗来形容，有的是"庾信文章老更成"，有的是"霜叶红于二月花"，有的是"小荷才露尖尖角"，总的来看，是"红了樱桃，绿了芭蕉"，选题非常丰富。我改了一句古诗来形容："无边祥云悄悄下，不尽选题滚滚来。"就像李昕总编辑说的，明年我们就有指望了，店领导班子也很满意。

第二点，就是三联书店人才济济。看到我们屋里坐了这么多人，可以说是人才济济。做事情，没有人才是不行的。我刚到三联的时候，我们编辑部门只有"十几个人来七八条枪"，人很少，我们的编辑也不是千手观音，做书就出现困难。因此我们得增加人手、增加编辑、增加部门，扩大生产力。我们前年成立了上海公司，去年成立了三联国际公司，今年又恢复设立了生活书店。用李总的话来讲，就是生活书店"闪亮登场"。我们的队伍进一步壮大，部门进一步增多，这才是我们三联书店最可贵的财富。有了人，有了人才，就不愁事业不兴旺发达。我们的人才众多，各种各样的人才，聚合到三联来，有我们自己培养的骨干，也有引进的，可以说这是三联书店事业兴盛的一个最重要的标志，这点令人欢欣鼓舞。三联的企业文化，允许有不同个性的人才存在，允许每个人有不同的表述方式，这是三联的宽容，也是人才的幸运，三联就有这么一批有个性的人才。我认为，这些年三联书店营造了一种氛围，这样的宽松环境和文化氛围，一定要保持下去，让人才的个性得到充分的展示。当然，也不能因为你是人才，你就放荡不羁。我们大胆引进人才，来自四面八方、五湖四海的人才相互激荡，相互砥砺，甚至相互竞争，开拓了新的局面。上海公司完全引进当地人才；国际公司引进了来自我国香港地区的大牌编辑李安。我们大胆使用人才，把人才放到各种重要岗位上去，使其成长进步。比如冯金红，本身是很好的编辑，把她放到管理岗位上，她也真正负起了责任。再比如我们的年轻编辑王竞、徐国强，都是我们自己培养出的人才。对人才最好的办法是使用，同时要培养。去年以来对上学深造的同事，我们大力支持，比如舒炜、徐国强，我们都给予了支持。我们还把中层干部轮流派到国外去，李学军、叶彤参加法兰克福书展，带回来一些选题，都有收获。张荷正在美国培训。我们明年还要加大骨干人员的培训力度，让他们接受各种有益的熏陶。

第三点，我们三联书店生机勃勃。虽然我们也有去年的"生死疲劳"，也有像杨乐所说的"生存和事业的疲惫"，但我们仍然呈现了勃勃生机，我们看到了我们的光明，看到了我们的前途，累并快乐着，这就是我们的现状和追求。现在我们的阵容很强大，有四个分社，再加上《读书》编辑部、专题项目部、对外合作部、数字出版部；上海公司、三联国际、生活书店、周刊新媒体，都是新成立的；我们还有13个后勤保障和管理部门；我们阵容这么强大，想不发展都不行啊。此外，我们还有四种刊物，有广阔的发展平台。人才济济，我们有的是干部资源、人才资源。这是通过选题会看到的令人高兴的几个方面。

关于存在的问题，刚才李总、潘总都讲了，我们也要着手解决。一是关于狠抓畅销书的问题。我们选题不少，亮点也不少，但是还要下力气抓畅销书，河面上活蹦乱跳的鱼、会跳舞的鱼在哪里？一定要有，这是彰显三联生命力很重要的一点。无论你河流下面有多少条大鱼，总要有些鱼在河面上，让人能看得见。二是产品线的规划。确实店里应该加强这方面工作。建议舒炜、郑勇、曹永平协助李总把这项工作做好，把选题工作落实好。

其次，要充分认识和十分珍惜我店目前的大好形势，提升信心，提振士气，再创辉煌。

昨天郝大超在发言中把财务数据披露给了大家，集团李岩老总对我们的工作也给予了充分肯定。我们目前的形势是非常好的，无论是社会效益，还是经济效益，都是三联书店独立建制以来的最好时期。从社会效益来说，今年有一系列的书推出，这是我们历年来推出好书最多的一个年份，《邓小平时代》《中国经济改革二十讲》《陈寅恪的最后二十年》、王鼎钧作品系列，等等。《王世襄集》由江苏凤凰包销精装两千套，已经销售一空，还推出了精装、平装两种版本。《百年佛缘》，有那么多出版社竞争，我们4月把版权拿到手，10月就出书，还包括中间审批过程；我们现在正在做的还有很多好书，都在产品线上。而且今年营销工作总体上做得非常到位，我们把今年作为"产品营销年"，可以说达到预期目的了。谭跃总裁批示，《邓小平时代》是今年中国出版集团公司一个营销成功的典型案例。我们这本书三地首发，全员销售，全店员工倾入了极大气力。我上半年跑了11个省，为了拿到订单，当面和人家谈，一单一单地谈。上半年那段时间，《邓小平时代》在基本上所有地方的销售排行榜上都排在第一。我们使用了最强势的宣传攻势，这是三联书店历史上从来没有过的：中央电视台两次专访，新华社发了11篇通稿，除了在《人民日报》《光明日报》上刊登消息以外，我们还登了两版广告。在全国来说，《邓小平时代》的营销可以说做到极致了，极其成功，是全国出版界的一个成功案例。这几年我们的品牌影响力得到极大提升，加上生活书店恢复和品牌战略的实施，进一步扩大了影响力。图书出版方面，我们今年发行突破3个亿，造货也突破3个亿。2009年年初，我们这届领导班子接手的时候，发货1个亿，造货1个亿。五年的时间过去了，在图书出版上，我们把一个三联发展成三个三联的规模。我们的利润，从879万元到去年年底实际上已经到5000万元了。营业收入从1个亿到去年的2.5亿元，翻了一番，取得了非常好的成绩。当然，我们还有刊物，加上我们的《生活周刊》造货1.5个亿，《读书》造货600万元，我们的造货整体规模达到了4.6个亿，在中国出版集团的出版单位里，无论是经济实力还是整体排名，无论是出版质量还是出版规模，三联书店都居于前列了。现在这些大好形势，我们要珍惜，要提振士气，要提升信心。张作珍给我们带来了好消息，在整个行业不景气的情况下，我们实现了逆势上涨，不是一个地方上涨，而是多地都在上涨。我们用实实在在的数据说话。为什么？就是因为品牌的力量！市场越是萎缩的时候，好书越能凸显出来。前几年一说市场不好的时候，我就睡不着觉，到现在，我已习惯了，这五六年了，形势啥时候好过？市场虽然不好，我们的业绩却一直在增长。

取得成绩的原因，我总结有这么几条：一是领导班子团结坚强，二是发展思路正确，三是勇于改革创新，四是全店同人拼搏奋斗。四个因素都极其重要，领导班子如果不团结不坚强，就什么事都干不成；即使领导班子团结坚强，思路不对，那么越团结坚强越坏事；另外领导班子团结坚强，思路也对，但是不敢改革创新，不敢大胆推进，也取不到好的成果；取得成果靠谁来奋斗？靠大家！特别要对在座的各位同人各位骨干的努力表示感谢。

我还想特别谈到一个思路的问题，对于我们非常重要。2009年年初我接手时，定的思路是以改革发展统领全局，一心一意求发展。这是有针对性的,当时大家意见有分歧,认识不一致,怎么办?我们不争论,一心一意求发展。这是总纲。具体来说,做强做开,不提做大,今后也不提倡做大。我们做强做开,三联书店要做品牌影响力,抓住去年店庆的机会,创办韬奋图书馆,打造三联国际公司,举办社店战略合作联席会,可能有些同志不理解,背后有意见,认为搞这些活动有什么用啊。实践证明,我们是把品牌影响力做开了。我们找到了三联书店正确的发展思路,做强做开,不盲目地追求数量,而是适度追求规模。下一步,到一定数量之后,不再盲目地追求数量,而是要追求内涵式发展,而不是外延式扩张。现在的人手已经够了,再进人,就要进个别的精兵强将。不要盲目扩张,不要盲目增加书的品种,要挖掘我们的内在生产力。一个编辑不要做太多的书,要提高单本书的效益。三联今年重印书和新书的品种会达到七八百种。如果能达到一千种,也就可以了,没有一千种也是不行的,我们的动销品种就上不去。我 2009 年年初接手时,三联的动销品种是 800 种,我们现在的动销品种是 1800 种,还不够,还要适度增加。今后我们不能再搞那些大活动了,要实实在在做些好书。今年我们抓住了《邓小平时代》这个机会,这本书的成功,使大家看到,三联书店不仅能搞活动,更能出好书。一连串活蹦乱跳的"鱼"都出现了。要沿着这个思路做强做开,如果有一天我们盲目追求规模了,萝卜快了不洗泥,把品牌砸了,那就完了。如果我们的规模萎缩,每年只有 100 种书,那也完了。刚才潘总讲了,不是你喜不喜欢,而是市场喜不喜欢。读者每年追求一些新书,新面孔,没有新书,就不能发展。这些成果和基本经验,我们要格外珍惜,因为这些经验丰富和发展了三联的传统,我们要延续下去。

再次,深刻认识我们的问题和不足,牢固树立五种意识,提升

我们的编辑水平和选题水平。

一是政治意识。要确立政治导向，这是首要问题。鲁迅说得好，谁也不能提着自己的头发离开地球，在一个环境中生存，就必须从整体上考虑这个环境。政治导向正确是做好选题工作的前提。

二是创新意识。创新意识特别表现在原创选题上。最近我到厦门开会有个发言，我请刘靖统计了一下，2009年以来，我们从我国台湾地区引进了多少种？卖出去多少种？统计完一看，买了159种，卖出去29种，很不成比例。创新还要创新管理，今年我们调整了生产流程，我们有些部门还要加强，部门怎么管理？有没有基本的思路？现在数字出版大有可为。三联书店早晚是要转型的，店领导班子已经决定加强数字出版部的力量，希望各个部门和他们配合好。

三是市场意识。三联书店编辑的市场意识有待强化。李岩老总也讲到市场营销需要加强，张贤明主任也指出，在别的社听选题会，图书选题都要经过营销部门、发行部门的论证。我们呢？需要建立相关制度。我们选题单子上有销量预测这一项，有的填八千册、一万册，实际上印的时候，就印三五千册，大大缩水了。缺乏市场的意识，没有营销的意识。我过去说过，现在还要重复讲，一个选题的好坏，不能靠自己的感觉。我们有个编辑报一个选题，从韩国引进的，"如何在木头箱子生豆芽"，他就来找我，我说你这个书没有市场，他说他认为有市场。我跟他讲，有没有市场，你说了不算，我说了也不算，最后要靠市场说了算。就像张志军说的，过去总以为编辑自己喜欢的，读者也就喜欢，现在她成熟了，不这么看了。真正好的编辑，是对市场有感觉的。出版一本书，是为了什么？你不能两头不沾，要么有好的市场效益，要么有重要的学术价值，像舒炜、冯金红、曾诚，他们的选题我放得比较宽，像哈佛燕京丛书这些，有学术价值；有的有畅销价值，卖得好；还有的有一定出版价值，还有出版补贴，我们也同意。有些选题，既没有好的经济效益，又没有重要的学术价值，又没有出版补贴，出这种书干什么？或许是你的编辑水准不够，眼界过于狭窄。我过去讲过，个人的兴趣只有和读者兴趣结合起来，否则是没有价值的。我们每人都有自己的兴趣，你喜欢日本，他喜欢东南亚，我喜欢喝茶，还有人喜欢种豆芽，但是我们要考虑，这些书都有市场吗？我们做没有市场的书干什么？

四是质量意识。认真再认真。三联书店的书，就是对质量要求高。我现在脾气好了，一般不发火。那天生活书店的第一本书《舌尖上的台湾小吃》拿给我看，封面上下少了一毫米，我问是谁的责任，说是印厂给印错了，我说，拿回去返工，少一毫米都不行。这是一个做事的态度问题，做人做事就得这么来，最后这本书全部返工。近几年我们出了很多差错，小毛病不断，今后我们要更加认真，避免差错。

五是团队意识。合作才能共事，合作才能成事，我们有经验，也有教训，这里面固然有机制的问题，但是如果我们没有心胸，不能去合作，没有团队精神，就什么事都干不成。要牢记，我们是一个团队，是一个单位，你是为同事好，同时也是为自己好，是为了三联好。不要局限于小我，特别是在座的骨干。要牢记合作才能成功，有多大心胸才能做多大事业。

我来店里工作8年多了，做总经理也5年了，能够取得一点成绩，是店领导班子和在座的同志们支持的结果，我要特别感谢大家。李总和潘总都到了退休年纪，仍然兢兢业业地站好最后一班岗，我代表全店员工向他们致敬！虽然市场也会有所变化，但我们的决心是不变的，我们的奋斗精神是不变的。套用两句歌词来说，就是：

从今以后更艰难，努力从头再试。我们要有信心。我们三联书店的前途是光明的，我们每个人的前途是光明的！我代表店领导班子在感谢大家的同时，也真诚祝福大家！

（2013年10月31日）

经营营销篇

关于实施"中版好书百店千柜工程"的几点思考

实施"中版好书百店千柜工程",是我到集团抓营销工作以后开创的具有意义的一件事情,一个系统工程。为什么要搞这个工程?它的由来是什么?我在三联书店的时候,一些大型书城就设有我们的专柜,销售情况比较好,因为分散的销售和集中的销售情况是不一样的。中华书局也做过,商务印书馆也做过一些,但都是零零星星的。

我到集团工作以后,认为中国出版集团要扩大自己的影响力,就要有自己独到的发行渠道,但是我们没有。新华书店总店已经淡出了发行界,只见龙首,不见其身。都是各社在自办发行,没有统一的工程能把大家集中起来。为了提高我们的品牌影响力,特别是应各非品牌出版社的要求,同时也为提高中国出版集团对外的整体效应,我们经过反复的斟酌,实施了百店千柜工程。这是我到了中国出版集团工作以后想开始做的事情。第一个考察的是深圳书城,大家都表示支持。2014年11月份已经考察完,跟总经理尹昌龙定好,第一家就在他那开。2015年4月23日,我们在深圳书城举行了"中版好书百店千柜工程"启动仪式,央视《新闻联播》当天就播出了,当时我们提出的口号是"从深圳走向全国"。我们的志向是在全国一百家重点书城开设中版精品图书的专区、专柜、店中店。2015年4月23日以后在全国铺开，2016年10月在哈密书城落地，百店千柜工程完成了落地20家的任务。我们的计划是100家，2016年开始，每年20家。现在这20家中属于店中店形式的有两家，一家是海口解放路书店，中版精品书店在那里有300多平方米的独门独户，上到二楼迎面就是；还有一个店中店在新疆阿克苏，阿克苏书城面积有1万平方米，书城经理拿出400平方米设立中版图书店中店。还有两个是专柜的形式，没有专区。除了这4家以外，其余16家都有相当面积的专区，里面经销的全都是中版图书。那么，经济效益如何呢？据书城统计，设立中版图书销售专区后，中版图书销售同比增长11.24%。人民文学出版社增长34.3%，中华书局增长43.2%，中国民主法制出版社增长21.6%。其他书城设立中版图书销售专区后，销售业绩也有不同程度的增长。"中版好书百店千柜工程"初见成效给我们很大鼓舞。2016年该工程还将在南京、石家庄等地书城落地，在更大范围推开，逐渐形成规模效益，成为中国出版集团著名品牌。

关于实施"中版好书百店千柜工程"，我们有这样几点思考：

一是用优势。品牌出版社多、品牌产品多，是中国出版集团的最大优势。集团成立于2002年，旗下共有19家出版社，每年出版图书1.5万种，品种众多，品质优良。其中新书、重印书各占50%。中版图书在零售市场占有率保持在7%左右，持续稳居全国第一。好书多，有品牌效应，能给书店带来效益，书城"认我们"，愿意同我们合作。我们凭借这一优势和各书城顺利地形成战略合作关系，很快推进了工程实施。

二是补短板。木桶效应理论说，木桶的容量取决于短板的高度，解决短板问题就能提升木桶的容量，因此，"补短板"上升到战略思维的高度，受到企业家的普遍关注。中国出版集团和地方出版集团相比，最大的短板就是缺乏自有发行渠道，"高位截瘫"，图书销售集中在各大省会城市书店，向下延伸不畅。实施"百店千柜工程"的目的，在很大程度上是解决我们营销渠道短板的问题，为自己打造一个销售中版图书的平台和渠道。

三是换思维。过去我们集中抓选题，抓精品生产，抓优质图书，这个思路完全正确，必须长期坚持。但我们重视营销不够，投入的力量不多，出版发行上下游出现"拥堵"；一些好书发行数量少，没有送达广大读者手中，产生应有的价值和社会作用，甚至影响到上游图书生产的积极性。开卷图书公司也认为中国出版集团投入营销力量不够，中版图书还有很大的营销空间。我们认识到这一点后，在坚持精品生产的同时，投入更多的精力抓营销，做到生产营销并举，开始出现预期效果。最近中央经济工作会议提出，稳定经济增长，要更加注重供给侧结构性改革。我认为，抓图书生产结构调整和营销渠道的创新，就是抓出版业的供给侧改革，减少重复品种，增加有效供给，打造图书送到读者手中的渠道，都是供给侧改革的应有之义。过去讲"发展经济，保障供给"，现在是讲"发展生产，优化供给"的时候了。

四是增效益。增加效益是企业发展的目标，也是我们的追求。但对文化企业来说，有一个增加什么效益和两个效益孰前孰后的问题。实施"中版好书百店千柜工程"，我们着眼的是在销售环节实现两个效益相统一。着眼点、抓手都是用好书引领阅读。我们将它定位为"导向工程"，旨在用好书宣传社会主义核心价值观，为读者向善向上提供正能量。我们努力搭建一个社会公共服务平台，用中版好书做引领，倡导多读书、读好书，帮助读者解决选书购书难的问题。现在读者走进书店，五光十色的图书让人目不暇接，但良莠不齐，优劣难辨。设中版图书销售专区专柜能突出我们的高品位图书，吸引读者注意力。购买的人多了，经济效益自然就好，这是不言而喻的。从抓社会效益入手实现经济效益，从而达到两个效益相统一，这是"百店千柜工程"的一个主要特点。

五是谋双赢。"中版好书百店千柜工程"在全国各大重点书城落地，离不开合作方的支持。人家欢迎我们去，接纳我们，是给中国出版集团"面子"；但"中版好书百店千柜工程"不是"面子工程"，谋求的是长期存在，因此必须考虑合作方利益，把立足点放在谋双赢上。一是建立长期战略合作关系，明确双方的权利和义务，固化各方利益，建立长效机制；二是提供各种便利条件，使合作书店在专区专柜的经营上提升效益；三是通过销售图书折扣增减等办法，给书店让利；四是通过对营销成果予以奖励等经济手段，对书店给以支持。对合作双方来说，这也是一项互惠互利工程。现在中宣部、广电总局都是大力支持这件事情的。我们设立百店千柜也得到了当地新闻出版广电局，甚至当地政府的支持；得到了各省发行集团老总、实体书店老板的支持，他们非常愿意予以积极配合以实现双赢。

现在存在的主要问题是尚未建立统一的运转调控模式。目前总的来说可以做到统一模式、统一品牌，但是还有很多东西没有统一，经营没有达到效益最大化。这本身是一个系统工程，但是管理方式不是用系统管理的，是单个来管理的。现在还存在发展不平衡的问题。个别的店经营不好，甚至是业绩下降的问题，这也可能会有，但是这里面会有特殊的原因，比如说总体销售都下降了，那咱们也会相应下降。对不同的情况，我们要做具体分析。再比如我们对这些书店回访不够，等等，重要原因在于我们尚未建立起运营机制，当然这都是发展中的问题。

关于下一步的构想：

第一，在数量方面，我们争取到 2020 年达到 100 家。这个是必须达到的目标，这是我们中国出版集团确定的"十三五"重点项目，不能有丝毫含糊。别的举措如参加上海书展等；抓媒体融合，开现场会；抓新媒体营销；还抓和基层书店对接，尽量把中版图书推进至地级城市，促使营销延伸等。而实施中版好书百店千柜工程则是一项硬任务。这件事得到了中宣部出版局郭义强局长的充分肯定，他到上海考察设于钟书阁的"中版好书百店千柜工程"，这是我们第一次将该工程开进民营书店。郭义强局长肯定我们这个做得好，说特意来看一看，也提了几点希望：第一，不一定完全按前后顺序摆；第二，要允许书店对品种进行调整，进什么不进什么，由店里定；第三，快速供货，好书及时摆到柜台上去。这样一件受上级肯定、受出版社支持、受老百姓欢迎的好事，一个创举，要坚持不懈推进下去，努力实现我们的目标，决不可半途而废。

第二，要建立调控机制、激励机制、退出机制。整个的调控和协调运行管理办法现在还没有找到，重建设轻管理的问题明显存在。怎么解决？怎么借助现代化的网络管理思维通盘考虑，这是一个需要深入思考的问题。有的同志提出"领养"，说每个社"领养"几个。总而言之，还没有找到好的办法。我这里只是提出问题，请各社同志考虑后给出建议。

第三，要尽快建立统一发货、统一折扣的直供模式。这都是需要研究的课题。如果"百店千柜"真正发挥重要作用，就能促进各社的图书销售。大家可以设想，如果我们把这一百家店建立起来，如果每一本书一家店里销售 500 册，那就是 5 万册，而一本书发到 5 万册，效益就很可观了。而"中版好书百店千柜工程"的健康运营，能够推进中国出版集团集团化、整体化发展,能够把我们的品牌擦得更亮。集团就像一棵大树,我们就像树上的小鸟,这棵树越是枝叶繁茂,我们越是充满生机活力。

(刊载于《中国出版传媒商报》2017年1月24日)

切实加强中版出版物市场营销工作

一、为什么要高度重视市场营销工作？

中国出版集团成立以来，一直重视市场营销工作，今天对其更加重视、更加强调、更加摆在突出位置，为什么这样做？《中国出版集团公司关于加强出版物市场营销工作的意见》，讲了六个方面的重要性，我不去重复，按个人理解，仅从五个方面来阐述其重要性：

1. 中国出版集团公司目前的主要市场竞争优势还是在传统出版主业和各单位的品牌资源，依托集团品牌优势、作者资源优势、内容资源优势和人才优势等，抓好中版图书的营销工作，能够极大地扩大集团品牌和各单位品牌的影响力和市场号召力。

2. 抓好中版图书营销工作，对完成年度经济指标将有突出的推动作用，有好的图书选题，还需要有好的营销方式和渠道推广到广大读者终端，才能实现其价值，才能为集团的"双增长"助力。

3. 抓好中版图书营销工作，才能准确地把握国家发展新态势，敏锐地感知市场新潮流并捕捉读者的新需求，才能抓住市场先机，进而策划出版相应的图书选题，提高集团的市场占有率。

4. 抓好中版图书营销工作，才能准确判断市场形势，细分市场需求、优化选题结构、创新营销模式（如微信、微博、微视营销等），实现全媒体营销，策划更多的畅销书，努力提高集团图书的单品种效益。

5. 抓好中版图书营销工作，才能提升中版图书的市场占有率，扩大社会影响力；才能实现集团公司作为出版"国家队"的文化担当和宣传阵地使命；才能获得更大的社会效益，实现"双效合一"的经营成果。

加强市场营销工作，对一个出版集团、一个出版社来说很重要，对中国出版集团公司、中国出版集团公司下属各出版社尤为重要。

一是因为中国出版集团公司不像其他出版集团有属于自己的发行集团、发行渠道以及专有的发行单位进行业务支撑。因为没有自有渠道，就存在营销流通不畅、产品发行"沙滩流水不到头"的问题。

二是中国出版集团下属各出版社进入市场时间晚，在市场内发育不充分，缺少充分的市场营销历练和丰富的市场营销经验，与我们在出版方面的优势不成正比。一些业内人士称中国出版集团一些出版社是"一流出版，三流营销"，这话说得有些偏激，但我们集团出版强、营销弱却是不争的事实。

三是我们出版社有许多同志有文化情怀，这应当充分肯定，但有的人随之而来也有文人的清高，重出版，轻发行。出版是人求我，发行是我求人，拉不下脸，弯不下腰。一些领导不愿管营销，一些人员不愿从事营销工作，一些编辑不愿介入营销活动。

四是就营销说营销，就营销看营销，对营销的重要性的认识摆得不够高。对我们出版企业来说，营销就是文化传播力，强化营销就是强化文化传播力，扩大营销表面看强调的是经济效益，实质上是扩大社会效益。营销和扩大社会效益是同心圆的关系，是正能量叠加的关系。一本好书就像一块石头，丢进湖水中，形成的圆形波纹越大，影响越大，这就需要营销。但我们有的同志对这一点认识不足，有时把它看成"两张皮"的关系，甚至把它看成对立的关系，没有从本质上认识二者的一致性。

五是中国出版集团公司面临新的发展机遇，确定了新的战略目标。每年收入、利润双增8%，三年各增长25%兜底作为经营目标，目标已定，只能前行，没有退路。各单位要实现这一目标必须加强市场营销工作。从2015年第一季度财务数据看，股份公司23家企业中，有10家企业收入较上年同期下降。一些出版企业营业收入、利润均有下降，波动幅度较大。通过对数据进行分析，利润减少主要为经营性利润减少所致。经营利润减少最直接的原因是销售收入减少，营销状况不好，这表明加强营销工作已成为强化经营的当务之急。集团内外各出版社的许多事实已经充分证明，重视营销工作，经营形势就好；忽视营销工作，经营形势就差。市场营销作为加强经营的中心环节，越来越受到各出版集团、各出版社的高度重视。中国出版集团公司加强市场营销工作是应时而举、顺势而为、应需而发。

二、集团加强市场营销工作的具体举措

具体地讲就是抓好"五个一"，即开好一个会议（营销大会），制定一个文件（意见），实施一个"工程"，成立一个部门，形成一个工作机制。为了切实加强营销工作，集团采取以下措施：

（一）组织保障

1. 集团决定设立股份公司市场营销部，成立专门机构，配备专门人员，使强化市场营销工作有相应的组织保障。

2. 各单位要根据工作需要强化营销部门，从机构设置、人员配置等方面落实到位。

3. 为了充分发挥市场营销部的职能作用，集团将成立"中国出版集团公司加强市场营销工作领导小组"，形成实用有效的工作机制。加强市场营销工作领导小组的职责主要有：

一是协调和指导集团内重大营销活动。

二是研究批准集团营销规划和实施方案。

三是决定集团内重要营销工作事项。

四是指导市场营销部在集团范围内开展工作。

（二）制度保障

1. 集团制定并正式印发《中国出版集团公司关于加强出版物市场营销工作的意见》，具体指导各单位做好营销工作。

2. 按照集团《意见》的要求，各单位根据本单位的实际情况，制定本单位营销制度规范，确定具体的营销指标，努力取得营销成果。

（三）机制保障

1. 集团制定统一的营销战略规划，明确方向和目标；各单位根据本单位实际情况，制订本单位的营销计划，明确责任到人。

2. 集团制定统一的考核奖励标准，各单位根据本单位实际情况，制定本单位的考核办法并实施。

3. 集团制定优秀营销人员评选办法，每年度评选一次，并在经销商大会上进行表彰奖励。

4. 集团制定经典营销案例奖励机制，每年底评选年度经典营销案例，并予以表彰奖励。

（四）资金保障

1. 集团每年配套专项资金，用于为集团各单位搭建平台、开创渠道、组织活动及支持各单位开展重大市场营销活动等。

2. 各单位也要配套专门资金，支持策划、营销部门的重要市场营销活动。

三、集团与各出版单位市场营销工作的职责划分

集团强化市场营销工作并不是取代各单位的市场营销工作，而是进行通盘考虑、宏观指导，对各单位加以推动。各出版单位是营销工作的主体，要在集团指导下做得更好、更到位、更扎实、更有成就。集团和各出版单位两个层面同时展开、同时布局、同时进行。通过明晰集团与各单位的工作着力点，发挥两个积极性，实现功能互补，有效整合集团品牌、内容、作者、渠道等优势营销资源，不断扩大集团出版物的市场覆盖率，提高集团出版物的单品种效益和市场占有率，提升社会效益和经济效益。

集团主要职责：

1. 负责股份公司本部的品牌营销、产品营销及相关的营销推广业务，制定公司统一的营销战略规划，明确年度营销工作目标、任务和要求，并组织有计划的实施和任务的落实。

2. 搭建统一的营销平台，负责和各发行集团建立良好战略合作关系，组织开好"经销商大会""战略合作恳谈会"等。

3. 组织开展股份公司重大营销活动，如"中版好书百店千柜工程""中版图书订货会""中版图书馆配会"等。

4. 指导各单位做好营销推广工作，强化对整体营销工作的推进和指导，加大对各单位营销业绩的考核力度，加强对营销发行人员的培训。

5. 组织股份公司各出版单位统一组团参加全国或重点区域举

办的重大营销活动，如北京春季图书订货会、上海书展、南国书香节及全国图书交易博览会等，协调相关业务的开展和参展人员的组织等。

6. 支持各出版单位开展具有重大社会影响力的重点产品营销，打造有示范作用的重点经典营销案例。

7. 指导和协调集团内各单位实体书店建设，制定规划，重点扶持，分类指导，提升集团内实体书店的两个效益，打造集团24小时书店、国学书店等著名实体书店品牌。

8. 加大对品牌单位和品牌产品的营销宣传力度，借助强势媒体和新媒体，从营销宣传的角度介入集团和股份公司的品牌宣传、重点产品宣传，策划年度重大宣传推广活动，扩大品牌的社会知名度和影响力。

各出版单位主要职责：

1. 高度重视营销工作，领导班子内有专人负责，根据本单位的实际情况和出版特色，制定相适应的图书出版营销规划和策略，并把营销理念贯穿于本单位的每一个部门，形成上下一致、协调统一的全员营销思想，确定营销重点，不断强化营销工作。

2. 设立专门部门，遴选专业人才，组成专项团队，安排专项经费，明确目标任务，责任落实到人。

3. 整合营销力量，探索将市场策划部和发行部合并运营，提高营销工作效率，或尝试设立其他新的运营机构。

4. 组建培育高效的营销合作团队，关心营销人员的成长进步，注重培养营销骨干，定期对营销人员进行专业培训，努力将营销人员培养成既具有先进的营销理念，对市场环境及读者有客观准确的理解和把握，又具备出版营销的实际操作能力以及对新技术的应用能力和创新力等的复合型人才，为创造更好的营销业绩提供人才基础。

5. 维护好原有发行渠道，同时探索新的营销方式，注重传统营销方式和新的营销方式的融合，不断适应市场变化的新形势，提升营销业绩，为完成本单位全年任务指标做出贡献。

6. 制定和完善营销业绩考核办法，评选年度优秀营销人员，提高奖励力度，激发一线营销人员的主动性、能动性和积极性。

集团层面的营销工作重点：

1. 开展全媒体立体宣传

（1）通过新浪读书、百道网、大佳网、中版集团官网、各单位网站及微信、微博、豆瓣等媒体渠道对中国出版集团精品出版物进行大力宣传。

（2）积极组织参加上级部门、行业协会、重要媒介等机构组织的各种评奖及推荐活动，努力增多集团出版物的获奖数量和各种榜单的上榜率，抓住时机加大宣传力度。

2. 做实形式多样的营销活动

（1）组织好各种业界展会的参展营销工作和集团主办的各种营销活动（经销商大会、营销恳谈会、社店战略合作会议、读者大会、图书捐赠公益活动等）。

（2）支持一些重大项目、有畅销潜质的出版物的营销工作，每年重点抓若干个经典营销案例进行示范推广。

3. 探索传统营销模式和新型营销模式的融合，拓展营销渠道

（1）整合协调集团现有的各种书店资源，从个性化、多元化、专业化等方面进行定位、包装、转型、升级、换代，使之在谋求自身发展的同时为中版图书营销做出贡献。

（2）适应文化消费新趋势，创新营销模式，将线下销售与线上销售结合起来，在第三方平台开设"中版精品店"或打造"中国好书网"

等新的网络电商平台。

（3）选择合适的时间节点策划相关主题，在天猫旗舰店或与大型书城、三大电商等联合举办"中版品牌出版物展销季（优惠月）"或"主题展销"等活动。

（4）深化与中国移动阅读基地合作，拓展与中国联通、中国电信、歌华有线及其他数字网络运营商的合作，推动中版数字化产品营销。

4. 开办24小时书店中版精品店，设立专区、专柜或专架

（1）通过与集团已建立战略合作伙伴关系的发行渠道商、网络电商及相关行业的领航者（海航、交通银行、中国电信等）通力合作，在100个大型书城或其经营场地中实施"中版好书百店千柜工程"。

（2）在荣宝斋于各地开设的12家分店中设立"中版精品专区"、专柜或专架，打造"中版特色综合体"。

（3）在一些较特殊、有特色的书店或图书馆（如延安新华书店、井冈山干部管理学院图书馆等），设立"中版精品书架"。

（4）在条件成熟、有国家财政资金支持或上市募投资金保障的条件下，独资或合资开办若干家24小时书店和其他类型的书店，打造自有发行渠道。

5. 与业内外大型企业建立战略合作关系

（1）与各省、市新华书店建立战略合作联盟，"借水行船"，利用多种渠道把品牌出版物下沉到市、县级书店。

（2）与海航集团等大型航企，交通银行等金融机构，中国移动等数字网络运营机构建立战略合作伙伴关系，借助其优势渠道资源和客户资源等，大力宣传推广集团品牌和精品出版物。

6. 加快中版品牌及精品出版物"走出去"的步伐

（1）充分利用集团遍及多个国家、地区的海外业务平台和渠道，推进出版物对外销售工作，或在境外设立"中版精品店"（如店中店、

专区和专柜等）。

（2）通过与航海集团等企业建立战略合作伙伴关系，利用其拥有的境外平台，推动中版精品出版物以实物形式或版权形式"走出去"。

（3）借助中图公司在全国设立的各分支机构及书店平台，向在中国境内的各种国际组织、外国使领馆、外资机构、国际公益组织等机构的工作人员进行点对点销售。

7. 加强与上级部门及相关渠道的协调

（1）加强与上级领导部门或相关行业协会的业务沟通和接洽，为集团出版物营销工作争取国家政策倾斜、资金支持和在保护版权、打击盗版等方面的支持。

（2）组织各出版单位统一发声，协调与京东、亚马逊、当当等电商的业务关系，在折扣等方面争取优惠待遇，抵制不合理竞争行为，维护出版单位的利益。

各出版单位层面的营销工作重点：

1. 拓展全媒体营销

（1）广泛利用主流媒体和强势媒体，加强与各种电视媒体、平面媒体、网络媒体等的密切联系，探索合作新形式（如举办汉字、成语、诗词、翻译、演讲比赛等）。

（2）积极做大微博、微信、微视等"三微"营销。

（3）加强本单位网站及各种网络店面等方面建设，突出特色，有针对性地策划实施网络营销推广。

2. 创新营销模式

（1）积极尝试"众筹"等营销新模式。

（2）紧抓市场契机，积极策划举办多种形式的营销推广活动（新书发布、签售、讲座、访谈、演出、体验互动、培训、比赛等），以点带面，取得实效。

（3）围绕内容主题，策划"事件营销"，形成购销热点，并争取上级相关部门的关注和支持。

（4）抓住重要时间节点，通过组织各种丰富多彩的推广活动带动销售。

（5）利用各单位重要庆典的契机，集中宣传本单位的品牌和精品出版物。

（6）积极探索开展国学、音乐、美术等方面的培训，打造配套出版物，增加新的销售亮点。

（7）搭建培训交流平台，有针对性地对基层门店的采购经理、销售业务员就重点产品推广、营销新思维等进行集中培训和业务经验交流，出版发行上下游互通信息，共同促进出版物的营销。

3. 做强自有渠道营销

（1）利用本单位自办书店及批销门店卖场，通过改造升级及举办文化沙龙、名家互动多种形式的活动，凝聚人气，打造品牌，拉动销售。

（2）通过多种形式提升本单位微博、微信、豆瓣的粉丝量，广泛吸纳"读者俱乐部"会员，培育读者忠诚度，扩大营销覆盖面。

（3）利用自有期刊、报纸资源，辟出固定版面有规划地宣传优秀出版物。

4. 开拓新的营销渠道

（1）积极尝试在天猫等第三方平台开设网络旗舰店等，加大线上销售。

（2）充分利用社科联、文艺联、古籍联、音联体、美联体等业界协会、联盟平台，整合集团内外的内容资源和渠道资源，拓宽专业类品牌出版物销售渠道。

（3）通过进校园、进社区、进厂区、进农村、进军营、进机关等活动，有针对性地探索各种店外销售推广模式，拓宽销售渠道，做大店外销售。

（4）通过参加各种政府采购项目（如农家书屋、职工书屋、社区书屋、学校馆配等）的招标，提高市场份额。

（5）通过与学校及培训机构合作，策划定制产品、提供定向服务，扩大影响力和培育潜在读者群。

（6）积极加强与中国邮政等有出版物发行权的渠道商合作，提高出版物的市场覆盖率。

5. 参与优化选题结构

加强营销部门在选题策划、立项、论证中的参与度，第一时间将读者需求、社会关注点等市场反馈信息与本单位的选题策划、出版结构优化、精品打造等紧密结合起来，不断出版符合读者需求和最新文化消费特点的高品质精神文化食粮，以精品或畅销书为龙头，拉动多品种销售，增加市场动销品种，实现营销与编辑两个板块相互促进。

6. 参与培育和打造新的产品线

发挥营销部门的优势，通过市场准确把握国家发展新态势，敏锐感应市场新潮流并捕捉读者的新需求，抓住市场先机，培育打造新的产品线，提高市场占有率。

7. 加强与政府部门的联系

（1）履行出版"国家队"职责，根据中央精神和全局需要，安排好主题出版物出版，并积极搞好营销，在实现社会效益的同时，取得更好的经济效益。

（2）加强与有关政府机构、协会等的联络，积极承担有关出版业务，争取各种国家政策、资金支持。

（3）加强与中宣部、国家新闻出版广电总局等上级管理部门的密切沟通，通过推荐目录、内参等多种渠道，及时反馈新书和重点图书出版信息。

8. 做好日常营销管理工作

（1）在日常市场营销工作中明确重点、合理分工、落实责任，制定并完成年度销售任务指标。

（2）经常清理账期，催收回款，防止死账呆账。

（3）重视库存和储运管理，合理降低库存，节省储运开支，保证库房安全，降低损耗。

四、近年来市场营销工作的成绩与问题

1. 营销工作逐步得到重视，营销成果进一步显现。

集团层面和各单位领导班子更加重视营销工作。营销模式不断创新，取得了较好的营销成果。从集团公司 2013—2014 年全年营销数据可以看出，集团公司市场表现总体较好，出书品种增长，单品种效益提高，市场销售势头呈现上升态势，市场占有率稳居第一，略有提升。2015 年第一季度营销情况也总体良好。具体表现为：

2013—2015 年度集团公司近两年来的出书品种数、新书品种数、重印书品种数、重印率均有一定增长。其中，重印书品种数上升幅度较大，由 2013 年的 6100 种增加至 2014 年的 6616 种，说明我们的单品种效益在增强。另外，2014 年市场占有率为 7.11%，与 2013 年基本持平，在保"7"的基础上，上升了 0.07%；2014 年发行 5 万册以上的图书 208 种，同比上升 13.7%，发行 10 万册以上的图书 106 种，同比上升 5%。2015 年第一季度出书品种、新书品种、重印率稳中有升，动销品种同比上升 5.28%，除回款实洋下降外，发货

码洋同比上升 11.28%，库存率总码洋同比下降 10.86%，退货率呈现下降趋势，为集团 2015 年的营销工作开了个好头。

2. 营销渠道得到拓展，电商渠道销售势头良好。

集团通过举办"经销商大会""营销恳谈会"，与全国各省市新华发行商、三大电商、部分民营发行商签署战略合作协议，建立战略联席会制度。出版社与重点经销商在图书发行、开辟发行渠道等方面深化合作，打破出版发行上下游、不同隶属关系、不同地域的诸多限制，共同整合销售资源，聚合销售能力，实施互动双赢的营销战略取得成效。

2013—2014 年度集团公司电商发货码洋、电商回款实洋、电商回款占比均有不同程度的提升。2014 年电商发货码洋为 8.24 亿元，同比增长 2.9%；2014 年电商回款实洋增幅较大，共 4.18 亿元，同比上升了 8%；电商回款占集团总回款的 21.2%，同比增长 7.2%。从数据分析看，电商渠道的总体发展态势良好。

3. 营销方式多样化，更加丰富多彩。

文学、商务、中华、百科、美术、三联、世图等单位都开设了官微，并由专人管理和更新，及时发布最新的书目信息、活动信息、出版信息及预告等，成为让更多读者及时了解更多有效信息的重要平台，扩大了宣传范围和信息的有效覆盖面。由中华书局发起，联合光明日报、中央电视台、中华诗词学会、中华诗词研究院、中国移动等深度合作，共同举办的首届"诗词中国"大赛及系列活动以传统诗词创作大赛为切入点，以手机短信和邮件为主要参赛平台，运用网站、报纸、期刊、电视、图书、手机、飞信、云端传媒等全媒体传播方式，辅以研讨会、晚会、摄影大赛、吟诵大赛、青少年分赛等，实现了全媒体、多介质传播传统文化，获得了较大成功。商务印书馆与央视强强联合，连续多年共同举办"年度汉语盘点"活动，取得了非常好的效果。

4. 营销平台增加，营销活动数量增多。

集团的营销平台不仅包括各种传统渠道的实体书店卖场（深圳书城、广购等），集团自有书店卖场（三联韬奋24小时书店、涵芬楼、灿然书屋等），各种书展、博览会、订货会，三大电商销售平台，政府采购平台（如农家书屋、东风工程等）等，还包括在第三方网络平台开设的旗舰店、微书店等。2014年，集团各单位共举办各种营销推广活动200余场，按照时间节点、主题选择和出书情况，提前策划举办各种营销活动，形成连锁效应，放大宣传推广效应，促进市场销售，力争获得更好的"双效"。集团每年在上海书展期间都要举办30多场次各种形式的活动，通过活动带动现场销售和线上销售，吸引更多读者关注中版品牌和优秀出版物。

营销中存在的困难和问题：

1."集团化"战略落实不够，营销工作未能形成整体合力。

整个集团的营销工作整合不够，规划不够，各单位单打独斗的市场行为较多，未能进行资源共享和渠道共享；在与电商合作、政府采购项目的参与过程中，没有形成合力，未能统一发声争取更多的权益。

2.全员营销意识和全媒体营销理念未能融入营销工作实际中去。

全员营销意识不强，编辑和营销契合度不够，存在编辑思路和营销需求脱离现象；营销人员在出版社选题策划、立项、论证环节的参与度不够，直接导致符合市场需求的品种不够丰富、畅销潜质图书较少；全媒体营销理念还不到位，存在对新媒体认识和利用不足的问题；集团及各单位与主流媒体合作程度不高，未能充分利用媒体的平台资源放大宣传推广效应。

3.对营销工作的专项投入不够，薪酬考核机制、培训机制还不完善。

　　集团和各单位对营销工作的资金配套不够，营销活动需要资金支持，没有适当的投入，就不会有营销业绩的放大产出；各单位对营销人员的薪酬考核机制还不够灵活，还不能适应市场化的要求，造成营销人员流动性较大；对营销人员的培训不够，营销人员对很多新的营销理念、模式、方式、经典营销案例和市场新的态势了解不全面。

　　4. 营销渠道开拓力度不够，未能真正将渠道下沉到读者终端。

　　新华系统等主渠道的下沉拓展不够，与基层实体书店的紧密度不够；市场细分不到位，宣传推广、营销力度、市场覆盖面不够，很多地区书店、县级书店上架率很低；对基层实体书店终端服务不到位，与基层的读者互动交流不到位，对基层读者的需求信息了解不全面，致使基层读者对品牌的认知度和忠诚度不深。自有书店的升级、改造、转型还不到位，未能达到有效利用和增加覆盖面的目的。

　　5. 营销形式创新力度不够，实效不明显。

　　集团和各单位都还未能更好地将传统营销和新业态营销融合。各单位虽已开设官微、公众微信号、精品旗舰店等，但辐射面还不够宽，需要不断加强平台建设，逐步强化宣传效应，努力加大线上销售业绩，将线上线下宣传销售更好地进行整合，打造一体化平台；策划的营销活动形式还不新颖，主题把握还不精准，内容还不够丰富，后续的跟进未能到位，营销工作还需不断的改进细化。

　　6. 库存总码洋逐步升高，隐患较大。

　　对市场需求的把握度不够，直接导致了实体书店和电商退货率居高不下，各单位的高库存和各种成本的增大影响了出版单位的正常运营。2014年集团各单位的库存总码洋同比2013年上升了5.48%，不仅增加了损耗，还提升了运营成本，降低了有效利润。

从以上分析可以看出，虽然我们的营销工作已有很大进步，但困难和问题仍然不少。虽然做了一些事情，有一定进步，但离集团领导的要求，离各单位的期许，离事业发展的需要，还有很大差距。不过我们有信心，也有能力做得更好，在建设现代化、大型化、国际化著名出版传媒集团中做出更大的贡献。昨晚我修改讲稿，朦胧中忽发诗情，凑成小诗数行，以记上述心情，亦记对营销工作的感受：

营销就像山里行，
也有风雨也有晴。
山山都有好风景，
一山放过一山迎。

营销就像水上行，
一波奔涌一波平。
波波都有鱼虾藏，
撒网就获好收成。

营销就像田里行，
一田黄时一田青。
田田都出丰收果，
辛劳换来好年景。

（2015年5月5日）

图书营销的必要性、创新性与融合发展

借今天举办培训班的机会，我把我从事营销工作的一些体会，结合对中国出版集团营销工作实际做的一些思考，跟大家做一下交流。

第一个问题，图书营销工作的必要性。

这个问题大家其实都能认识到，营销工作是很有必要的。图书营销工作和整个市场发展、商品的营销有其一致性，就我个人的理解，整个营销工作在我们国家有三个阶段：

在早期自给自足的时代，大家你种这个，我种那个，那是不需要营销的，因为拿你的东西换他的东西，不用营销，自己就找到了。另外，那个时候也是小地区、小范围地交流，基本也没有营销活动。但是后来随着商品经济的发展，进入商品时代以后营销工作就开始了，比如说明朝末年以后到现在，营销工作大家都比较重视了。看看近期的电影、电视剧都贴有"人丹"，那不就是广告吗，这个小的细节说明商品需要做营销、做广告。三联书店老前辈范用说，爱看书的广告，所谓这些广告，就是比较简单的营销活动。中国真正的营销工作是在进入改革开放时期以后，前所未有的营销活动纷至沓来，比如电视里播的"多彩贵州""好客山东"，都是各省在为自己做营销。

对出版业来说，营销工作是非常重要的。比如说若干年前帮中华书局走出困境就是于丹的一两本书，其中《论语心得》做了大规模的营销活动，这本书有很大的发行量，同时也产生很大的影响，成就了于丹，也助力了中华书局。商务印书馆的《新华字典》，发行量上了吉尼斯纪录，上吉尼斯纪录的宣传也是非常重要的营销活动。如果说我在三联书店工作时还取得过一点成就的话，很大程度上得益于我们的市场营销工作，我们那时候是高度重视市场营销工作的。我在吉林人民出版社做总编辑的时候，我们有些从事发行工作的女同志，有的都顾不上自己的小孩，拉一个行李箱，里面装着样书去南方出差，一走都是三四个月。我到了三联书店工作以后，看到中国出版集团的一些品牌出版社对营销工作不够重视。有的出版人孤芳自赏，有的放不下架子；有的领导长期没有到第一线去。这是我们的一个弱项，怎么能够把这个弱项变成一个强项？这是我思考比较多的一个问题。我在省里工作的时候和各省新华书店有很好的联系，我要积极利用这些关系，把我们三联的书发行下去。三联书店过去的发行范围主要在省会城市，我就到各个书店去拜访，各省新华书店老总都很欢迎，我一连走了很多省，效果都很好。在此基础上，我们建立了书店出版社战略合作联席会，先有6个省几个市加入，第一次在青岛，一直延续下来，现在很多省份加入了。2016年三联书店社店战略合作联席会是在伊春开的，效果很好。

营销工作非常重要，要高度重视起来，不仅要重视布局，而且要重视抓典型案例。我在三联的时候，要求每个领导抓一本书的营销，每个人担任一个营销领导小组组长，我是《邓小平时代》营销领导小组组长，亲自抓这个团队，定有营销目标、营销手段、营销措施。我们在《人民日报》和《光明日报》各登了一个版的广告，这在三联书店历史上从来没有过，在中国出版集团历史上也从来没有过。

要有点闯劲，有点敢于担当的精神，有人担心花 30 多万广告费没有效果怎么办？最后《邓小平时代》发了 88 万册，这本书 8000 多万码洋，获毛利 1300 万，这个工作是编辑团队、营销团队通力合作的结果。我们还有其他重点图书的营销，像《王世襄集》的营销工作也是做得比较到位的。

一般图书也需要营销，三联书店有一本书叫《万水朝东》，是统战部一个作者写的，写的是中国共产党和民主党派的关系，印了 5000 册。有人说这本书这么专，也就发这么多了吧。责任编辑找到我，在一本有影响力的杂志上登了个广告，又相应做了统战部系统的营销工作，最后这本书发了将近 5 万册。可见做不做营销，效果是不一样的。

第二个问题，图书营销工作的创新性。

任何事情、任何工作都需要创新，这个创新不仅是营销人员的事情，也是编辑们的事情，我认为现在的营销已经打通了编辑和发行两个环节；它不是单一的，不能说编辑把书做出来，发得好不好是发行的事情，应该由编辑和发行人员密切配合。因为发行人员有发行思路、门路，但是他对这本书的了解远远不如编辑，而编辑从开始组稿、编稿到这本书的出版，付出了大量的心血。从事发行的人员能够详尽介绍书的人不多，这是一个问题。所以，编辑和发行人员需要积极配合。

现在有一种状况，就我自身来说也有这样的症状，那就是我们长期做出版、做发行有些职业疲劳了，总是觉得创新很难，都进到一个套路里去了。过去到书店看一本好书，非常激动；现在的样书堆得桌子上也是，凳子上也是，却没有什么新鲜感了。我最近这一两年在观察，为什么我们这行创新不容易。首先想到的就是职业新鲜感没有了，审美疲劳，我们要想办法跳出来，要清醒地走出这种困局，认识到我们确实是在从事着高尚的事业，在做有意义的工作。而且可以说每一本书的出版都是不一样的；太阳每天都是新的，我们每一本书的出版也是新的，每本书的营销方案也不应该是一样的。我们应当保持一种新鲜感。

营销是有多种模式、多种方式的，营销的内容也是不同的，对一个出版单位来说，有品牌营销，有产品营销，也有行为营销。绘画叫行为艺术，我们叫行为营销。我认为中国出版集团就产品抓产品的营销也是可以的，但是我们必须首先想方设法提高中版在全国的知名度，这是我自己的一点认识。从这一点出发，我这几年致力于做的一件事，就是进行中国出版集团的品牌营销工作。中国出版集团要提升自己的声誉，就要在面临重大事件的时候有自己的站位，有自己的影响力。2016年"世界读书日"期间举办什么活动，我们早在前一年的12月就开始考虑。后来我们就想，可以在三沙做一个活动。我没有去过三沙，但是我知道三沙很重要，全国都很瞩目。我想可不可以以中国出版集团的名义在这个祖国最南端的城市捐建一个图书馆，实际上就是利用中国出版集团的优势和三沙市的地理优势，结合创造这么一个品牌。和三沙市接触后，双方都认为这是一件好事，是促进三沙市文化发展的好事。4月我带队去建立图书馆的时候，中央电视台派了两个记者跟着。我们到三沙坐了14个小时的船，第二天做完活动，下午又坐14个小时船返回，次日早到文昌，再坐六七个小时的飞机赶到乌鲁木齐，参加4月23号"中版好书百店千柜"落地活动。这两个项目都得到了中宣部的支持，还专门下了文件，央视两个记者一直跟着我们。三沙确实有它的独到性。《新闻联播》把我们这项重要活动报道了，扩大了中国出版集团的影响。怎么持续扩大中国出版集团在全国的影响力？不久，三沙市提出可不可以组织首批作家到三沙采风，宣传三沙，让中国出版集团帮助组织，由我来协调。实际上我们各个出版社都有自己的作者，我们完全可以组织自己的作者队伍。但是我考虑到，像这么一个重大的文学采风活动，应该把中国作协拉进来一起合作。有中国作协的支持，能做得更好。于是我给铁凝主席打了电话，她很赞成我们这个活动，提出作协无条件参加。最后确定由作协书记处书记李敬泽和我带队前往。到三沙去很不容易，路途遥远，而且全是水域，也没有定期的航班，只有三沙市政府的交通补给船定期拉水、拉人过去，船上可坐四百多人。但是这个船什么时候开，什么时候不开，要看海上风浪情况，所以这个行程很难确定。我们当时定的行程是4号去，突然那边来电话说4号去不成了，4号以后什么时候去也不一定，只有2号能开船。1号那天我在昆明出差，接到电话通知赶快给北京中国作协打电话，几经协调，除了一位作家因临时有事情调整不过来，其他列在名单上的作家都去了。我们在那里一共待了五天，登了六个岛，市里派了专人跟着我们，《新闻联播》也做了重点报道。

所谓创新其实也没有那么难，换个角度、换个思路、换个时间地点、换个方式都可以实现。大家在营销第一线，是生动的实践者，每天都面临着新的机遇，要从一个个经常发生的事情当中找出不同来，找出新的发现，这就是创新。

第三个问题，传统营销方式与新媒体营销的相互融合。

大家都知道，我们完全面临着一个新的时代。互联网改变了我们的人生、社会和身边的一切，给我们带来了前所未有的冲击，也对我们的一些想法产生了颠覆。手机成了我们随时随地浏览互联网信息的必备之物。我们自觉不自觉地在认识这样的变化，不管你年纪多大，你脑子多么顽固，都应当适应这样的变化，这就是我们融合的一个根据，你想不融合都不行。

荣宝斋"荣宝在线"的李春林刚才讲了一课。我在他们那里开现场会的时候讲到融合，说这种融合已经不是皮毛的融合，而是你中有我、我中有你的融合。就像古代爱情诗说的，人都是用泥捏的，打碎一个你，打碎一个我，把咱俩打碎后重新糅合，再弄一个你，再弄一个我，成了两个新人。我们的融合就是这样的融合，而不是说你是你、我是我。所以，我们现在首先要提升融合的自觉性，因为融合是必需的，所以要自觉地融合，更多地去进行实践活动。比如说众筹，生活书店做了几单，做得都不错。这个众筹就是把发行工作做到前面去了，先有订单再生产，众筹就是一种典型的融合。

就目前的营销工作来说，已经没有单纯意义的传统营销，也没有单纯意义的新媒体营销，它最终会连接到一本本书的销售上、一本本书码洋的回款上。比如说人民文学出版社，新媒体营销做得比较好，他们比较主动、自觉地借助新媒体，对其出的文学作品进行各种各样的营销、销售，所采取的方式应该说都是一些新的手段，但是最终还是落到出版物上。现在各单位都在高度重视融合工作，比如说中华书局，做了一个古籍数据库，我现在在手机上一点出来，就会看到中华书局又出了什么好书。所以对营销工作都必须高度重视，主动去融合。要借助互联网用各种方式进行营销，但是无论采取什么方式，都要明确以内容为核心。内容是营销的绝对优势，不管怎么营销，手段再怎么好，最终还是要靠内容。因此要尊重编辑，把他们编的书的效益发挥到最大化；编辑人员也要尊重营销人员的劳动，在两个结合当中共同发挥自己的作用。

重视编辑在营销工作中的重要作用

根据中国出版集团编辑大会的安排,由我讲一讲图书营销工作,因为我在集团分管营销,自然义不容辞,而且相比外面请的专家,我也更加"经济适用",算是个"经济适用男"。这既是大会的安排,我也认为有必要就这一题目和在座各位做个交流。

现在是市场经济时代,营销在产品推广中必不可少。面对的产品不同,营销的意义大小也不同。如果营销的是扣子,其效果是方便群众,当然也有社会意义,但归根结底是实现营销者的经济价值。我们是做图书出版的,我们的产品有文化传播的功能和作用,推广得越多,虽然有经济效益,但更重要的是实现社会效益。一本书卖得越多,就越能实现社会价值。从根本上说,我们营销的是内容,传播的是价值,经济在这里只是一个手段,一个过程。这种行业的特殊性决定我们的营销工作不单是追求经济效益,更是追求社会效益。把一本本书的社会效益放大,传播得更远,这是我们出版的根本目的,因此营销工作就不是可有可无的,就不单是营销人员的事,而是要在出版社领导的高度重视下,各方通力合作,努力做出实效。一些出版社领导存在重出版轻营销的倾向,不大关注营销效果,实际上,一本好书,读的人越多,效果就越好,这才是我们出版人的心愿。营销一本好书,就像把一块石头扔进湖面,产生的涟漪越远扩就越有效果。我们做出版，本质是做文化传播，营销文化产品，营销和我们从业的根本目的相一致，做好营销不仅是题中之义，更有锦上添花的功效。

最近看到一则资料，鲁迅从20世纪20年代中期起，在自己编辑的各类图书中自拟广告。例如《乌合丛书》和《未名丛书》，鲁迅多次反复撰写图书广告，根据各出版社的情况，不断修改、重拟广告词，直到晚年还撰写《海上述林》广告。有专家统计，这类广告、公告，估计有1万字，鲁迅如此重视广告宣传，有谁轻看鲁迅了吗？我们是出版工作者，从事着神圣的知识、文化和真理传播工作，营销自己的产品，扩大其价值和影响，不仅是分内之事，更是我们的职责。一些编辑觉得编辑高尚，搞营销"掉价"，不想介入编辑工作，这也在某种程度上造成出书众多，但单品种销量低，不仅造成了资源浪费，而且工作极其繁忙。"两眼一睁，忙到熄灯"，甚至损害了身体健康。不如削减品种，分一部分精力到营销上，扩大有营销潜质的单本书的效益。况且，如果营销得好，经济收入也好，出版社收入增加，个人腰包也能鼓起来，这两个效益都好的美事，我们何不乐在其中，有所作为呢！

从2014年开始，集团领导更加重视营销工作。集团主要领导认为：在中国出版集团，营销工作还远远没有像产品生产那样受到重视。所谓改革就是通过商业的方式，通过交易的方式把文化做得更好。而加强营销工作，需要包括编辑在内的各方共同努力。

我个人认为营销工作分三方面：一是品牌营销，二是产品营销，三是行为营销。因为有时出版社是为了打品牌做点什么事情；有的时候是为了某本书做点营销；还有的时候既不是为了品牌，也不是为了产品，而是一种行为，做这个事情对品牌、对产品有影响、有作用。比如中国出版集团联手郴州永兴县创建全民阅读示范县活动，三联 24 小时书店开业一周年庆典暨海淀分店开业仪式，这些并不能简单说是营销，其目的是扩大中国出版集团的影响力。这几个活动我们都各有一个主题，"中版好书百店千柜工程"是"用精品图书引领阅读"；创造"全民阅读示范县"是"履行文化央企的社会责任"；三联 24 小时书店是"把方便阅读推广到更多的民众当中"，这都属于行为营销。

我们提倡编辑介入的是具体产品，即某一本书的营销。营销工作需要智慧来运作，需要眼光和聪明才智。比如，有两个推销员去一个岛上推销鞋子，一个人回来说，岛上的人都不穿鞋，没法推销；另一个人回来却说，商机来了，岛上的人都没穿鞋，如果去推销能卖出好多好多。这里就有眼光和态度问题。

首先这是由编辑的地位、作用决定的。根据我自己的经验，顺便说一句，我也是编辑出身，从 1986 年编杂志开始，1991 年任吉林人民出版社编辑，1992 年参加新闻出版署举办的首届编辑室主任培训班，2001 年任吉林人民出版社总编辑，算对编辑行业有一定的实践和了解。营销工作必须从确定选题做起。一个选题好，有营销潜质和前途，那之后的营销就好做。除了定制产品，比如国家出版基金资助的发行不多但又有重大价值的图书，我们的图书都应该是面向市场的，给读者看的，发得越多效益越好，因此，确定选题时就要有市场的眼光，就要有读者需求的衡量。不能闭门造车、关门做鞋，制定选题这一关是由编辑把控的，体现了编辑的眼光和对市场、读者的了解。一本书好不好销从某种程度上说是从确定选题那一刻就确定了的，"鸡蛋能孵出小鸡，石头里孵不出小鸡"，这个道理大家都懂。因此，编辑介入营销，实际上是从确定选题就开始了的。

其次，编辑最先接触作者，对作者的身份、水平、写作风格先于他人了解。编辑是作品的第一读者，对作品内容、价值、卖点比发行人员了解得更为深透。编辑的选题究其源头，还是从市场调研、判断来的，编辑对于市场、读者的了解不会亚于也不应该亚于发行员。而且一般说来，编辑的文字能力、学术水平较高，能撰写更高质量的宣传营销方案，包括书评、书讯、内容介绍，宣传重点等。营销工作应该成为编辑的一项基本功，贯彻编辑工作的全过程，在作者营销、读者营销、选题营销上发挥不可替代的作用，将营销理念渗入选题构想、产品制作，至销售服务的各个环节。

强调编辑介入营销，还因为我们已进入新科技时代，互联网的运用为编辑的营销行为创造了可能。微信、微博等的广泛应用，使人人都变成"自媒体"，人人都有营销手段，借助新媒体营销已被普遍应用。如微信介绍新书、用众筹等方式搞营销，等等。

我们一定要借助新技术、新方法、新传播渠道，适应全媒体营销的新形势，不能按照过去老的思维模式来做。李克强总理的政府工作报告讲到两个亮点，一个是"互联网+"时代，一个是"全民阅读"。"互联网+"是个热门话题，都在研究，特别是互联网+营销。据专家介绍，2013年百度的年广告收入已经远远超过央视，这实质上是一种新媒体超过另一种新媒体，类型不一样。现在技术可以渗透到各个领域、各个环节。今后证实身份用"刷脸"技术，这是一种新的生物特征识别，据说在技术层面已过关，除了光照、表情、姿态问题，以及辨识双胞胎长相等有些难度，其他无问题，有望取代身份证被广泛应用，也能大大提高破案率。我们做营销一定要利用一切新媒体和便捷的自媒体，运用"互联网+"。一定要有新思路，一定要把每本书的营销意义提炼出来，如果只是就产品讲产品，特别是文化产品，这是很难的；但如果做事情提炼出一个意义，营销起来才相对容易。另外还要借助社会的各种力量来做营销，用各种各样的方式，当然也包括传统方式。

综上所述，编辑介入营销有优势、有可能。我认为，一个好的编辑，一定懂营销；一个好的经典营销案例，一定有编辑参与。这方面有数不完、道不尽的例子。在我们中国出版集团各出版社，这样的例子也比比皆是。一般来说，编辑除了有营销能力，还要有参与的积极性、主动性，善于参与，敢于参与。要想方设法、千方百计把自己的产品推销出去，不能让它"养在深闺人未识"，或认为自己只管"生"不管"养"，不去尽营销的责任。我最近看《路遥传》，看到路遥的《人生》出版发行的一些细节很受感动。路遥的《人生》是在中国青年出版社副总编王维玲约稿下完成的，可以说王维玲的约稿，是路遥写作《人生》的直接动因。路遥在创作刚有一定收获时参加北京一个颁奖会，因获奖排名靠后，路遥自然不是大会的主角与记者们追逐的文学明星。他在会上一言不发，只是专注地听每一位获奖者的发言。路遥专注的神情引起了王维玲的注意。王维玲把路遥约到休息厅，进行了长时间推心置腹的谈话。这次谈话中，路遥谈到自己对"城乡交叉地带"的思考，以及准备花大力气创作中篇小说。王维玲这才认识了这位个头不高、敦敦实实的小伙子，凭着职业敏感，觉得其思考很不一般，热情鼓励他排除一切杂念，下功夫来写，以实际行动来证明自己的实力。王维玲代表中国青年出版社向路遥约稿，口气坚决，态度也坚决，而面对名编辑的约稿，路遥很受感动，一口应允。拿到书稿之后，王维玲为了扩大《人生》的影响，提出在出版之前先在一家有影响力的刊物上作为重点稿件发出，结果很快在1982年《收获》杂志第3期头条位置刊发。随着《收获》杂志上《人生》被广泛阅读，中国青年出版社推出《人生》单行本，首印13万册，第二次印12万册，很快就达到25万册，在社会上产生强烈反响。《人生》的出版营销，是编辑参与出版营销的经典案例，我们会从中受到诸多启发。我读《路遥传》读到这一节情不自禁地向有如此责任感的老编辑王维玲致以敬意。我们各位编辑向王维玲学习什么？一是学习善于发现作者，二是精心约稿，三是重视营销和扩大影响。我们要克服"因为清高不愿弯腰"的思想，克服"与己无关"的思想，克服"忙，弄不过来"的思想等，积极介入到营销活动中来。

以上强调编辑人员在营销方面的作用，并非说编辑是营销的第一责任人，营销部门、营销人员是可有可无的。从分工和实际作用说，出版社营销部门的专职营销人员是营销的主体。对营销工作只能加强，不能减弱；只能开创进取，不能停步不前。对中国出版集团来说，加强营销工作更为重要。因为我们中国出版集团缺乏自有发行渠道，从产业链说是"高位截瘫"，因此我们必须用各种方式加强营销，包括和各省新华书店建立战略合作关系，借水行船，解决"沙滩流水不到头"的问题。

最后，我想就怎样做一名好编辑谈一点感想。在7日上午的座谈会上，人民文学出版社编辑孔令燕在发言中说，她的追求是做一个有情怀的编辑，我很赞同。同时也认为，要做一个有情怀的编辑，首先要做一个有情怀的人。而情怀是大家不可缺少的品质。在中华书局出版的《故宫藏美》一书序言中，作者朱传荣这样怀念他的父亲朱家溍先生。他说：父亲留给我们的不是他的天赋，不是他的出身，不是他的学识，而是他的情怀，对自己的爱与尊重，对美和好的欢喜赞叹。在许多好编辑中也不乏有情怀的人。《诗刊》编辑李小雨女士就是有情怀的人，她是一位经常提着一袋沉重的诗稿往返家和单位的诗歌编辑，一位常年肯把个人的时间奉献给工作，把自己的创造性才华交融于刊物和作者的诗人。她去世后有许多人怀念她。因为共同喜欢诗歌的关系，我和她有一些交往，她对工作的热爱与执着给我留下了难忘的印象。善良、真诚、乐于助人、成人之美、是一个好编辑一生的追求和成功之道。

今天是我们中国出版集团成立13周年的正日子，何其有幸，我们能在这个品牌云集的大集体共事，为着同一个目标而奋斗。这次培训选择在宽沟招待所，不经意间也有美好的寓意。祝愿各位在从业的道路上越走越宽，在成才的道路上越走越宽，在出好书的道路上越走越宽；加强沟通交流，增进沟通了解，在总结自身经验和吸收别人长处的基础上酝酿出一坛坛好酒，为读者提供一本本好书。再一次衷心地祝福大家。

（2015年4月9日）

图书营销的三种方式和八个技巧

无论是从事图书出版还是刊物出版，都存在着营销的问题。营销问题关系到企业的生存与发展，所以我们对营销工作必须予以高度重视，对图书营销工作的必要性和创新性也要有足够的认识。图书营销工作的发展和整个市场经济的发展、商品营销的发展有一致性。

重视营销

在我国，营销工作大致有三个阶段：

第一个阶段在早期自给自足时代，那时候大家只是小范围地物物交换，因此没有自觉的营销活动，营销不具有商业意义。

第二个阶段，随着社会的发展，进入商品时代后，营销工作就开始了。按照传统的观点，商品营销产生萌芽是在明朝，但早在宋朝，那时的商人就已经有了营销意识和行动。中国国家博物馆曾展出过北宋时期济南刘家针铺的广告铜板，该铜板在历史学界、经济学界尤其是广告学界赫赫有名。该铜板是用来印刷广告的，上面不仅有店铺的名字"济南刘家功夫针铺"，还有"白兔捣药"的商标图案和几句广告语，其中一句是"认门前白兔儿为记"，整块铜板图文并茂。这就是一种营销，确切地说是一种品牌营销。

第三阶段，民国时期，受西风东渐的影响，各种报刊广告、宣传画、橱窗广告、路牌广告、霓虹灯广告等纷纷出现，广告的数量和影响力都达到了前所未有的程度。一位老前辈曾说，不要小看这些广告，这些比较简单的广告都是所谓营销活动。中国真正的营销工作是在改革开放以后，各种各样的营销活动在全国展开，现在电视里天天都在讲"多彩贵州""好客山东""老家河南"，这其实就是一种营销。大家现在看电影、电视剧，里面经常会出现一些赞助商的产品，这也是一种营销，是以植入广告的形式搞营销。

对出版业来说，营销工作也是非常重要的。商务印书馆的《新华字典》在全国工具书中销量第一，上了吉尼斯世界纪录，对上吉尼斯世界纪录的宣传也是一种营销活动。

我刚到三联书店工作时，三联书店的营销工作做得并不是很好，很多人不愿意去搞营销。我接任总经理之后，比较重视营销工作，亲自抓营销，提高了营销人员的待遇，这大大调动了销售人员的积极性。我专程跑到各地新华书店去搞营销发行工作，与基层书店的负责人对接、洽谈、建立联系。这样一来二往，双方互动，营销数据就上去了。因此，营销工作必须受到出版社领导高度重视，而且应给予足够的资金支持。如果有好的营销文案，但是领导不给或者只给很少的营销费用，那也不行。有人说过一句很经典的话："如果叫人搞营销又不给资金，就是耍流氓"，说得很调皮也很到位。

营销的三种方式

营销一般分为三种：品牌营销、行为营销和产品营销。

品牌营销非常重要，一本杂志，一个栏目，甚至一个图书版本都需要品牌营销；一些老的出版企业同样也需要品牌营销，包括商务印书馆、中华书局、三联书店这样的品牌出版单位。品牌的力量是很大的，但是品牌也需要营销。近几年，我负责中国出版集团的营销工作，就比较注意集团的出版品牌营销。比如在全国书店开展"中版好书百店千柜工程"，在很多书店里都设置中版销售专区、专营店，这都是品牌营销。

很多时候，我们做一件事或办一个活动，可能和品牌无关，甚至和书无关，但目的其实就是为了营销，这就是行为营销。所谓行为营销，可以说是围绕品牌和产品所进行的一种间接性的营销手段。例如，我在三联书店任总经理时，为了加强在地方新华系统的营销力度，大胆创新营销模式，于2011年牵头举办了"社店战略合作联席会"，把一些地方新华书店的老总和相关业务负责人请过来，进行为期几天的联席活动。在这个联席会上，我们既不宣讲我们的品牌，也不推销我们的图书，我们研讨行业发展趋势，关注网店发展状况，讨论书店改造升级等。我们邀请业内知名专家、老总给大家讲课，让大家学有所得，学有所用。说白了，就是为他们提供专业服务。这种活动开销大又没有直接的收益，为什么要开展呢？行为营销的厉害之处就在于此，所谓无形胜有形，它能在不知不觉中提升出版社的经济效益。我给大家列一组数据：2013年1至4月，三联书店同期发货码洋增加125.2%，其中江苏新华系统销售同比增长57.5%，浙江新华系统销售同比增长13.3%，销售册数增加96.1%；河南新华系统亦有大幅度提升，这些成绩的取得得益于和社店战略合作伙伴的通力协作。由此可见，虽然行为营销没有产生迅速而直观的营销效果，但它为品牌营销和产品营销服务，它的本质和目的还是落在营销上。

当然，更重要、更直接的营销还是产品营销，这是很多编辑需要更多介入的。编辑介入营销工作是非常重要的，也是职责所在。我在三联书店工作时，有些编辑不愿意做营销工作，认为卖书是发行人员的事情。我说，那不对，自己的孩子自己养，你必须让你的孩子健健康康，把他养育成人，让他有所作为，这才算完成任务。图书就是编辑的"孩子"，如果你不关注你的图书，你的图书就发挥不了应有的价值。有的编辑心中不服，我就在年底让编辑参与盘库，有意识地让编辑看看自己编辑的书在库里存了多久，意识到销售工作的重要性。选题工作非常重要，但编辑介入营销同样重要。

编辑介入营销工作是我们时代发展的需要，是打通编辑和发行环节的需要，更是营销工作的现实需要，因为编辑和作者接触得比较密切，对图书了解得更为准确，只有编辑才能将其出的书说清楚，才能够更好地加以推广和营销。据我所知，很多经典营销案例都是有编辑介入的，中国出版集团每年评选的十大营销金案中，都是有编辑介入的。编辑介入营销从确定选题的时候就开始了，种什么样的种子，开什么样的花，编辑从播下种子的那一刻起就开始负责。编辑介入营销不仅是一种需求，也是一种责任。为好书找读者，为读者找好书，是出版人的责任和使命。

营销的八个技巧

那么，如何适应全民阅读需要开展好图书营销工作？或者说，营销从哪些方面去着力，都有哪些技巧？

1. 编辑介入营销工作。编辑们应该自觉地、义无反顾地介入到营销工作中来。

2. 针对不同人群做到精准营销和精细营销。读者有不同的爱好和关注点，在读者对象越来越细化的情况下，没有书是所有人都要看的。因此,针对人们的阅读需求,营销的时候要做到精准和精细。

3. 根据实际情况和技术发展不断创新营销方式。现在新技术的发展日新月异,网络技术发展尤其迅猛,利用众筹、客户端、信息网络平台进行营销,效果也很不错。以前的营销都是拉着行李箱装着样书到全国各地出差,现在可以直接把封面、简介发到书店里去,通过大型显示屏显示出来。技术的发展推动了营销模式的改革,出版社应当根据实际情况和技术的发展不断创新营销方式。

4. 将传统媒体营销和新媒体营销结合。近几年,人民文学出版社的营销工作做得特别好,业绩有很大提升,这与新媒体营销有很大的关系。该社的市场营销部主任对网络非常熟悉,经常在网上开展活动,其个人粉丝达80多万,每发布一条信息都有很多人关注,每开展一个活动也都有很多人参与。这就是借助新媒体的力量进行营销。在提倡新媒体营销的同时也不能放松传统营销,要把二者结合在一起。

5. 将新书推介活动和图书营销结合在一起。现在为了搞好图书营销工作,出版社都会开展各种形式的新书推介活动,比如首发式、座谈会等,但是新书推介要和图书营销结合在一起,不能让它变成"两张皮"。

6. 将公益捐赠图书和图书营销结合在一起。捐赠图书作为一种公益活动,不仅是出版单位履行社会责任的具体举措,也是一种有效的图书营销手段。它通过对社会弱势群体的文化关怀,与公众的人道主义情感产生共鸣,从而提升出版社的知名度和品牌形象。有了公众的信任和好感,出版社的产品销售就能跟着上去。

7. 用典型营销案例推动整个图书营销工作。每个出版社每年都会有一两个经典营销案例,这些经典营销案例通常都是努力创造出来的。有句歌词是这样写的:"三分天注定,七分靠打拼。"这句话很适合图书营销工作,因为很多营销案例就是打拼出来的。当然,前提是选题要好,还需要付出大量的人力、物力和脑力。

我在三联书店的时候出了一本书——《邓小平时代》,这本书的发行码洋破纪录,创造了三联书店前所未有的营销案例,拉动全年本版图书销售登上新台阶。

8.广泛利用各种渠道把图书营销渗透到全民阅读需求的方方面面。全民阅读在全国开展以后,有以省为单位组织活动的,有以市为单位开展活动的,有以县为单位开展活动的。比如湖南省的永兴县,该县有700多个书吧,每一本书一次进货就需要700多本,是个不小的数字。

如上所述,图书营销有广阔的空间,也有丰富的营销渠道,但是目前利用得还不够充分,还有很多有需求的空间我们还没有占领。编辑也好,营销人员也好,要努力把多种渠道利用起来,东方不亮西方亮,占住一头就是胜利,占住多头更能胜利。

(刊载于《出版商务周报》2017年11月5日)

打造经典营销案例《邓小平时代》的几点做法

《邓小平时代》是三联书店2013年1月推出的重点图书。截止到2013年4月18日,本书平装发货71万余册,精装发货8万册,合计近80万册,销售码洋超过7200万。根据开卷统计数据和全国经销商提供的销售数据,该书自2013年1月18日上市,第一阶段3个月时间,实销册数超过50万,是2013年当之无愧的社科类第一畅销书,受到了读者的热烈好评,产生了重要社会影响。《邓小平时代》第一阶段营销获得巨大成功,主要有以下几条经验:

一是店领导班子高度重视,举全店之力,全力以赴。

《邓小平时代》的营销工作是三联书店有史以来最为重视、投入最多,效果也最好的营销,创造了三联自己的经典营销案例。《邓小平时代》2011年9月在美国出版英文版后,连连获奖,反响巨大。我店了解到这一消息后,认为这是一部题材宏大、意义深远的著作,具有重大畅销潜力,决心全力以赴,志在必得。当时参与版权洽谈的有50多家出版社,其中不乏大社名社,竞争异常激烈。我们派出总编辑和资深编辑组成的版权洽谈小组赴我国香港地区会见傅高义教授,之前写出一万多字的内容分析和营销计划书。最终我们用诚意、品牌、对这本书的透彻理解和详尽的出版营销计划打动了傅高义教授，使傅高义教授当场拍板"花落三联"。我们把《邓小平时代》的出版营销作为和上一年三联80年店庆同等重要的大事来抓。在该选题确定后，店里成立由总经理、总编辑为组长的营销工作小组，在第一时间召开编辑、市场、发行联席会议，高度重视本书营销工作，果断做出了举全店之力打造2013年社会科学第一畅销书的决定。从确定选题开始就谋划营销工作，提出明确的销售目标和周密的营销计划，整体规划，精准定位，实施全程营销、立体营销、全面营销、全员营销等多种措施，要求人员到位、责任到位、奖惩到位。

二是精心制定并实施营销策略。

整个营销工作紧紧抓住以下几个关键字：

首先是突出一个"新"字，在"新"字上做文章，又"喜新不厌旧"。经过多次讨论，三联书店领导班子决定于1月18日新书上市，并在北京、深圳、成都三地同时召开新书发布会。三地同时召开发布会在出版界还是第一次。新书宣传紧紧扣住当下最新的党的十八大精神学习、习总书记南巡讲话精神的学习，并在此之前严格控制本书消息和样书外流，充分利用"饥饿营销"吊起市场胃口。

其次是突出一个"全"字，在宣传上全面开花、大张旗鼓。通过《人民日报》《光明日报》头版播发关于该书上市的消息，并配发了整版宣传广告；首发式当天，中央电视台《面对面》《新闻1+1》栏目播出了对傅高义教授的深入专访；新华社连发11篇通稿报道《邓小平时代》，中央人民广播电台在7个栏目中滚动播出相关消息，加上全国各地媒体和网络媒体的大力宣传，营造了声势空前的囊括报纸、电视台、电台、网络等在内的全方位舆论氛围，为本书大卖提供了有力的媒体支撑。

再次是突出一个"大"字，在"大"字上下功夫，又抓大不放小。我们在营销中重点关注大省份、大书店、大网站、大门市，充分发挥原有渠道的重要作用，但不放松薄弱区域和小市场。仅河南一个省就销售了 3 万册，江苏一个吴江区就销售了 5000 册。哪怕仅购三五本、二三十本的小客户我们也不放过。通过发动员工全员营销，向机关团体组织团购，积少成多，也有良好效果。首发式后，全国各地书店同步发售，造成全面影响；在全国书店系统开展图书码堆比赛，调动基层销售人员积极性；开拓机场书店和高铁等新渠道，仅重庆机场蔚蓝书店一家就销售超过 2400 册，中信机场店销售超过 7000 册，北京时代光华各高铁店销售超过 4000 册。

最后是突出一个"实"字，紧紧抓住爆发式销售机遇期，把营销工作做到实处。春节刚过，我本人和张作珍副总经理分别带队，组成两个营销小组，奔赴西南和华南等地进行"接地气"的营销，和发行界朋友深入交流，细致地挖掘销售潜力，进一步加深了社店合作，受益匪浅，成效突出。在贵阳，我们一下飞机就直奔贵州省委党校联系征订事宜，该校订购了 600 册。在遵义，我们见到了遵义市新华书店经理刘波，刘经理表示将用最大的热情与最全面的营销规划去对待这本书，并且很有信心地对我们说，"别看我们是个小地方，我有信心把这本书做大，做到一万册"。这个细节让我们看到的不仅仅是销量，而是发行界同人对发行本书的十足的信心。

三是作者全程配合，实现与三联共赢。

这次同傅高义教授合作出版《邓小平时代》实现了合作共赢。该书是傅高义教授积十年之功所撰写。傅高义教授是美国哈佛大学教授、中国问题研究专家，是中国人民的老朋友，对中国很友善，我们对他给予充分信任。在书稿处理上，我们更是慎之又慎，一方面严格遵守国家有关出版规定；一方面尊重傅高义教授的主观意愿，对书稿的修改降到最低限度。傅高义教授对此非常满意，他在接受《纽约时报》采访时，称赞三联书店"努力地实现了所有我想表达的核心内容"。我们派《三联生活周刊》的记者专程到美国采访傅高义教授，把他介绍给中国读者。我们还就本书的出版进度、营销方式及他在北京的活动安排和教授本人反复沟通，并周到地安排了营销、演讲和接待工作，这一切都使我们和傅高义教授建立了良好的互动关系。傅高义教授密切配合我们的营销活动，他以82岁的高龄，1月到北京参加了新书首发式和演讲，3月末至4月底到广州、深圳、重庆、成都、上海、南京、济南等地演讲，接下来还要到北京、西安巡回演讲、签售。这些活动对《邓小平时代》的营销起到积极推动作用。而《邓小平时代》在中国大陆出版和大量发行，也使傅高义教授为更多的中国人所知晓，在当年3月获得全球范围内中国研究的最高奖项——世界中国学贡献奖。傅高义教授对与三联的合作深感欣慰，一再说："三联是赢家，我也是赢家。"

四是发行界朋友的鼎力支持。

全国新华书店与民营书店、电商网站等发行渠道的鼎力支持、全力配合，是《邓小平时代》销售获得成功的最为重要的因素。《邓小平时代》第一阶段的销售经历三个月。在这个三个月里，三联书店和全国发行界的同人同甘共苦，全心付出，创造了国内图书营销经典案例，也树立了全国出版社和发行方合作的典范。大家用最大的重视度和热情，最周到深入的配合，最具智慧的营销创意，为《邓小平时代》第一阶段的销售做出了极为突出的贡献，取得了圆满成果。

江苏凤凰传媒有限公司、山东新华书店集团公司、上海新华传媒连锁公司多年来一直是我社的战略合作伙伴。《邓小平时代》一书刚进入选题阶段，它们就格外关注。正式销售发行时，这三家公司联合江苏凤凰传媒北京分公司牵头包销10万册，实现了多渠道、多层次、多结构的全线销售覆盖。江苏凤凰下属的苏州市新华书店，不仅零售效果斐然,并且还推荐本书入选苏州地区大中专参考教材书目。吴江区新华书店深挖资源,组织相关单位团购,《邓小平时代》平装本在该县销售5000多册。如东市新华书店一手抓店内零售,一手抓店外销售,全店上下总动员到各单位去推销《邓小平时代》,实现销售3000多册。

当当网、卓越亚马逊、京东网等三大网站根据本书特点,积极采取各种网络营销方式进行销售。认真组织前期预售,在重点页面位置给予大力度的推广支持,使本书在短时间内于上述三家网站均冲到畅销榜第一名,三家首批总发货达到17万册。全部网站均限价八折销售,体现了非凡的执行力,营造了一个平等互利的销售环境。

深圳出版发行集团和三联书店达成"从高处着眼,从小处着手"的共识,邀请深圳市委宣传部主要领导出席深圳首发式,设计制作以邓小平同志为背景的明信片,在图书封面粘贴"深圳特版"的标签,动员所有员工参与营销《邓小平时代》,专门制定针对该书的员工奖励办法,起到了良好的销售效果。

河南省新华书店发行集团非常重视宣传推广工作,一方面自身积极主动,从2012年4月份无锡战略合作联席会开始,就以集团名义向全省书店下发文件强调具体发行事宜;另一方面大力配合三联书店的总体营销方案,专门针对河南市场策划了卖场码堆、销售竞赛活动方案,有效促进了该书的销售,扩大了本书的销售份额。

中信书店和昆明新知书店对店员进行奖励:每销售一本《邓小平时代》,给予一线销售员一元钱的奖励。奖励金额不高,但是有效地提升了一线销售人员的积极性。

济南市新华书店领导高度重视,确定了针对重点品种、加强门市销售的经营思路,通过组织到位的营销宣传部署,及时与媒体沟通,先后在《齐鲁晚报》进行了连载;《山东商报》(3个整版)、《济南时报》（1个正版）进行了专访；在山东网、齐鲁网、大众网、舜网进行了全面翔实的报道；邀请齐鲁电视台、新华社济南分社的记者到泉城路书店现场拍摄，采访读者购书的火爆场面。店内宣传方面，充分利用好书店网站、电子屏、广播、海报、易拉宝及突出醒目的造型等方式进行宣传；印发了两万多张宣传单页；在泉城路书店、东图书店显要位置摆放大幅双面喷绘宣传板，门口重点位置利用大屏幕电视播放李昕总编辑的新书介绍，非常突出醒目，吸引大批读者驻足观看，营造了良好的营销氛围，进一步推动了销售。

总体上来说，全国地面店和各大网店在这次《邓小平时代》营销过程中投入的人力、资金和时间成本以及宣传力度是空前的；从各省店领导，到采购部门，再到柜组销售人员，上上下下都体现出高涨的营销热情，为本书的发行工作付出了极大努力，打造了店社精诚合作、共塑图书精品的经典营销案例。

（2013年4月20日）

以增收节支为中心加强经营工作

三联书店 2010 年的增收节支活动是上年增收节支活动的延续，但是与上年又有不同。最大的不同是与经营工作紧密结合起来，将两者融合到一起。以增收节支为中心、为核心、为重点，加强经营工作，或者说今年的经营工作以增收节支为抓手，通过增收节支推动经营工作，使经营工作取得明显成效，实现经济效益的提高。要把增收节支贯穿整个经营工作全过程，用经营成果来检查增收节支的效果。应该说，这是对上年增收节支工作的深化，它使一般性的增收节支活动和整个经营活动结合起来，渗透到经营工作各个环节，把一般性"节约一张纸一度电"引入经营活动中的增收节支，大力压缩成本，千方百计增收，这样的增收节支成效更大，也能促进经营管理水平的提高。

一、以增收节支为中心加强经营工作的必要性

（一）这是三联书店生存和发展的需要

一要生存，二要发展，一个人如此，一个企业也如此。生存是现实，发展是希望。生存是基本需求，发展是美梦成真。生存是前提，

生存不了，遑论发展；只满足生存，不考虑发展，没有未来，生存也不会长久。三联书店同样必须考虑生存，同时谋划发展。先说生存，我们的办公楼空调用油，一年支出100万元，电费70万元，这是最基本的，还不包括电脑、用水、食堂等保证生活、工作的基本费用。我们的人工成本，全店达到了2000多万元。我算了一下，我店一年得有3000万元的支出才能正常维持。而这些都是生存的基本需要。为了生存，我们必须增收节支，同样，为了发展，我们也必须增收节支。发展就要有发展资金，要增加投入，要上新项目，要引进人才，增加人手，都离不开钱；但为了三联的未来，为了职工的根本利益，我们又不能不考虑企业的发展，不能不把发展放到突出位置。而这些资金和支出，都需要靠增加收入来筹集。

（二）这是国有资产保值增值的需要

我们是国有企业，国有企业的领导班子和职工对国有资产保值增值负有责任。三联书店独立建制之后，经过奋斗积累，形成了自己的资产，而这些资产由国家委托中国出版集团统一管理，为了使国有资产保值增值，中国出版集团公司每年都给我们下达利润指标。根据与集团签订的三年目标责任书，我们三年的利润指标为4474万元，平均每年1500万元。去年下达的利润指标是1210万元，我们完成了1300万元。今年下达的利润指标是1777万元，这一指标需要更加努力地增收节支来完成。今年完成后，三年的利润指标还剩1500万元，需要在明年完成。三年的利润指标捆绑在一起，能不能完成，今年是最为关键的一年。假如没完成利润指标，没实现国有资产的保值增值，不仅无法向中国出版集团交待，而且会影响全店员工的收入。因为国家明确规定，员工收入的提高必须在企业效益提高的前提下才能考虑。

（三）这是提高员工收入、改善员工生活的需要

过去我们谈到员工收入，虽然也重视，但没上升到以人为本的高度，也缺少刚性和计划性，有时过多地强调国家利益和企业利益，而忽视个人利益。现在通过学习科学发展观，我们已经深刻认识到，员工是企业的主人，是企业效益的创造者，提高员工收入，不断改善员工生活，使大家生活得更幸福更有尊严，这是企业的责任，也是企业负责人的职责。不能提高员工收入，就不是称职的领导班子和企业负责人。可以说，员工收入有没有逐步提高，是企业是否办得好的重要标准。加快改革步伐，努力提高企业效益，改革成果由员工共享，这是我们考虑问题的一个重要原则。刚刚过去的2009年，三联书店领导班子注意到了这一点，在保证职工日常收入与上年度大致持平的前提下，我们增发了一大块奖金。一些员工希望多增加些收入，这我都理解。对此我们只有靠努力增收节支、不断提高企业效益来实现。我们强调增收节支是为了谁？最终还是为员工自己，增收节支的成果还是由员工来分享。我们的目的是要让浪费的资金变成员工手中的奖金，要让不该有的浪费化为员工的消费。

二、抓住增收节支的重点环节

增收节支是两条线，但又是互相关联的。节支本身就是增收。从全局看，更是如此。我们要从增收、节支两条线同时下手。

（一）增收方面，就是努力增加各项收入，全面提高企业的经济效益

（1）期刊收入要稳定增长。《三联生活周刊》要克服金融危机

和广告投放量下降的不利影响，完成店里下达的利润指标；《读书》杂志要继续增收节支；《竞争力》要加强经营工作；《爱乐》杂志要实现扭亏为盈。在目前的状况下，期刊仍是我店的主要经济支柱，我们要使支柱更强壮、更稳固。

（2）店本部努力提高图书效益，在年底实现转亏为盈。由于各种原因，店本部经济效益不好，还处在亏损的状态。这不仅对全店经营造成不利影响，而且影响我们的社会效益。现在必须痛下决心解决。店本部除了租房收入、支出，最主要的经营是图书，因此店本部必须紧紧抓住图书效益提高来增加收入。

一是下全力组织优秀畅销书。畅销书不仅自身效益好，而且对其他图书销售能够拉动。去年我店因为有《目送》《老子十八讲》《七十年代》等畅销书拉动，整个销售形势才会转危向好。畅销书不是等来的，而是可策划、可追求的。今年店领导高度重视畅销书，会身体力行去做，希望各出版中心多抓畅销书。

二是组织好常销书。如果说畅销书是"摇钱树"，常销书就是"聚宝盆"，能够一印再印，成为看家的书。去年以来，我们出版了不少常销书。今年1—2月，重印发稿62种，比去年同期17种增加265%，而且大部分是去年刚出的书，如《古琴》《仙骨佛心》《中国现代哲学史》《1968：撞击世界的年代》《何枝可依》《灵性》《宽容》《疯狂实验室》《文化与教育》《中国史学名著》《秋籁居琴话》《野史杂闻》《书虫小札》，这是非常可喜的现象。出书就出这样的书，虽不大火，却能常销常走。希望编辑们在常销书上下功夫。

三是注重选题"含金量"，即是要特别注意图书的市场销量，加强市场预测。除了极特殊有价值的书，可以明确地说，赔钱的书不出，不疼不痒不好不坏的可出可不出，没什么大的社会效益，又无经济效益的书不出。一本书就是一个项目，上不上，要对两个效益进行评估，领导班子审批选题时要严格把关。

四是挖掘已有出版资源，充分利用"余热"。不止一个书商给我们说，你们什么书什么书还可印，什么书什么书还有需求，而我们对此梳理、关注不够。最近有一个例子，长沙博物馆一下子订购8000册《长沙马王堆》，我们重印一次就赢利9.5万元。想一想，我们的库存中，我们的老版书中，还有没有可利用的东西？这一点希望引起大家重视。我们正在组织编选《读书》三十年精选书系，这也是一个利用已有资源的例子。

五是狠抓营销发行，实现发行量最大化、回款最大化。要高度重视营销工作，特别是做好重点书的宣传营销，要广为人知，八方来购。实践已反复证明，一本书营销不营销，宣传不宣传，销售结果是大不一样的。《1944：松山战役笔记》就是一个范例。发行部要广辟渠道，除了原有渠道，要大力开辟机场、团购、农家书屋等新渠道，除了学术书销售渠道，还要开辟大众书销售渠道。不管采取什么方式，就是要把书卖出去，把款收回来。

六是想方设法争取出版补贴。一方面，要争取国家出版基金、集团公司重点书出版补贴、《国家哲学社会科学优秀成果文库》项目补贴、《国家社会科学基金中华学术外译项目》补贴、"走出去"项目补贴，国家重点图书出版补贴，等等。一方面要争取来自作者的出版补贴。在这个问题上要讲三句话：一个是以质量为取舍标准；二是真正是好书，赔钱也出；三是达到出版标准，又能要到补贴，多多益善。

通过以上努力，店本部在今年年底实现转亏为盈。这是硬指标，决不含糊，如不能实现，店本部奖金、收入与上年相比，不予增加；包括我在内的领导班子成员，收入只维持在2009年的水平。让我们大家团结在一起，同甘共苦，想尽一切办法，采取一切措施，争取在年底结束店本部亏损的历史。

（3）韬奋图书中心实现改制经营，结束亏损严重的局面。据会计事务所审计，至2009年8月31日，韬奋图书中心亏损2286万元，到了资不抵债的程度，不仅自身难以生存，对我店的利润也构成重要影响。也就是说，年终合并报表吃掉我们一块利润。店领导班子下决心在集团支持下解决韬奋图书中心亏损的问题。

（4）广辟财源增加收入渠道。除了主营业务，还要紧盯非主营业务，只要有机会，就要"见财起意"，多多创收。财源、财路总是有的，要看我们是否主动去找、去争取。比如集团每年都有一些项目经费，只要项目立得好，也能要到经费。

（二）节支方面，就是尽力减少支出，杜绝一切浪费行为

（1）压缩人力成本。人力成本不断加大，使我们感到沉重的压力。今年我们要严格控制进人数量。《周刊》进人要根据事业发展把握适度。店本部进人要总量控制，韬奋图书中心要大力削减人员。对人力成本实行最大限度的控制。今年各部门原则上不再进人。各部门除特殊情况外，不要再提进人要求。

（2）压缩图书印制成本。去年《周刊》两换印刷厂，节约支出230万元。去年人音社降低印制成本150万元。由此可见，印制成本有很大的压缩空间。我店去年采取了一些措施，压低了一些工价，但做得还不够。要求在现行成本基础上再下压10%。除印刷费外，可控的还有纸张费用，是否是都用好纸，都用特种纸，这个要控制，不能不计成本。在这个问题上要有控制程序和机制。

（3）压缩设计制作费用。去年美编室、LP都做了许多工作，值得肯定，但仍要加大力度。尽量不请外设，一是费用高，二是保证不了时间，据说有的封面一年多也没回来，我们的书稿都成了"出

土文物"，这不行。要控制到外面去设计，建立批准机制。有活儿尽量找我们自己的美编。我们有自己的美编，不利用是很大的资源浪费。美编的设计要杜绝过度包装，要主要着眼市场效果，而不是评奖效果。

（4）压缩仓储运输费。处理完污损书之后，能否减少一个库位？运输费还有没有压缩的空间？这请发行部考虑。

（5）减少发行呆坏死账损失。发行部要清理一次陈年老账，不能轻易注销，能追到多少是多少。过去的"无头案"尽快处理，形成新的拖欠要追究责任，谁造成，谁清欠，追不回扣工资。我们和民营书店打交道多，一些民营书店恶意欠款，长期不还，要想办法解决。对没把握的渠道不发货，规避风险，建立"问责制"。

（6）减少稿费和翻译费支出。在对外版权方面，我们有因为过期重复支付版税的问题，翻译费也因为种种原因，有重复支出，造成损失。对此各位编辑要注意控制，对版权书要抓紧运作，防止过期失效，翻译作者要选准，要严格质量管理。还要控制稿酬和翻译费支付标准，在保证组得好稿、选到好作者的前提下，尽量减少支出。

（7）减少邮寄费、复印费、电话费、招待费、交通费等开支。能发平信的不寄快递，能够平邮的不寄"航空"，能发邮件的不打电话，能在食堂吃饭的不外出招待，能坐公交车和走路的不要车、不派车，提倡"绿色出行"，等等。

（8）减少水、电、空调、办公用品等日常消耗。杜绝长明灯、长流水，电灯、空调随手关，节约电、油，减少购电购油费用。控制办公用品发放。

（9）采购物品要寻价、比对，经批准方才采购。采购不得一人前往，不得吃回扣、捞好处。对损公肥私行为，一经发现，严肃处理。

（10）其他应该节约的一切环节。如控制样书、样刊发放和邮寄。

如保养好车辆，减少修理费用。车辆修理必须到指定地点，等等。

三、增收节支加强经营的几点要求

（一）全面覆盖，人人参与，人人有责，人人有利

　　这项工作涵盖店本部、各刊物、韬奋图书中心，凡在我店工作的人员均有增收节支的责任。从纵向说，贯穿编、印、发各环节，包括编辑、生产、行政各部门。全店所有人员都要树立增收光荣、节约光荣、浪费可耻的观念，主动、自觉地投入到这项活动中来。特别强调领导要带头，中层干部要带头，党员要带头。

（二）树立全员经营意识

　　我们是文化单位，我们生产的是精神产品，但是我们必须遵循市场规律和企业运作方式。树立全员营销意识，并不是说人人都去卖书，人人都去收款，不是这样的。我们强调的经营意识，是从编辑确定选题开始，就要着眼市场需求，各生产部门都要根据销售时机进行生产调度，不能放过最佳销售时机，不能错过卖档，不把一种本应热销的书因为设计、校对、印制、发行和有关部门的耽误，而变成无人问津的"冷菜"。不管是领导，还是普通工作人员，不管在哪个环节，哪怕是送货的司机，你也要把书及时送出去。我们常常见到因某一环节出了问题，本应投放市场的书迟迟出不来，错时而出后无人问津，造成积压和浪费。有时该加班就加班，商机如战机，稍纵即逝，我们在这方面教训多多。树立全员营销意识，要求各部门相互配合，围绕"印出来，发出去，收回款"，形成完整高效的链条。

（三）突出重点，抓准关键环节

增收节支人人有责，但每个人所处的位置、环节不同，对增收节支产生大小不同的效果。有的岗位天天节约，也节约不了一千元；有的岗位和环节稍一注意，可能省下几万元。因此我们要突出重点，抓准关键部位。这就是选题立项、编辑制作、印制发行、大宗支出、财务管理等环节，要对这些环节加大监督管理力度，处在这些环节的领导和人员更要有责任意识。同时要做到点面结合，无论在哪一个岗位上，都要负起增收节支的责任。

（四）赏罚分明，建立激励机制

去年我们表彰了《三联生活周刊》和美编室，并给予物质奖励。这两个部门高度重视增收节支，而且成效显著。我们要继续加大对增收节支活动表彰的力度，年底总结时不仅要奖励先进单位，还要表彰先进个人，使做得好的同志得荣誉、得奖励，更有积极性。同时要对浪费严重又无明显改观，不负责任造成重大损失的部门和个人予以处罚，情节严重的要严肃处理。

（五）建立长效机制，形成良好风气

我们去年抓增收节支，今年又抓，今天召开了动员会，但是增收节支不能用搞运动的方式，要逐步建立起相关制度，和生产经营各环节紧密结合，形成随生产经营各环节自然运转的常态机制。请生产部门和财务部门密切配合，在这方面有所突破。当然，增收节支在很大程度上还是靠自觉，艰苦奋斗好风气的形成有助于增收节支活动的开展。我们要通过各种方式，使增收节支活动蔚然成风。

（六）增收节支工作要狠抓落实，务求实效

对增收节支同对其他工作一样，不能泛泛而论，夸夸其谈，要下实手，抓落实，见成效。过去我们抓工作有大而化之的毛病，抓工作大而化之，办事大而化之，这不行，必须改变这种状态。成果要用数字来检验，用全年任务完成与否来检验，要用各中心各部门双效目标责任书是否实现来检验。各部门一把手是增收节支第一责任人，必须拿出本部门增收节支计划并认真实施。真正以增收节支为重点推动经营工作，又通过经营实现增收节支的目标。

改善加强三联书店的经营，获取两个效益双丰收，用我们自己的努力为国家做贡献，也改善自己的生活。我今天侧重讲增收节支和经营工作，没有涉及选题工作和出好书等内容，但我希望全店同人在重视经营工作和经济效益的时候，不要忘记"竭诚为读者服务"的根本宗旨，不要忘记为读者提供优秀精神食粮的重要责任，不要忘记文化传承文化贡献和文化本位。如果放弃文化责任和文化本位，一切着眼于赢利，那我们的生存和发展就完全失去了意义。这一点务必请同人们警醒。正确处理好商业性与事业性的关系，是三联书店的优良传统。我们今天更要正确处理两者的关系，使我店两个效益再上一个新台阶。

（2010年3月4日）

适应转企改制需要加强企业管理

《生活·读书·新知三联书店员工手册》（下称《员工手册》）经过多次修改、丰富和完善，经店职工代表会议审议通过，已正式颁行。这是三联书店转企改制后强化管理的主要举措。

《员工手册》的颁行，是三联书店由事业单位转制为企业，建立现代企业管理制度的必然要求。目前三联已随中国出版集团公司转制为企业，从事业体制下蜕化出来，变成真正的市场主体。转企之后，我们要按照现代企业制度建立新的企业管理机制和运营模式。企业与事业单位最大的不同，就在于它必须面向市场去参与优胜劣汰的激烈竞争，因此必须全面提高竞争能力，必须建立能调动员工积极性的激励机制，必须按照《劳动合同法》的要求，与职工建立不同于事业单位的劳动关系。从2010年开始，我店将与所有员工签订劳动合同，要按照国家有关法规进行严格的劳动关系管理，建立"职工能进能出，干部能上能下"的用人机制，建立与绩效挂钩的分配机制，建立奖勤罚懒、效率优先、兼顾公平的激励机制等，这些都要靠制度来保障。这本《员工手册》，既是店内各种制度的汇集，也作为签订劳动合同和建立劳动关系的必要附件，供我店签订劳动合同者阅知备存。

《员工手册》的颁行，是建立企业规章制度、严格企业管理的需要。俗话说：家有家规，国有国法。一个企业必然有企业的规章制度，这些规章制度是维系企业生存、发展的必备条件。《员工手册》主要部分是我店店务管理、人事管理、财务管理、日常管理制度汇编，涉及用工、考勤、培训、财务等方方面面。规章制度是用来遵照执行的，而遵照执行的前提是让员工了解、知晓这些规章制度，知道哪些是企业鼓励的，哪些是企业禁止的，从而做到令行禁止。当然，规章制度的执行需要监督，需要落到实处，只有这样，才能使遵纪者自安，违纪者受罚，建立秩序井然的良好秩序。

《员工手册》继承三联优良传统，是对以往管理经验的结晶。我店创建近80年来，在企业管理方面有良好的传统，积累了丰富的管理经验。建国前，三联书店本就是企业，是按当时条件下市场规律运行的，前辈们通过创办《店务通讯》等，对企业运营、店务管理进行积极探索，在从事进步出版事业、为社会做出贡献的同时，维系了自己的生存和发展。建国后不断扩大经营规模，在并入人民出版社之前，已有相当规模和强大经济实力，在当时我国出版业中具有重要地位。1986年我店恢复独立建制之后，实行事业单位企业化管理的运营模式，建立了带有事业色彩的企业管理制度，保障了新形势下三联书店的运营和发展。《员工手册》中的企业简介、企业文化是对我店历史的简要梳理和总结，是和我店的传统精神一脉相承的；一些规章制度是过去已形成的行之有效的规章制度的补充和完善；一些新制定的规章制度也注重体现三联以员工为本、依靠员工进行管理等优良传统。现行《员工手册》有厚重的根基，是建立在长期以来我店形成的传统和管理经验基础之上的，当然也注入了新的内容，体现了新时代特征。

鉴于《员工手册》在现代企业制度建立中的重要性，以及在企业管理中的重要作用，店领导班子高度重视《员工手册》的制订工作，认识到它不仅是一本企业管理"白皮书",还是一项事关我店发展的极其重要的基础性工作。为此对它进行了很长一段时间的研讨、修订和丰富,反复研究框架和内容的取舍,并多方征求意见,店人力资源部为此做了大量准备工作。在修订、完善最后定稿的过程中,我们努力做到四个"注意":一是注意依法办事,依法建立企业规章,依据《劳动法》《劳动合同法》及其相关法律条例等建立企业的规章制度,把企业规章制度建立在国家法律允许的范围内;二是注意和三联书店已有的规章制度进行对接,体现连续性、延续性,具有三联书店企业管理的特点和现实可行性;三是在强调加大企业管理力度,维护企业利益的同时,坚持以人为本,保障员工的合法权益,满足员工的合理需要,为其创造优良的工作和生活条件;四是注意吸纳企业创立近80年来的优良传统和管理经验,把规章制度建立在坚实的基础上,使之具有三联书店的企业文化色彩和鲜明个性。总而言之,我们想使本店的《员工手册》充分体现合法性、连续性、公平性、有效性及企业个性,成为一个比较理想的企业管理文本。

《员工手册》作为具有约束效力的实用性文本,将下发至我店每位员工,做到人手一册,供大家学习、使用。希望全体员工收到《员工手册》后,要做到下列三点:一是了解它、掌握它,熟知它的全部内容;二是运用它、执行它,用企业共同价值观和规章制度来规范自己的言行,做一名遵章守纪的模范员工;三是维护它、完善它,注意发现执行中遇到的矛盾和问题,提出修改完善的合理化建议,供领导班子和店职工代表大会在修订《员工手册》时参考。店里将认真地听取每位员工的意见和建议,适时对手册进行修订、补充,使之更臻完善,在我店现代企业制度建设中发挥更大的作用。

(2009年12月28日)

建言献策篇

在《政府工作报告（草稿）》征求意见座谈会上的发言

总理您好，大家好！

我是三联书店的樊希安，非常高兴作为新闻出版界代表参加这次高层次征求意见座谈会。

我认真阅读了本次《政府工作报告（征求意见稿）》，重点看了第（八）项"加快发展教育、卫生、文化等社会事业"中"促进文化改革和发展"这一部分。我认为整个报告有这样几个特点：一是通篇贯穿"务实亲民"的主线，实实在在；二是有新意，有新提法；三是言简意赅，文字精练；四是文风活泼，没有八股腔调，多用生动活泼的群众语言，如，认真治理"餐桌上的污染"，切实保障"舌尖上的安全"；如，谈粮食的重要性时，强调"把饭碗牢牢端在自己手里"；如，决不让未就业大学生成为"断线的风筝"；如，发挥好政府投资"四两拨千斤"的作用，等等。作为出版工作者，我们对《报告》的文风很欣赏。

下面我提几点建议：

一、建议对 2013 年国家文化建设成果反映得再充分一些

现在《报告》中只有"促进文化事业和文化产业健康发展，深化文化体制改革，激发文化创造活力"31 个字，在第 6 页上占了两行字，看完不解渴，不过瘾。党的十八大以来，党中央、国务院更加重视文化建设，采取各种措施推进文化体制改革，使我们文化企业增强了生机和活力。财政部、国家税务总局在财政税收政策上给予了大力扶持，2013 年年末联合发文，明确将宣传文化企业增值税和营业税优惠政策延续到 2017 年年底，其中免征图书批发、零售环节增值税政策，对新闻出版业是重大利好消息，这份"开年免税大礼包"透露出国家对文化行业的真切关怀。三联书店是新闻出版业推进改革和政府政策扶持的直接受益者，自 2010 年 7 月转企改制后，大力进行体制机制创新，有效解放了出版生产力，取得社会效益和经济效益双丰收，一大批好书好刊问世，品牌影响力显著提升。2011 年至 2013 年保持连续高速增长，年营业收入平均增长 16.5%，利润平均增长 32%。2013 年度营业收入达到 2.7 亿元，实现利润 6400 万元，是转制前 2009 年利润的 4.9 倍，实现人均利润 22.8 万元。三联书店的成长进步是全国文化企业发展的缩影，是我国文化改革成果的微观体现。我发自内心地期望报告充分反映文化建设方面改革和实践成果。

二、建议写入"倡导全民阅读"

建议在《报告》第 25 页第 13 行"继续实施文化惠民工程"之后，加上"倡导全民阅读"一句话。这句话只有几个字，却是一个重要导向。

读书对于提高全民族素质和促进社会文明进步的确有重要作用。我知道克强总理非常喜欢读书，过去经常到我们韬奋书店浏览、购书，听说总理现在虽然工作繁忙，但仍坚持阅读，这种好习惯、好风气应该在全社会大力弘扬。

三、建议进一步深化新闻出版体制改革，鼓励体制机制创新，加大支持力度

新闻出版广电改革发展要取得更大成效，须得到国家层面的支持协调。一是支持具备条件的出版企业股改上市。二是进行国有新闻出版企业特殊管理股制度试点。三是继续对实体书店给予资金支持。2013年年末，国家文资办拨款9000万元资助56家实体书店，我们下属的三联韬奋书店得到100万元资金支持，"春江水暖鸭先知"，我们在基层深切感受到了党和国家给予实体书店的温暖。现在实体书店生存真的很不容易，继续予以扶持很有必要。四是加大对优秀出版物"走出去"项目的资金支持，中国出版集团公司正在筹划出版大型"走出去"丛书《中国近现代文化经典文库》（英文版）等项目，会在海外产生重要影响，应得到支持。

（2014年1月17日）

勇于担当　牢记使命

很高兴参加今天的座谈会。被聘为国务院参事，我既感高兴，又深感肩上社会责任的沉重。我上网浏览了一下，参事们个个是社会精英。我自己资历、经验都很缺乏，要向老参事们学习，尽快进入角色，认真履行职责。在新聘参事中，我对新闻出版这一块比较熟悉，会在这方面认真调查研究，为政府建言献策，切实履行应尽的责任。

作为一名新闻出版行业的老兵，我非常关注文化事业和书香社会建设。2014年4月，我在生活·读书·新知三联书店任总经理时，和同事们一起创办了三联韬奋24小时书店，为首都民众打造了一处深夜书房，产生了积极的社会影响，受到李克强总理的高度肯定，总理回信称"这很有创意，是对全民阅读的生动践行"。开办三联韬奋24小时书店的实质意义，就是把过去书店单一的售书行为变为售书和提供阅读场所两种功能，利用晚上的时间和空间，吸引更多的人参与到读书活动中来。它引领了全国各地一批24小时书店的诞生。许多实体书店和图书馆也积极拓展和扩大服务阅读的功能，在全国范围内助推了全民阅读的开展。三联韬奋24小时书店运营8个月来，经受住了读者和时间的检验，获得了两个效益双丰收。截止到2014年年底，年度实现销售收入同比增长58%，利润同比增长

80%，客流比24小时书店开办前增加68%，并经受住冬季的考验，一直充满生机和活力，正在成为总理期望的"城市的精神地标"。

　　说实在话，当时开办24小时书店，我并没想到有这么好的经济效益，也不以经济效益为目的，完全是着眼社会公益，尽社会责任。只要能够盈亏持平，我们就长期办下去。有人问，你们图个啥？我说就为吸引更多的人来这里读书。有人问，乞丐来了你们也服务？我说乞丐来了我们照样服务，读者无高低贵贱之分。我对来书店夜读者情况做过观察分析，一般来说，晚上9点至11点，读者年龄相差很大，从两岁的幼儿到百岁老人都有；从晚上11点到12点，主要是50岁以下的读者；到凌晨3点，基本是16岁到30岁的年轻人，大多是北京高校的学生或中学生结伴而来。还有平时忙于上班，利用闲暇时间来夜读的上班族们；从外地带着孩子们来进行夜读体验的读者；一些领导干部和特殊群体也慕名而来。因为人流多，经济效益就好，增加了晚上的销售，还明显拉动了白天的销售。这也说明24小时书店切中了读者和市场的需求，实现了社会效益和经济效益相统一。因为当初开办时带有尝试性质，也没想到会这么成功，更没想到给个人带来什么荣誉，相反，肩上却有很重的压力。当时确定要办24小时书店时，一些同志劝我爱惜名誉，说你已经功成名就，别把一世英名砸在24小时书店的失败上。有的同志开玩笑说我是"退休前猖狂一跳"；有的说我开24小时书店是违反人的生活规律，注定不能成功。正式开业后，也有人怀疑"红旗到底能打多久"，说考验"大约在冬季"，认为北京这边的书店和我国台湾地区著名的诚品书店比不了，因为咱们北方冬天晚上冷，没人愿意上街，谁会去书店？面对这一切我没有动摇，敢于坚持，从根本上说还是源于身为出版工作者的社会责任。许多文化界、出版界的老前辈们在这方面给我们树立了榜样：张元济先生"昌明教育平生愿，故向书林努力来"；邹韬奋先生提出要处理事业性与商业性的关系，强调出版的"文化本位"，倡导竭诚为读者服务。他们都是我辈学习的榜样。我们开办 24 小时书店不图名，不图利，图的是更多人来读书。我算了一笔账，每晚有 60 人在韬奋书店读书，一年就有约两万人。当夜深人静时，一些年轻人坐在阅读桌前、坐在书丛中的小凳子上读书，看到他们孜孜不倦的样子，我就看到了国家和民族的希望，深感这是我一辈子做得最正确的一件事。我自费买了 100 条小毛毯，在立秋那天送到店里，为那些夜读的读者御寒，表达对他们关爱的心意。我还发起并主持召开了全国 24 小时书店创新发展研讨会，起草发表了"共同宣言"，倡议把社会效益放在第一位，切实把创新经营和完善服务落到实处，为推荐全民阅读做贡献。

人生大道留真迹，岁月长空布正声。对出版工作者来说，出好书，让更多的人读书，是我们永远的追求。作为新聘国务院参事，我将把推进全民阅读、建设"书香"社会作为自己的努力方向，不仅多建言献策，还要尽自己所能做好出版工作。一是要坚持正确的政治方向，自觉为党和国家的大局服务，始终把社会效益放在首位；二是正确处理社会效益和经济效益的关系，摆正"义"与"利"的位置；三是坚持一切为了人民的准则，弘扬服务精神，增强服务意识，关注广大群众的文化需求，努力满足他们对文化产品的需要；四是大胆开拓创新，努力搞好经营，提高经济效益，不断壮大经济实力，推动我国文化产业的发展，为社会文明进步、国家兴旺发达、民族繁荣昌盛做出应有的贡献。

（2015 年 2 月 9 日）

关于加快全民阅读立法进程的建议

2015年11月末至12月初，我和国务院参事室几位参事，到深圳特区进行全民阅读立法调研。通过实地考察读书活动、召开专题研讨会、听取深圳市人大关于全民阅读立法进展情况的介绍，加深了对全民阅读立法重要性和必要性的认识。12月24日，《深圳经济特区全民阅读促进条例》由人大表决通过。至此，全国已有四部相关的地方法规和政府规章落地，另三部分别是《江苏省人民代表大会常务委员关于促进全民阅读的决定》《辽宁省人民代表大会常务委员会关于促进全民阅读的决定》《湖北省全民阅读促进办法》。这些法规和规章实施后对当地开展全民阅读起到了良好的促进作用。根据以上情况，我牵头起草报告，建议国务院尽快出台国家层面的《全民阅读促进条例》。

我们从相关部门了解到，目前《全民阅读促进条例》已进入立法程序，其草案几经修改后基本完成，已送交国务院有关部门。建议将《全民阅读促进条例》的制定列为重点工作纳入政府年度工作计划，协调国务院法制办、国家新闻出版广电总局等部门，在对立法内容进行充分研议后，尽早提交国务院讨论通过。以立法的形式，在国家层面凝聚力量，形成共识，为全民阅读活动持续长久地开展提供保障，也对地方立法起到示范、引导作用，为全民阅读营造更好的法治环境。

加快阅读立法进度，须加深认识促进全民阅读立法的必要性和紧迫性。

阅读在人类文明演进和社会进步中始终起着重要作用，当今作为竞争的软实力更加受到重视。越来越多的国家把发展全民阅读、提高国民素质作为打造国家综合竞争力、创新力和可持续发展能力的重要战略加以实施，相应地制定促进阅读的法律和行动纲领。美国有《卓越阅读法案》，日本有《儿童阅读促进法》，韩国有《国书馆及读书振兴法》，俄罗斯出台有《国家支持与发展阅读纲要》。在我国，全民阅读活动受到党中央、国务院高度重视，李克强总理连续两年把"倡导全民阅读"写入政府工作报告。全民阅读工作开展10年来，特别是党的十八大以来，全民阅读活动不断深入，社会影响日益深远，各类阅读活动蓬勃开展，全民阅读率明显提高，对促进公民素质提高和社会进步产生了重要作用。10年来的全民阅读为阅读立法奠定了基础，也为相关法律的出台提出了要求。以深圳市为例。深圳市自市委、市政府2000年创办"深圳读书月"以来，持续15年开展全民阅读活动，被联合国教科文组织授予"全球全民阅读示范城市"称号，读书在改变城市形象、促进城市发展方面起到了促进作用。《深圳经济特区全民阅读促进条例》明确规定了政府和有关部门的职责，制定阅读推广办法、阅读保障措施，建立了推动全民阅读长效机制，使全民阅读活动可持续发展，更好地保障市民的阅读权利。这一经验值得借鉴。全国自2006年开展全民阅读活动以来，中央和各省市主要以部门出台的规范性文件来指导全民阅读的开展，虽然也有效果，但与法规相比，不具有长效性、稳定性，也有较强的部门色彩，且全民阅读涉及多个部门，协调当中也会出现责任不清的问题。这些都需要通过立法的形式加以解决。

加快全民阅读立法进度，还要认识促进全民阅读立法的"特殊性"。

我们在调研中感到，全民阅读立法具有特殊性。它不是"强制人去读书"，不是规范个人行为习惯，而是规范政府和相关部门的行为，保障公民享有更多的阅读权利。全民阅读立法对政府和对百姓的要求是不一样的。这是一种新型的"促进性法律"，重在促进某项事业的发展，而非管制与约束，如我国已经出台的《促进科技成果转换法》《民办教育促进法》《中小企业促进法》，其性质是完全一致的。全民阅读法律对政府是强制、义务和责任，对公民是权利、保障与促进。通过明确规范政府在全民阅读活动中的行为，为公民提供更多的资源、产品和服务。

全民阅读立法的特殊性还在于，它不能被其他法律法规所替代。阅读是一个"塑造灵魂"的工程，更多地在精神层面发生作用。全民阅读促进条例和其他法律法规相配合，形成完整的保障公民享有文化权利的法律体系，在增强我国竞争实力、持续发展能力、全面实现小康社会中具有重要意义。因此，很有必要加快立法进度，让《全民阅读促进条例》尽早出台。

促进全民阅读立法，这是多年来很多政协委员都在呼吁的事情，但是全民阅读立法在一些领导当中，在一些立法部门当中，甚至在一些读者当中，都有很多误解。我们下去搞调研的时候，或者走访一些部门的时候，一些人很不理解，说，老樊，你搞什么全民阅读立法，我看不看书是我个人行为，我不看书你还判我刑吗？你把我绑起来啊？判我三年啊？甚至连一些立法部门人员都不能理解。经过深入调研以后，我们认识到全民阅读立法的特殊性问题。有的人为什么对全民阅读立法这么反感？他是从一般的角度理解立法问题，一般立法都是调节人与人之间的关系，比如《婚姻法》。而全民阅读促进条例的焦点是政府必须在全民阅读中负起责任，公民应当享有全民阅读条件的便利，政府应该作为主导部门满足各级读者的需要。比如投资兴建博物馆、图书馆、书店，组织各种各样的全民阅读活动，要尽到你的职责，不尽责就会被问责。而对广大民众来说，读书是一项权利。条例是引导性的，它规范的是政府行为，不是个人行为。我征求了很多法学家的意见，这里有很多复杂的因素，如果这条写不清楚，包括一些人、一些领导就会认为这不是搞笑吗？阅读还立什么法啊！现在《全民阅读促进条例》的制定有了可喜进展，已经在全社会广泛征求意见，预计会较快出台。这对全民阅读的深入开展无疑是一个利好消息。

（2015 年 12 月 28 日）

有关支持实体书店发展的若干建议

2016年我在国务院参事室立项的题目是"破解实体书店困局的几点建议",和作家张抗抗、学者邓小南等走访了广西壮族自治区、贵州省等省区的书店、出版社、新闻出版和文化管理部门,对当前书店业的情况展开了比较深入的调研。项目调研完成后,由我执笔向国务院领导提交了一个报告。报告内容如下:

一、当下我国实体书店的生存、发展现状

党的十八大之后,国家进一步实施文化发展战略,开展全民阅读受到前所未有的重视,政府工作报告三次提到倡导全民阅读,对我国出版发行业产生明显的拉动效应。李克强总理在地方调研时,先后去了杭州的晓枫书屋,成都的见山书局、散花书局,去考察并购书,以实际行动对实体书店予以扶植和关怀。2014年年初,财政部、国家税务总局发布《关于延续宣传文化企业增值税和营业税优惠政策的通知》,免征图书批发、零售环节增值税,大大减轻了实体书店的经济负担。中宣部、国家新闻出版广电总局、国家发改委、教育部、财政部、住房和城乡建设部、商务部、文化部、人民银行、税务总局、工商总局等11个部门联合下发了《关于支持实体书店

发展的指导意见》，对实体书店的发展起到了指导和扶植作用，在国家宏观政策的影响下，在城市文化建设的总体氛围中，北京、上海、浙江等省市每年都直接拨付一部分资金，用资助、辅助、奖励的方式鼓励发展实体书店。上述一系列举措产生了联动效益，在帮助书店业走出困境方面产生了重要作用，使我国书店业开始步入回暖期。

除了国家政策的利好，一些实体书店也主动创新、转型、升级，成为适应市场需求的成功案例。我们在广西、贵州重点考察了民营书店西西弗书店。

创建于1993年的西西弗书店，目前已经成为贵州省规模最大、辐射面最广、服务质量最好、读者最多的综合性实体书店。在转型升级过程中，西西弗书店通过提升读者的空间阅读体验、产品线细分以及多元化的经营方式，实现了发展瓶颈的突破，目前已在全国开办连锁店48家，预计年底开到100家。传统的新华书店也在转型潮中不断自我调整，如哈尔滨开办具有特色的果戈里书店，沈阳开办东北首家24小时歌德书店，四川文轩建立社区书店，河北新华、河南新华开办校园书店；各地新华书店改革创新，开创了书店与图书馆相结合，与体验式文化中心相结合，线上线下互动，跨界经营、功能多元的多种模式。更为可贵的是，在大众创业、万众创新的热潮中，不少青年人进入书店业，开办了一些小而精的专业书店，像广州刘二喜的1200书店就办得非常好。

国家政策的利好和创新转型的潮流，催生了一大批融入新鲜血液的新型书店、书吧、书房、书院。最近几年来我一直在外面跑，看各种各样的书店，已经深刻地感受到书店业正在变革，"春江水暖鸭先知"，我自己对此有很深的感受，实体书店的转型工作取得了很大的成绩。所有的新华书店在改造的过程中都尽力往文化体验中心的方面去发展，这大大地加强了和电商的抗衡力度，因为虽然快捷、便宜，但线上的阅读体验还是稍逊一筹。现在阅读体验店在各地发展得很快，有些可与诚品书店相媲美。我 2016 年 8 月到广州永泰新开的一家生活体验书店看了以后，确实感到非常震惊，也感到非常新奇；书店里引进了大量的动物模型，摆在各个角落和书放在一起，在这里你不仅可以和动物密切接触，还可以作为播音员尝试一下播音，还可以尝试 3D 打印技术，等等。15 年前，国外的书店里都有咖啡、简餐、面包，当时在我们国内书店还是比较少的，现在所有新开的书店里都有这样的服务，而且都围绕着主业进行了多元经营。据统计，现在全国的 24 小时书店达到 30 家，基本上每个省都有，书店业的发展由此可见一斑。

在写这份报告的时候，要不要把前面的成绩写充分？我坚持要把这些成绩充分反映出来，因为国家投了那么多钱，领导那么重视，现实状况确有很大改观。我们要一分为二地看问题，要全面地反映情况。

同时，我们在调研中也发现，尽管实体书店的生存现状有所改善，总体经营状况有所好转，但其生存发展依然不容乐观。近年来，各地有多家书店倒闭，一些书店处在资不抵债、苦苦挣扎之中。2014 年全行业共实现出版物销售总额 3039 亿元，比上年度减少 4.8 亿元。全行业实现出版物销售总额 3000 亿元，比上年度减少 4.8%。2014 年单体零售书店零售金额总体出现下降，全国出版物零售单位实现出版物零售总额 656 亿元，比上年度减少 101 亿元。2014 年全国民营发行业实现出版物销售额 1195 亿元，比上年度减少 29.8 亿元。以广西壮族自治区为例，乡镇实体书店以平均每年 40 家的速度在减少，2013 年至 2015 年广西全区县级出版物发行网点和乡镇销发货数量呈逐年递减趋势。县级新华书店网点销售一般图书多为亏本经营。

为增加收入,减轻一般图书的发行负担,书店依赖其优越的地理位置,出租部分门面,或者实行混业经营,虽然图书数量没有减少,但是实际上减少了出版物的销售面积。贵州省的状况也大体如此,2014年民营书店2282家,比上年度减少了76家;贵阳市新华书店在2016年减少了10个销售网点。

二、出现上述情况的原因

1. 城市发展过程中,缺少对书店等文化设施的布局规划,实体书店的生存空间受到挤压,读者无法享受便捷的阅读服务。书店作为社会文化生活的重要符号,在很多地区往往没有随着城市规模的扩大和读者对阅读日益增长的需求而加速发展。一些地方在城市改造建设中,未做好实体书店网点布局规划,导致部分区域没有书店,或者减少或少有书店,还有一些地方原有书店被拆除后不能就地完整返建,这个问题还是比较严重的,我们在调查中掌握有大量的情况。有些书店本来在城市里最突出的位置;过去在城市里、县城里有金角,所谓金角是指城市主要位置的街口,街口一共有四个角,一个是百货商店,一个是新华书店,一个是邮局,一个是银行。改革开放以后,出现了新的拆迁潮,很多新华书店被迁移到边远的地方;有的虽然迁回来了,但是没有如数归还面积;还有的虽然迁回来了,但不在一楼,而在四楼了。现在的王府井书店,也是经很多专家和全国舆论界一致呼吁,才按现有规模保留下来的。书店确实面临着在大的发展环境当中如何生存的一些问题。

2. 实体书店客流量和购书人群逐渐减少。随着社会文化娱乐方式的多样化,人们生活节奏加快,阅读氛围淡化,阅读群体减少。此外,电子化阅读迅速推进,改变了人们的阅读习惯,其便捷性和时效性让越来越多的年轻人开始接受并欣赏这一阅读方式,减少涉足实体书店。而电商平台以其价格低廉、送货上门等业态优势,抢去了部分以往来书店购书的人群,产生了较强的挤占效应,如今很多实体书店沦为电商平台的线下体验店。

3. 实体书店经营成本不断上升。我们走访的业内人士反映,现在实体书店的租金和物业费占到了经营成本的40%到50%,人工成本约占20%,真正投入到图书上的只有20%左右。近十年来,房租和人员工资的涨幅已经远远超过书店自身盈利的增长。一般图书销售利润很薄,扣除各种费用,利润微乎其微;一些书店试图通过缩小面积、更换地址、削减店员的方式压缩成本,但收效甚微。在高房租、高人工成本的双重压力下,一些实体书店往往入不敷出,资不抵债。

4. 传统书店经营模式和理念陈旧,改革发展遇到瓶颈。新华书店是传统经营模式的集大成者,虽然没有房租方面的压力,但是相当一部分新华书店经营模式固化,工作人员专业素养和服务意识有待提高。企业退休人员负担过重,房屋产权不清。还有的在改革中因政策发生变化引起纠纷,阻碍了事业的发展。

三、对破除实体书店发展困境的建议

1. 将实体书店纳入我国城镇化建设总体规划,在城市基础设施建设中统筹布局。建议在居民社区、大型商圈、学校、机场、车站、旅游景点规划设立实体书店,通过政府的引导和切实的政策优惠,鼓励开发商参与书店建设。对于在城市拆迁中消失的实体书店,要尽量原地安置,保证其经营面积。通过合理的城市规划,解决目前公共文化服务网络中"最后一公里"的服务难题,为广大读者提供优质的阅读环境和更便捷的阅读服务。

2.继续实行对实体书店的各项税收优惠政策,并在此基础上扩大范围和力度,对包括民营书店在内的实体书店实行免征图书批发、零售环节的增值税。这一政策将于2017年12月31日实施到期,我们建议延续该项政策,并视情况完善为长期政策。此外,现行的对由财政部门拨付事业经费的文化单位转制为企业的单位免征房产税的优惠政策,应扩大适应范围,建议将民营书店也纳入自用房产免征房产税的优惠政策之中。

3.对实体书店高额房租给予专项财政补贴。新华书店拥有自有房产,基本上不存在高额房租成本;一些商场、写字楼里的新型书店或者书吧,通过市场行为承租到低价甚至免费的经营场地,大大降低了房租成本;而社区书店、独立书店等部分民营书店,因规模小、资金量小,高额房租成为其最大的经营负担。建议财政部会同新闻出版广电总局、文化部等部门,研究降低实体书店房租成本的细化补贴方案,切实为部分实体书店减负。

4.请宏观政策层面研究有效办法,解决电商低价销售新书,与实体书店构成不公平竞争的问题。建议国家发展和改革委员会和新闻出版广电总局重视这一问题,借鉴德国、日本、法国等国家通过价格手段保护书店业的经营,加强行业管理,制定所有售书企业一定时间段内新书不得打折销售的管理办法和措施,形成线上线下依规经营、互利互惠的新格局。

以上是我们走访、调研许多省、市实体书店得出的一些认识。报告上交后得到了有关领导的重视。看到实体书店得到政府的有力支持,出现了新的发展局面,我为此而感到欣慰。

让"云上乡愁"开出更美花朵

题记：党的十九大报告更加注重文化建设，提出"完善公共文化服务体系，深入实施文化惠民工程，丰富群众性文化活动"。要求"推进国际传播能力建设，讲好中国故事，展现真实、立体、全面的中国，提高国家文化软实力"。满足基层文化需求和促进文化走出去，是我国当代文化建设的两个重要方面。有没有一项文化工程能同时满足这两方面的需要？似乎很难，但在实践中却是有的，云南省"乡愁书院"的建设就是一个鲜活的例子。

2017年11月9日下午，由云南新华书店集团与老挝万象寮都公学共同创办的"中华乡愁书院"，在老挝首都万象正式揭牌。这是中国文化企业在境外创办的首家"中华乡愁书院"，也是中国文化企业贯彻十九大精神的新举措。实际上，云南新华书店的"乡愁书院"建设从当年年初就已开始，并取得了突出成绩。我对此进行了较为详细的考察。

一、实地考察

6月20日上午，我在昆明参加由《中国出版传媒商报》主办的"2017全国书业教装文创多元经营展订研讨会"，坐在我旁边的是云南出版集团副总经理、云南新华书店集团董事长杨志强。在交流中，他讲起了在云南出版集团支持指导下正在筹办的"乡愁书院"。2017年年初，云南出版集团提出在云南建设100家"乡愁书院"。这一工程由云南新华书店集团负责具体运营。4月23日，云南第一家乡愁书院在昆明市安宁青龙街道办事处揭牌，接着蒙自的南湖乡愁书院、腾冲和顺图书馆的乡愁书院以及临沧、临翔乡愁书院等启用。至6月中旬，乡愁书院已启用4处，富源、弥勒等处的乡愁书院正在筹备中。云南百家"乡愁书院"建设，计划在两年内完成，每家乡愁书院的建设规划面积在100—500平方米，投资额为50万—100万元，投资总额为5000万—1亿元。2017年已经确定选址和计划建设的60家，计划投资4732万元，建筑面积8295平方米。

这一文化惠民工程引起我的极大关注。我过去参观过岳麓书院、白鹿洞书院等，对书院并不陌生。但云南的"乡愁书院"和传统书院的功能不同，也不同于一般的书店、图书馆，它是一个面向基层群众的综合文化体，是推动基层全民阅读活动的一个有效方式，是文化企业文化惠民的新探索，是个刚破土的新生事物。

在云南新华书店集团的安排下，我确定了考察地点：已建好的安宁的青龙乡愁书院、蒙自的南湖乡愁书院，正处于筹建选址中的富源的文庙乡愁书院和弥勒可邑小镇的乡愁书院。

这4个地点分属3个城市，相距甚远，全部跑完行程在1000公里以上。事不宜迟，6月20日下午3点我们冒雨乘车出发，下午5点半到达富源。富源的文庙乡愁书院拟建在原县文庙里。文庙离县委、县政府很近，与抗战中修建的省级文物保护单位——中山纪念堂紧邻。文庙保存完好，分上下两层，面积有1000多平方米，现为县文管所使用。我简单参观之后，和当地领导就书院的功能进行了探讨。

因为大家对这一项目还没有形成统一和明确的看法，我说："这个书院可以卖书，但主要不是卖书，而是引领全民阅读，成为基层全民阅读的活动中心，成为一个区域的精神文化高地。应按此功能进行定位，同时要丰富内容，可以把'道德讲堂'纳进来，把当地人文景观的展示和宣传纳进来，如胜境关、古人类生存遗址、名人故居等，让人们感受多方面的文化熏陶和教育。书院应是立足于思想、文化熏陶的文化综合体，因此，县里要支持，要投入。文庙外有一个大广场，也可以叫'全民阅读'广场。"在这里，我把我对全民阅读的认识、全国全民阅读的开展情况以及对书院的功能定位都讲了出来。晚上大家又进行交流、探讨，一致认为建设"乡愁书院"很有必要，要尽快启动建立起来。曲靖市新华书店的总经理特地赶过来共同研讨，并和县里进行具体对接。

第二天疾行500余公里，于下午1点赶到红河州首府蒙自。蒙自市委市政府对开办乡愁书院给予了很大支持，把南湖边地理位置最好的一处政府公房免房屋租金10年给书店使用，还拨付50万元作为开办费。蒙自市政府有关部门办公条件差，五六位工作人员挤在一间只有十几平方米的办公室里，却把全市条件最好的房屋拿出来办乡愁书院，而且就在诞生了"过桥米线"这一云南名吃的南湖边，着实让人感动。

红河州新华书店也不含糊，在陈应斌总经理带领下，硬是在两个月内完成设计施工，在6月7日将350平方米的南湖乡愁书院投入使用。南湖乡愁书院总投资约150万元，除政府资助的50万元外，其余为企业自筹，市里有关部门还承诺给书店返税600万元。洁净的店堂，如画的风景，石磨、斗笠、犁杖等引发的乡愁，吸引读者流连忘返。在书院二楼我们开了一个小型座谈会，听了情况介绍后，我着重讲了以下几点：

1. 不要把乡愁书院当作一般的书院，要上升到一个高度。全民阅读是国家战略，要让乡愁书院成为当地的"精神地标"，成为红河州的全民阅读中心，起到龙头作用。

2.围绕全民阅读工作，引领全市阅读，多做更有推广意义的活动，扩大影响力，突出乡愁文化，成为红河州的文化标识和阅读引领中心。

3.办好乡愁书院要紧紧依靠政府支持。政府投入加企业自筹的模式很好，像蒙自市委市政府这样支持新华书店和重视全民阅读工作的在全国还不多见。新华书店要建设好乡愁书院，讲好蒙自故事，加强队伍建设，多思考如何发挥最大作用，树立有为才有位的思想，争取市委市政府的支持和指导。

当天晚上，我们驱车赶往弥勒市。由于路上车出故障，夜里11点才到。第二天一早便按计划去可邑小镇，考察这里的乡愁书院。可邑小镇位于弥勒市西三镇，距市区21公里。这里已有360年的建村历史，传说此处是彝族阿细跳月的发源地，彝族传统民居、民族文化和古朴的民风民俗保存得比较完整。拟建中的乡愁书院位于镇中心的民族文化遗产传承中心。我们到这里时有一位中年妇女在吹树叶，一位老年男子在敲鼓，他们都是非物质文化遗产传承人。就是在此，我产生了乡愁书院要因地制宜，可以有不同模式，不搞整齐划一的想法。只有这样，"乡愁书院"才是接地气的、丰富多彩的。所谓随坡就势，依山造型，应该依据不同的情况去建不同的"乡愁书院"。

离开可邑小镇，我们冒雨赶往安宁青龙镇，到达那里已是下午1点。雨下个不停，雨中的乡愁书院很寂静，几个村民正在阅读图书。这里原是镇属的一座办公楼，现在只占用一层，下一步会继续开发。在这里考察后我提出如下建议：一是把四层楼全部用于乡愁书院，楼上可开"乡愁展览馆""乡愁旅馆"，将这里打造成一处旅游景点，和拟复建中的青龙寺交映生辉；二是把"乡愁书院"建设纳入城镇建设规划，使之成为该镇的精神文化地标；三是组织更加丰富多彩的相关活动。这里作为云南省首家"乡愁书院"已经受到关注，不少出版发行行业从业人员和读者前来"取经"，新成立的乡愁书院开始呈现旺盛的生命力。

一个多月后，8月4日下午，我和国务院参事蔡克勤、张红武、忽培元一起到云南新华书店集团召开云南"乡愁书院"建设调研会，听取"乡愁书院"建设全面情况介绍。几位参事从不同角度提出建议。我结合考察，对云南省内"乡愁书院"建设的基本经验进行了总结，对在国外开办乡愁书院提出了一点建议：仍然以"乡愁"为切入点，以文化来慰藉华人华侨的乡愁，加大中华文化"走出去"的步伐。

9月4日下午，我到设在腾冲和顺图书馆的乡愁书院进行了考察。至此，从点到面，我比较全面地了解了云南"乡愁书院"建设的情况。

二、四大经验

云南百家"乡愁书院"建设，目的就是要把公共文化服务进一步向农村延伸，把实体书店向乡村延伸，不断推动全民阅读，不断满足农村群众的精神文化需要，近距离、零距离服务农村群众，丰富农村群众的精神文化生活；通过阅读，进一步弘扬民族文化，挖掘农村特色文化，打造新型农村文化的服务阵地，让中华民族优秀传统文化融入人们的生活方式和工作状态；为弘扬社会主义核心价值观提供强有力的精神力量、道德滋养和文化条件，为农民工返乡创业提供精神家园和智力支持；为推进新型城镇化建设、云南省特色小镇建设注入文化元素，提升文化品位，提升云南旅游，特别是乡村旅游的文化品质，引领农村群众生产生活方式的转变，促进社会文明进步。充分发挥云南省实体书店的网络资源优势，以州市县新华书店网点为支撑,以"乡愁书院"为延伸,整合社会优质资源,形成覆盖面更广、延伸度更高、传播力更强的图书文化服务网络,打造农村文化服务阵地,不断满足基层日益增长的精神文化需求。

其建设经验可以概括为"政府支持、企业运营、多方参与、因地制宜"四个方面:

1. 政府支持。本届中央政府在政府工作报告中四次提出"倡导全民阅读",2017年更强化为"大力推进",这一要求得到各级政府的响应,在支持"乡愁书院"建设中得到了具体体现。安宁青龙镇将一栋闲置的楼房给乡愁书院使用,还提供了部分资金支持。蒙自的南湖乡愁书院设在诞生"过桥米线"的风景秀丽的南湖旁,当地政府拿出最好的场地和房产来建书院,还拨付50万元作为开办费。一些地方还努力解决开办"乡愁书院"需要的人员编制问题。"乡愁书院"所在地市、县、街道办事处领导亲自过问书院建设,积极参与指导,帮助解决遇到的困难。凡是政府支持的地方,"乡愁书院"都开得比较顺利和红火。

2. 企业运营。各地"乡愁书院"都由云南出版集团下属的云南省新华书店集团负责运营,云南省新华书店直接管辖各地市县新华书店,各地市新华书店负起"乡愁书院"管理之责,具体负责运营和管理。"乡愁书院"偏重于公益性,开展公共文化活动,但其运营要进行企业化管理、市场化运作,在政府和有关方面支持下,讲究投入产出,做到以社会效益为先,努力提高经济效益。只有这样才能永续利用、长期坚持。

3. 多方参与。各级政府是"乡愁书院"建设的有力推手,但文化建设和全民阅读涉及方方面面,党委宣传部门、工、青、妇在"乡愁书院"建设中都发挥有积极性。"乡愁书院"借助各方面的力量,开展了多种多样的文化活动,有的还开办了"道德讲堂",使书院活动内容丰富多彩。有的注重群众参与，让读者介绍读书体会等。不仅聚拢了书院的人气，多方面发挥了书院的作用，在经营上也充满了生机和活力。

4. 因地制宜。"乡愁书院"建设在基层，基层情况各不相同，民众需求的重点不同，所处的条件也有差别。仅就场所说，有的建在古老的文庙里，有的建在风景秀丽处，有的建在图书馆内，可谓"就地取材"。像可邑小镇的乡愁书院就拟建在镇中心的文化活动中心。这里是彝族群众聚集区，书院建设以民族团结发展为主线，以民族文化遗产传承为重点。与之相关，经营上也灵活多样，有的以销售图书为主要方式，有的则着重推销有民族特色的文化产品和手工艺品。总之，"乡愁书院"建设在加强文化建设、倡导全民阅读的大目标下，不搞整齐划一，呈现不同特色。

三、三点建议

党的十九大报告明确要求"完善公共文化服务体系，深入实施文化惠民工程，丰富群众性文化活动"。今年，政府工作报告提出要"大力推动全民阅读"。云南省"乡愁书院"建设符合党中央、国务院的要求，结合实际实实在在地推动基层文化建设，各级政府也在这一建设中发挥了支持和推进作用，把各方面的积极性都调动起来，尽力满足人民群众对文化生活的新期待。这一做法值得有关部门深入研讨和积极推广。

我的具体建议是：

1. 请有关领导和相关部门，包括新闻出版管理部门、文化管理部门对这一文化发展模式予以关注，对已取得的经验进行总结和推广，发挥典型示范作用。

2. 请有关方面对"乡愁书院"的建设加强指导。按照党的十九大关于文化建设的新精神，进一步确定"乡愁书院"的功能定位，使之成为当地的一座"精神地标"，成为一个弘扬优秀传统文化的主阵地，一处引领全民阅读的学习高地，一所提升公众人文、道德素养的大学校，一个看得见乡愁、抒发美好情感的地方；整合其"文化活动场所、民族文化的传承基地、农耕文化的微展馆、农民阅读的交流中心、农民家风家训讲坛、乡村教育的培训基地、寄托乡愁的家园、乡村旅游的目的地"等多种功能，突出主要作用，发挥多重效应。

3. 请政府有关部门对"乡愁书院"的建设予以更积极更有力的支持。云南出版集团等办的"乡愁书院"本质上是一项社会公益事业，虽然实施企业化经营，但不以营利为目的。云南"乡愁书院"已开办7处，经营面积1000余平方米，投资373.3万元。该集团还拟在南亚、东南亚建设5家"中华乡愁书院"，为海外华侨服务，加快我国文化"走出去"的步伐。"乡愁书院"建设仅靠企业投资明显不够，请各级政府投入必要开办费，或在文化产业资金使用方面重点予以考虑。在资金投入的同时，政府应提供闲置房屋和活动场所，免费供其使用，减轻企业负担。把这一项目列入各省"十三五"文化发展纲要予以重点扶持。在进行城乡布局规划时，把"乡愁书院"纳入其中，使之有"安身立命"之地。

从"发现""乡愁书院"到向有关方面提出推广的建议，陆续用了半年时间，花费了我不少精力，但我乐于参与其中，做一点促进工作。希望在贯彻十九大精神的新形势下，把这项"文化惠民工程"的新创举深入拓展下去，全面推广开来，让"云上乡愁"开出更加美丽的花朵。

（刊载于《中国出版传媒商报》2017年12月1日）

对少数民族出版和构建少数民族出版文化的思考

少数民族出版工作是我国出版事业的重要组成部分。研究并推进少数民族出版的发展和构建少数民族出版文化，不仅有利于我国出版事业总体水平的提高，而且由于少数民族出版的特殊地位，也有利于社会的发展与进步。

一、我国少数民族出版取得的成绩

我国是由多民族组成的国家，共有55个少数民族，人口近1.14亿，占全国人口的8.5%；人口超过百万的有16个民族，24个民族拥有文字。少数民族除少量散居在内地外，大多数分布在比较落后的周边地区。党和国家一向重视发展少数民族出版事业，现全国有少数民族文字出版社36家，每年用23种民族文字出版各类图书3000多种。改革开放新时期以来，我国少数民族出版工作取得的成绩主要体现在以下几个方面：

1.形成了结构和布局比较合理的少数民族出版系统。36家出版社分布在14个省区，各大少数民族聚居区均拥有出版自己语言文字图书的出版社，布局与少数民族聚居区文化教育发展程度适应。就全世界而言，我国对少数民族出版事业的重视程度，在少数民族出版社设置和发展数量、事业经费投入、出书品种、数量方面是任何国家都无法比拟的。新疆维吾尔自治区是全国六大少数民族文字出版基地之一，此外如以延边朝鲜族自治州为中心的朝文出版，以内蒙古自治区为中心的蒙文出版，以西藏自治区、四川省为中心的藏文出版等，都已引起世界的关注和好评。

2. 出版了大量优秀的少数民族文字图书。其中，有领袖著作；有宣传党和国家方针、政策、法规类图书；有挖掘和整理具有珍贵价值的少数民族文化遗产类图书；有为促进少数民族地区改革，宣传少数民族地区的人文优势，介绍少数民族风土人情、艺术等方面的图书；有推进少数民族语言发展和民族间交流的大型语言、文化工具书，如获得第二届中国出版政府奖的《汉维大词典》等；有促进少数民族地区经济发展的农、林、牧、副方面的科普读物；有研究少数民族、宗教、历史、文学、语言方面的高水平学术专著。这些书量大质优，可谓成果丰硕，异彩纷呈。新疆每年出版数千种维吾尔、哈萨克、蒙古、柯尔克孜、锡伯等民文图书，满足了少数民族群众政治、经济、文化等多方面的需求。

3. 已形成从小学到大学少数民族文字文理教材出版体系。每年以多种少数民族文字出版各种教材2500多种，并保证课前到书，为推动少数民族教育事业的发展做出了积极贡献。

4. 民文出版社适应外部客观条件的变化，开始着眼于深化出版体制改革，探索新的发展思路。有的出版社已率先迈开一步，在社会效益和经济效益方面效果显著。

5. 培养形成了一支有较高素质的少数民族出版队伍。在我曾经工作过的吉林省就形成了一个门类齐全，延边人民、延教、延大三足鼎立、互相呼应的朝鲜族文字出版中心。据统计，朝鲜族人口除分布在朝鲜、韩国外，美国有200万，日本有近100万，俄罗斯也相当多，我国有近200万，但只有我国有朝文版图书，在延吉有一个规模可观的朝鲜族文字出版中心。大量朝文图书的出版，满足了朝鲜族群众的需要，方便了文化交流，促进了经济社会发展。

二、对构建少数民族出版文化的几点认识

少数民族出版文化，即指我国少数民族在实践中提炼形成的属于出版领域的文化特征。它是时代的、民族的，又是出版领域所特有的。它的形成，需要四个方面要素的融合。

（一）丰富多彩的少数民族文化是少数民族出版文化形成的母体和基础

少数民族出版文化是整个少数民族文化的体现和延伸，少数民族文化是少数民族出版文化产生的基础和源泉。二者是母系统与子系统、源与流的关系。因此在构建少数民族出版文化体系时，要首先充分认识丰富多彩、鲜明独特的少数民族文化。少数民族出版文化不等同于少数民族文化传统，不是照抄照搬，而是融入了新的时代精神，具有自身的特点和内涵。创造出版文化，要注意对少数民族文化取其精华，并根据时代要求加以发展，推陈出新。

（二）多年培养形成的少数民族出版队伍是少数民族出版文化形成的主体

事情是人做的，任务是由人承担的，财富是由人创造的。独具特色的少数民族出版文化须由少数民族出版队伍作为主体来形成是

不言而喻。改革开放新时期，我国培养了一大批少数民族出版人才。他们受过高等教育，有良好的政治素质和文化素质，有弘扬少数民族文化的强烈愿望，有敬业精神和牺牲精神，通晓本民族语言文字，了解本民族群众的文化需求，是完全可以依赖的创造少数民族出版文化的有生力量。

（三）博大精深的汉族文化可为少数民族出版文化的形成提供借鉴

中华文化是中国各民族文化的融合，各民族都有自己的创造和贡献。汉族当然也有自己的文化，有自己的创造和贡献，不过以前很少用"汉族文化"这个概念。为了和少数民族文化相对应，也为了说明两者的相互借鉴，有必要从这个角度加以阐述。汉族文化可谓博大精深，源远流长。从中华民族诞生开始，汉族文化逐步发展，形成了自己的规模和特色。文化从来都是交流和融通的。在历史上，汉族和少数民族之间就有良好的文化交流，甚至可以追溯到几千年之前。新中国成立之后，民族区域自治制度和民族政策更是保障和加速了这种交流。少数民族群众在熟练掌握本民族语言文字的同时，也认真学习汉语，不仅方便了交流，而且从汉族文化中吸收了有益的成分。

三、对发展少数民族出版文化的建议

一是要突出特色。只有特色的才是民族的，只有民族的才是世界的。特色、个性是一个出版社的生命，也是一个地区少数民族出版的生命。少数民族创造的灿烂文化和少数民族地区独具特色的风土人情为我们提供了丰富的选题资源，少数民族独特的文化、艺术、风土人情就是少数民族出版的特色所在。特色要成规模、成系列,"独木不成林",特色也要规划、梳理。

二是要以精品为龙头。出版文化以出版物为载体,主要体现在出版物中。因此,要注意推出使用本民族语言的出版物精品,做到思想精深、设计一流、印制精美,逐步形成规模和系列。

三是以新的出版理念为支撑。树立市场观念、产业观念、由传统出版向现代出版转变的观念,具有现代意识与新的时空特点。

四是大力发展出版产业。努力壮大经济实力,为出版文化的形成发展提供产业条件。

五是要加大"走出去"的步伐,扩大在国外的影响力。我们欣喜地看到,新疆民文出版在"走出去"方面已取得可喜成果,在哈萨克斯坦、吉尔吉斯斯坦、巴基斯坦创办报刊;一些民文图书远销国外,产生了良好的影响。

对与我国台湾地区出版业深度合作的思考

很高兴参加第十八届两岸华文出版年会，去年在台湾地区召开的十七届年会我也有幸光临，并发言交流。从众多会议发言中，我获益匪浅。我认为年会是进行深入交流、引发深刻思考、促进深度合作的会议，是自由发言、共同发展的会议。我今天发言的题目是"对与我国台湾地区出版业深度合作的思考"，请与会各位指正。

一、三联书店与台湾出版业合作的现状

三联书店是我国著名出版品牌，以出版学术著作和文化类图书为主，改革开放以来致力于中西方文化交流、海内外文化交流，以及海峡两岸文化交流。近年来和台湾出版界的合作，大致经历了版权贸易、项目合作和谋求深化三个阶段。

1. 版权贸易

相互引入合作双方的图书，为增加文化交流和相互了解做出贡献。据统计，从 2009 年到 2013 年 9 月末，三联书店共引入台湾地区版权 194 种，其中 2009 年 24 种，2010 年 45 种，2011 年 18 种，2012 年 53 种，2013 年 54 种，基本上呈逐年增长之势。引进的版权

来自三民书局、田园、艺术家、时报文化、城邦、东华书局、石头、二鱼文化、御玺、三采、御书房、联经、东大、博雅、远流、远足、印刻、天下远见、天地、允晨、汉宝德、台北商务、台北三联、之江等数十个出版单位。龙应台的《目送》销量过150万册，齐邦媛的《巨流河》销量过20万册，以及蔡志忠的漫画、王鼎钧的散文、蒋勋的艺术论、周芬娜的饮食研究等作品，都在大陆产生了广泛影响。

在同一时间段内，台湾地区的出版社引进三联版图书20余种，每年约4—5种，内容集中在思想文化方面，如王蒙的《老子十八讲》、牛汉的《我仍在苦苦跋涉》等。从数量上看，三联书店引进大于输出，即使扣除蔡志忠漫画那样成套书的书种，我们引进的数量要远大于输出的数量。台湾地区的文化是中华传统文化的一个重要分支，经过淘洗和融合，已经独具浓郁的地方特色。两岸关系逐渐升温之后，大陆民众特别想了解台湾地区的历史、现状和发展，以及其自然景观和人文习俗等，三联书店起到了"中介"的作用。同样，台湾民众也非常想了解大陆的一切，政治、文化、发展走向，等等，而三联版的图书走向台湾地区，也部分满足了这种需求。与此紧密相关的是，这种交流增加了两岸出版界的相互了解，增加了从业人员的相互接触，也增加了两方的经济收入。因此无论是从文化传播、增加文化认同的角度，还是从增加经营收入的角度，版权贸易都是两岸出版业合作的一个重要方面，三联书店会长年常态坚持运作。

2. 项目合作

近几年为寻求深度合作，我们和台湾地区的一些出版发行单位开展了"一对一"的项目合作。目前的合作项目有两个。一是和华品文创共同开发选题，同时在海峡两岸推出繁简体字版图书，目前已有良好开端。在本届海峡两岸图书交易会上推出的《舌尖上的台湾小吃》，就是双方初始合作的成果，下一步两家还会合作开发更多的选题，甚至是系列选题，在两岸同步印行。二是和台湾"问津堂"合作，以互惠互利为原则，建立三联版图书在台湾地区的销售渠道。三联和"问津堂"签订合作协议，以优惠的方式向"问津堂"供货；"问津堂"在书店内设立"三联书店图书销售专柜"，并加挂三联图书特约经销店的牌子，扩大三联版图书的影响。此外，我们同三民书局、知书房等也在洽谈合作项目。

3. 深度拓展

随着合作的逐步展开，我们已开始谋求与台湾出版业的深度合作。深度合作的标志是实体进入和资金进入。近几年，为了实现这一目标，我曾三访台湾出版界，与出版企业、图书出版事业协会及当局的管理层广有接触，也积极研讨过这一问题。在第十七届两岸华文出版年会上的发言中，我讲了设想、计划和意义，呼吁各方支持三联书店将来可能实现的去台湾地区发展的愿景，台湾地区的一些媒体对此进行了特别报道。

二、我的几点建言

大陆和台湾同根同源。我们都是中华民族的子孙，共同传承和弘扬着中华民族优秀文化，文化认同是我们最基本的认同。加深延伸出版合作，有利于文化交流，文化交流有利于加深两岸的文化认同，有利于实现中华民族的伟大复兴。而书业的繁荣发展也可增加就业，有利于两岸经济的发展，关乎民族的福祉。因此，我们应共同致力于推进两岸出版合作的深度运行。

1. 登高望远，心态积极

所谓登高望远，就是登"百年中国梦"之高；所谓望远，就是望到加速融合是一种潮流。用消极的心态等待，不如用积极的心态争取。不能等也不用等，如果消极等下去，用歌剧中"刘三姐"的话，就是"给你绣球你不捡，两手空空捡忧愁"。

2. 理性研判，权衡利弊

台湾出版界的一些人士对大陆出版企业的进入是欢迎的，但又担心对本地市场造成过大冲击，对自身发展不利，存有一些忧虑。其实竞争有利于发展，有利于相互提升水平，也有利于台湾出版业自身优势的发挥，无损于长远利益和整体利益。

3. 限定范围，有所侧重

为了消除"隐忧"，可以限定允许先行进入大陆出版单位出版图书的范围，比如侧重于文化传统、医学、科学、饮食等类图书的出版。

4. 先行试点，梯次进行

大陆出版企业到台湾地区"落地"，自身没有经验，面临风险；而台湾地区的管理部门也没这方面的经验。为了有一个探索的过程，可以先行试点，比如允许大陆的老字号出版单位，如商务印书馆、中华书局、三联书店到台湾地区设店，一些品牌发行单位到台湾地区建设发行渠道。待试点取得经验后，再经批准逐步放开。

（刊载于《中国出版传媒商报》2013年10月29日）

阅读推广篇

倡导全民阅读　建设书香社会

2014年和2015年连续两年的政府工作报告都提出"倡导全民阅读",这对在全国范围内开展全民阅读活动起到了重大推进作用。

两年来,各级政府围绕"倡导全民阅读"做了大量工作,使全民阅读活动开展得更加扎实,更有成效。各类阅读活动蓬勃开展,全社会"爱读书、读好书、善读书"的阅读氛围更加浓厚;以优秀出版物引领阅读,全民阅读的内容质量得到提升;全民阅读更加深入基层,先进阅读典型不断涌现;着力推动少儿阅读,注意满足特殊群体、困难群体基本阅读要求;实体书店数量增加,全国县级以上公共图书馆全部免费向公众开放;农家书屋在广大农民阅读中发挥作用,全民阅读基础设施不断完善;各类阅读推广方式不断创新,全民阅读率明显提高。《2015年深圳阅读指数报告》显示,2015年深圳阅读指数为124.83,比2014年提高了19.03,增长率为17.99%,深圳居民日均阅读超过1小时。全民阅读热潮的兴起也促进了我国出版发行业的发展,传统出版业和新兴媒体融合加速,出版社好书增多,努力出精品以满足读者的阅读需求。作为一名出版工作者,我对此有切身的感受。

2016年,政府工作报告再次提到"倡导全民阅读",这对我们出版工作者是极大的鼓舞和鞭策。我们要多出好书，多出精品，为全民阅读提供优秀读物。我们要扩宽发行渠道，尽快把好书送到读者手中。我们要积极参与到阅读中去，使全社会形成良好的阅读氛围。我期盼已开始征求意见的《全民阅读促进条例》经过立法程序后能尽早出台。通过立法的形式，在国家层面凝聚力量，达成共识，为全民阅读活动持续长久地开展提供保障，创造良好的法律环境。经过明确规范政府在全民阅读中的行为，为公民提供更多的资源、产品和服务。通过各方面协调合作，努力建设书香社会，为实现全面建设小康社会提供强有力的支持。

关于阅读，我想提出一个概念——"全阅读"。阅读，既不能片面强调纸质阅读而排斥在线阅读，也不能片面强调在线阅读而排斥纸质阅读，两种阅读各有特点，全面阅读才是我们的追求。针对纸质书失去市场的论断，我曾对三联书店的同人说："我们先不问读者爱不爱读，只问自己，我们的服务是否到位了，是否给读者提供了读书的条件，是否有了足够的吸引力。"同理，出版人也应该问问自己，我们是否给读者提供了好的图书，是否有足够的吸引力。总之，对出版人来说，出好书比什么都重要。

在我看来，出版的本质是"授知""续脉""弘道"。所谓"授知"，就是传授世界文明所积淀的知识和经验；所谓"续脉"，就是接续中华民族几千年来的文脉渊源；所谓"弘道"，就是宣扬、传播真理，推动社会进步。出版人肩负着文化传承、载道弘道的重任。

当然，经营方式与赢利手段关乎企业和员工的生存，这就要求出版人能够正确处理事业性与商业性的关系，"义"在前，"利"在后，回归出版本位，多出有价值的书，不出跟风炒作的书和"注水"的书，最大限度地满足读者的现实需求和潜在需要，引领更多的人阅读，为实现中华民族伟大复兴的中国梦贡献力量。

市场经济发展到今天，我们面临发展选择的问题，如果一味地强调GDP、强调经济、强调金钱，而不强调文化，不强调心灵的塑造，我们的发展是难以为继的。而对于强调文化、塑造心灵、提高国民素质、增加原动力，最有效、最便捷的手段就是读书。推进全民阅读是时代发展的必然要求，是全社会逐渐形成的一种共识。

最近几年，我一直在做推动全民阅读的工作，不管以什么形式，只要与读书有关，只要有利于阅读推广，我都愿意参与。我有一个体会：在做一些别的事情时，都不可避免地会有反对或争议的声音，唯有劝人读书这件事，没有人反对，而且大家都认为这是一件很好的事。

我对全民阅读情有独钟，乐此不疲，未来，我愿意继续为推进全民阅读做一些实实在在的工作，一直做下去。环境不治理，天空是灰暗的；人若不读书，心灵是灰暗的。如果国民都能将阅读当成一种习惯，让手不释卷真正成为一种社会风气，我们国家和民族的前途就会更加光明。

（刊载于《中国文化报》2016年4月22日第5版）

把大力推动全民阅读落到实处

在 2017 年"世界读书日"到来前夕,我国的全民阅读工作出现了众多新气象,有这么几个标志性事件值得我们记述。一是今年李克强总理所做的政府工作报告不仅再次涵盖全民阅读,而且改"倡导"为"大力推动",受到全国瞩目。这不只是字面上的变化,而是整个国家对全民阅读重大意义认识上的升华,已经开展了十年的全民阅读活动迈上了一个新台阶。首先这标志着政府作为重要推手,将在全民阅读中发挥更大的推动作用,各级政府在推动全民阅读方面职责明确,责无旁贷;表明"全民阅读"和其他文化建设事业一起成为国家发展战略,在政府工作中占有重要的一席之地。二是在总结前十年全民阅读经验和成果的基础上,出台了国家层面的《全民阅读"十三五"时期发展规划》,规划明确未来五年"九大任务",为打造书香社会提供行动指南,力推全民阅读工作健康有序、持之以恒地深入发展。三是受十年来全民阅读实践的推动,促进全民阅读立法提上重要议事日程。3 月 31 日,国务院法制办向社会发布了《关于〈全民阅读促进条例(征求意见稿)〉公开征求意见的通知》,进一步增强立法的公开性和透明度,提高立法质量,使立法和现实需要高度吻合,这意味着全民阅读立法步入快车道,完成立法工作后将为促进全民阅读、推动学习型社会建设、丰富人民群众文化生活提供法律保障。四是与全民阅读密切相关的《图书馆法》已由国务院常务会议审定，提交全国人大审查通过，将从图书馆建设方面提出法制要求，保障公民阅读的基本权益，使各级图书馆在全民阅读中发挥重大作用，提供便利条件。以上这些都表明自党的十八大以来，以习近平同志为核心的党中央高度重视全民阅读工作，采取了多项措施，取得了重大成果和明显成效，全国全民阅读活动欣欣向荣，在社会各方合力推进下进入一个方兴未艾的新的发展阶段。

近日，第十四次全国国民阅读调查成果发布，调查数据显示，2016年，我国成年国民各媒体综合阅读率为79.9%，较上年提升0.3个百分点；我国成年国民数字化阅读方式接触率为68.2%，较上年上升了4.2个百分点；图书阅读率为58.8%，较上年上升了0.4个百分点；我国国民人均图书阅读量为7.86本，较三年前人均增加两本。作为一个出版工作者，一个全民阅读推广人，我对上述成果和明显变化感到由衷的高兴。我欣喜地看到，党和政府围绕"全民阅读"做了大量工作，全民阅读活动开展得更加扎实、有效；深入人心的各类阅读活动蓬勃发展，全社会爱读书、读好书、善读书的阅读氛围更加浓厚；以优秀出版物引领阅读，全民阅读的内容质量得到提升；全民阅读更加深入基层，先进阅读典型不断涌现；着力推动少儿阅读，注意满足特殊群体、困难群体的基本阅读需求；在国家财税政策支持下，实体书店良性发展，全国县级以上图书馆免费向公众开放，服务方式多元化、便利化；农家书屋在广大农民阅读中发挥作用，全民阅读基础设施不断完善；各类阅读推广方式不断创新，全民阅读率明显提高。全国阅读热潮的兴起也促进了我国出版发行业的发展，传统出版业和新兴媒体加速融合，出版社出版的好书增多，努力多出精品满足读者的阅读需要。以上这些都是各方努力的结果，我也为在其中做过一点促进工作而感到欣慰。

2014年1月17日，我作为生活·读书·新知三联书店总经理，代表出版界参加李克强总理召开的征求科教文卫界对政府工作报告意见和建议的座谈会，我在发言中建议"把倡导全民阅读写入政府工作报告"，这个建议被总理采纳。这虽然是个人的建议，但代表了行业和读者的心声，受到了党和国家领导人的重视，在民众中形成了高度共识。从2014年至今，"全民阅读"连续四次写入政府工作报告，对在全国范围内开展全民阅读活动起到了重大推动作用。在向总理提出建议被采纳不久，我和三联书店同人以原有书店为依托，创办了北京首家24小时书店。24小时书店创办后两个效益提升，社会反响良好，在全民阅读中起到带头作用。李克强总理对我们创办24小时书店给予热情支持和高度肯定，他在致三联韬奋书店全体员工的信中说："获知你们于近日创建24小时不打烊书店，为读者提供'深夜书房'，这很有创意，是对'全民阅读'的生动践行，喻示在快速变革的时代仍需一种内在的定力和沉静的品格。"他指出，"读书不仅事关个人修为，国民整体的阅读水准也会持久影响到整个社会的道德水平。希望你们把24小时不打烊书店打造成为城市的精神地标，让不眠灯光陪护守夜读者潜心前行，引领手不释卷蔚然成风，让更多的人从知识中汲取力量"。在总理的勉励下，我们努力把24小时书店打造成为"城市的精神地标"。现在全国各大中城市涌现了一批24小时书店，成为推动全民阅读的一道靓丽风景，一盏引领城市夜读的"明灯"。被聘为国务院参事之后，我的工作重心仍放在推动全民阅读上。近两年围绕"充分发挥政府在全民阅读中的主导作用、加快全民阅读立法进程、注意解决实体书店发展困境"诸方面开展深入调研，向有关领导建言献策，有些建议得到采纳。我结合自己的本职工作，在全国各地实体书店进行专访调研，推广实体书店在创新经营、方便阅读方面的新鲜做法和经验，建议和帮助条件成熟的书店开办24小时书店。我还应邀到一些城市做推动全民阅读演讲，为推进全民阅读"鼓与呼"，自觉做一名倡导全民阅读的志愿者。我今年62岁了，已退出领导岗位。但我在倡导全民阅读方面决不退岗，会努力终生。在我心目中，劝人读书就是"行善"，这种善事我会一直做下去。

围绕深化全民阅读工作，我有如下建议：一是制定好规划。现在全国层面的规划已经出台，各省市的规划正在制定中；建议这些规划突出地方特色，精心细化，特别要在建立长效机制上下功夫。二是出版单位要为推动全民阅读提供精品，从源头上提高全民阅读的质量。全民阅读热潮的兴起，进一步扩大了阅读需求，出版单位面临发展机遇，也承担着沉甸甸的责任，多出书、出好书义不容辞。三是全民阅读要注重推好书、用好书。我调研过一些书吧，书的数量不少，但书的品位不高，有的还是粗制滥造的盗版书。全民阅读是一场"盛宴"，上桌的应该是精品菜、特色菜，不应让劣质菜品上桌。劣质菜品败坏胃口，吃坏肚子，因此要把好"上菜"这道关口，图书馆、阅览室、书吧都要提供精品图书，不能为了降低成本进质量不高的图书，要坚决杜绝"劣质电缆在西安地铁使用"的现象在阅读领域发生。四是推行"全阅读"概念，提供"全营养"套餐。现在全民阅读呈现全新的"业态"，既包括纸质阅读，也包括在线阅读；不能片面强调纸质阅读而排斥在线阅读，也不能片面强调在线阅读而排斥纸质阅读，两种阅读各有特点，互为补充。我们在倡导阅读中要提倡"全阅读"，为"全阅读"创造不同的需求条件。五是创新共享机制，建立共享平台。利用现代科学技术，在选书、借书、评书各环节吸引更多人参与，增加阅读的参与感，让更多人享受阅读的快乐，更加积极地投身到全民阅读中来。

（2017年4月21日）

我国全民阅读的发展趋势、问题与对策

我国改革开放以来，特别是党的十八大以来，以习近平同志为核心的党中央高度重视全民阅读工作，采取了多项措施，也取得了重大成果和明显成效，民众阅读热情愈发高涨，全民阅读欣欣向荣。

具体表现为：以优秀出版物引领阅读，全民阅读的内容质量得到很大提升；将全民阅读活动引入基层，先进阅读典型不断涌现；着力推动少儿阅读，注意满足特殊群体、困难群体的基本阅读需求；改革财税政策，完善专项资金，支持实体书店良性发展；出台《公共图书馆法（草案）》，进一步发挥公共图书馆服务功能，保障人民的阅读权益；大力建设农家书屋，提高广大农民的阅读积极性和阅读力水平；不断完善阅读基础设施，创新阅读推广方式，积极为全民阅读的有效开展创造条件。深入人心的各类阅读活动蓬勃发展，开展得更加扎实也更有成效，全社会要读书、读好书、善读书的氛围愈加浓厚。

全民阅读力的不断提高，全民阅读热潮的兴起，也促进了出版行业的发展。传统出版业和新兴出版业加速融合，出版社出版的好书不断增多，无论品种、数量还是质量均有很大提升。

2017年4月19日，全民阅读工作会议在湖南省长沙市召开，总结了十年来全民阅读工作的经验，肯定了取得的成绩。现在全国有200多个城市、1100多个区县都开展了丰富多彩的全民阅读活动。国家新闻出版广电总局加强了对全民阅读的规划和指导，在大力推动上下功夫、见实效；文化部加大了对图书馆的建设力度，让阅读从图书馆开始；全国妇联组织开展了一系列亲子阅读活动，如有的地方开展的"小手拉大手　全家来读书"活动，让图书进入千家万户；北京市搭建了全民阅读季公共服务平台，助力首都文化中心建设；上海市引领风尚、创新回归，打造了数字化时代全民阅读的"上海样本"；湖南省构建全民阅读生态圈，践行氛围阅读；江苏省着力打造"书香江苏在线"全民阅读平台，出台多项有力保障措施；湖北省加强顶层设计，激励阅读创新；广东省用"书香岭南"引领读书方向；深圳市持续开展全民阅读月活动，用立法的形式保证全民阅读活动的深入开展。

在这种形势下，当前全民阅读呈现出以下四个特点：

第一，党中央国务院高度重视，全民阅读正在上升为国家发展战略，呈现纵向贯通、横向联动、多方协同的新局面。习近平总书记多次强调阅读的重要性，而且在读书方面带了好头。李克强总理四次在做政府工作报告时提出倡导全民阅读，今年的政府工作报告进一步将"倡导全民阅读"变为"大力推动全民阅读"，这不仅仅是一般词义上的变化，这说明国家对全民阅读的重视，要持续地予以推进。现在我们国家的全民阅读工作已经由一般的分散阅读、个人阅读上升为国家战略，成为增强我国软实力的一个有力举措。

过去，我们的阅读主要是一种个人行为，现在当然也是，但是我们过去更多地是为了改变命运而读书，为了改变环境而读书。现在国家提倡全民阅读，阅读就成为了一种国家行为，是国家借助国力服务民众、引导民意、凝聚民心、提高国家软实力的一种行为。它不是一般的政治号召、舆论引导，而是有具体的调研、规划、预算、实施，是与国家的交通、能源等基础建设同等重要的一个重大措施。

大家可以看到，一些发达国家和发展较快的国家都是把阅读作为自己国家发展战略的。可以说，阅读在国家的发展当中起着举足轻重的作用。第二次世界大战期间，美国政府为了改善战地生活的枯燥寂寞，提高士气，向军队提供了12亿本小巧便捷的军用图书，每个战士在配发枪支、罐头的同时，还配发图书。战争打赢，这些图书功不可没。这件事再次说明精神需求与物质需求一样不可或缺，同时也说明，阅读不仅是一种个人行为，也是一种国家行为，必要时需要由国家来组织实施。在德国，全民阅读也是被作为国家发展战略来推广的。德国在两次世界大战战败后能够重回世界强国之列，离不开阅读的力量，而德国人阅读的背后离不开政府的硬件支持、社会的广泛呼应以及阅读习惯的传承。假如说德国人没有良好的阅读习惯和出色的阅读能力，他们就不可能从"二战"后那种几近毁灭的境地中重新崛起。以色列，这个战事不断的国家，在全球人均读书量方面排位也是非常靠前的，那里的阅读氛围非常浓厚。埃及，即使在战争当中，也在积极地组织民众开展全民阅读活动，而且有很多读者前去参加为期两天的卢克索书展，每天都有很多人去购买图书。埃及已经向联合国教科文组织提出申请，承办2019年的世界读书日活动。阅读受到国家的高度重视，由个人行为变为国家行为和国家战略，这是当前全民阅读的第一个特点。

第二，全民阅读立法已经列入重要议事日程，国家将从法制上保障公民阅读的权利。2017年3月31日，国务院法制办向全社会公布了《全民阅读促进条例（征求意见稿）》，公开征求民众的意见，目的是为了进一步增强立法的公开性和透明性，提高立法质量。这意味着全民阅读立法工作进入快车道。

全民阅读立法对政府提出了明确的要求，政府必须代表国家保障全民阅读的顺利开展。它规定了政府必须履行的职责，比如说在多大范围内开设多少书店，在多大范围内建设多少图书馆，每年的财政预算该拿出多少钱来支持全民阅读，这是硬性的规定，必须做到。如果政府做不到，就要拿政府问责。那么对民众来说，则主要是引导阅读的问题。我们通过开展全民阅读活动，在全社会形成浓厚的阅读氛围，使人们在这里受到熏陶、引导，这样全民阅读立法就能切实产生效果。

现在全民阅读立法正在公开征求意见，《全民阅读促进条例（征求意见稿）》说得还是比较清楚的，第一章《总则》第一条：为促进全民阅读，推动学习型社会建设，丰富人民群众精神文化生活，增强公民思想道德素质和科学文化素质，提高社会文明程度，制定本条例。第二条：全民阅读促进工作应当坚持以人民为中心，坚持以社会主义核心价值观为引领，提升公民阅读兴趣，培养公民阅读习惯，提高公民阅读能力，引导形成爱读书、读好书、善读书的社会氛围。第三条：本条例所称全民阅读，是指公民为获取信息、增长知识、开阔视野、陶冶性情、培养和提升思维能力的读书行为。本条例所称全民阅读促进工作，是指由政府主导、社会力量参与，推动优秀出版物创作出版、完善阅读设施、改善阅读条件、组织开展阅读活动、营造良好阅读氛围等工作。国家倡导、支持学校在校学生在完成学习任务的同时，积极参加全民阅读……总而言之，全民阅读立法工作完成，就能从法律层面上保障全民阅读活动的开展。

在阅读立法方面，一些省市也在积极地开展相关工作，比如辽宁省和四川省都通过了《促进全民阅读的决定》，湖北省、深圳市分别制定了《全民阅读促进办法》和《全民阅读促进条例》，最近黑龙江省也由人大常委会发布了和全民阅读相关的法规。另外，我国将出台《公共图书馆法》。公共图书馆作为开放性的文化场所，是一个城市和地区最主要的文化服务中心之一,它不仅承担着保存优秀文化资源的责任,还是开展终身教育的重要场所,更是开展全民阅读活动的主阵地。公共图书馆和全民阅读有着直接的联系,《公共图书馆法(草案)》的出台对推动全民阅读意义重大。

第三,从中央到地方都在制定全民阅读规划,明确全民阅读的阶段性目标、任务,指导全民阅读活动有序进行,并逐步扩大其成果。2016年12月27日,历经三年编制的《全民阅读"十三五"时期发展规划》向社会发布,这是我国制定的首个国家级"全民阅读"规划,其主要意义由一句话概括,就是:为打造书香社会提供指南,使全民阅读工作健康有序、持之以恒地发展。这个规划中也提到了一些优质内容建设问题,比如说全民阅读优质内容建设工程、重点出版物出版工程、优秀出版物推荐工程,这都和出版工作有直接关系。这是国家制定的全民阅读规划,目前已在落实当中。各地也在积极地制定自己的规划,福建、安徽等省已经发布自己的《全民阅读"十三五"时期发展规划》。

第四,广大读者阅读积极性愈加高涨,在政府主导下,一些社会组织发挥重要作用,一些阅读引领人、推广人空前活跃,作用明显。阅读活动主要是一种个人行为,但是这些行为需要有人组织、有人交流。现在有大量社会组织推动开展读书活动,特别是在南方,广东、江苏、浙江等省很多社会组织特别活跃,在组织人们阅读好书、相互交流方面发挥了重要作用。一些阅读引领人、推广人近年来空前活跃;深圳市每年都要评选优秀阅读推广人,这些人类似于全民阅读"志愿者",积极引领某一类群体对某一类图书进行阅读。也有一些阅读推广人乐此不疲地开展有关活动,成为促进全民阅读方面的重要推手。

目前我国的全民阅读也存在一些问题,一是全国性的指导和协调还不够有力，除政府主导、社会各方推动外，在上层还缺少强有力的协调力量；二是政府在全民阅读中的作用需要进一步加强；三是城乡之间、各省之间、各社会阶层之间发展得不够平衡；四是全国和各省制定的全民阅读规划需要进一步落实。

对此，我有如下建议：

一是党中央和国务院要继续高度重视全民阅读工作。党的十八大报告历史性地将"开展全民阅读活动"纳入，全面推进了全民阅读工作。今后要持续推进，久久为功。

二是2017年政府工作报告将"倡导全民阅读"改为"大力推进全民阅读"，进一步明确了各级政府在推进全民阅读中的责任。要加大研究这一课题的力度，把政府的作用落到实处，比如各级政府如何加强规划，如何当好"推手"，如何增加资金投入，等等。

三是继续加快立法进度。尽快完成全民阅读立法工作，对已出台的相关法律法规要加大实施力度，切实保障公民的阅读权利。

四是设立我国"全民阅读节"，以此增强阅读感召力。

五是组织出版优秀出版物，从根本上提高全民阅读的质量。

六是扶持发展实体书店，使出版物能顺畅地展现在读者面前。

（2017年10月30日）

以创办北京首家 24 小时书店为例
谈践行全民阅读的具体实践

　　三联韬奋 24 小时书店为三联书店的全资子公司，是在 1996 年创办的三联韬奋图书中心（2010 年转制为韬奋书店有限公司）基础上拓展创办的。书店经营面积不到 1500 平方米，图书品种 8 万多种，和"雕刻时光"咖啡馆联动经营，满足读者 24 小时购书、阅读、餐饮、购物、休闲等各种活动。创办京城首家 24 小时书店，我们主要有这样几点考虑：一是 2014 年政府工作报告首次提出"倡导全民阅读"，将全民阅读上升为"国家行动"，广大新闻出版工作者在推进全民阅读中有义不容辞的责任。三联书店作为著名出版品牌，应该在推进全民阅读行动中起带头和示范作用，不仅要多出好书，为人们的阅读提供更多选择，还要用力所能及的方式，为读者的阅读创造条件，满足人们的不同阅读需求。二是践行韬奋先生倡导的服务精神，竭诚为读者服务，为读者提供热心、周到、详尽的服务。韬奋先生最看重服务精神，他说，为读者服务要"竭心尽力"，"诚心恳意"，"尽我们的心力做去，以最诚恳的心情做去"，他要求店员："服务不仅仅是替人做事，而且要努力把事情做得好。所以我们不但要做事，而且要做得诚恳、周到、敏捷、有礼貌"，等等。而且这种服务是无条件的、不计报酬的。我们开办24小时书店，秉持三联传统，着眼社会公益，旨在为读者夜晚购书、阅读提供一块"阅读的绿洲""精神的净土"，给愿意到公共场所挑灯夜读的人打造一处"深夜书房"。三是在国家出台相关政策扶持实体书店的利好形势下，我们决心尝试创新的经营模式，拓展经营范围，提高经营水平，为书店注入新的生机和活力。开办24小时书店，不仅仅是经营方式和时间的延伸和拉长，更是企业升级换代转型的一个契机。我们决心以此为起点，建立新的运营机制和激励机制，紧密结合读者的需要提高服务质量，提升管理水平，提高企业的运营能力、赢利能力、抵御风险的能力，获得两个效益双丰收。我们的着眼点是社会公益，着力点是搞好经营，通过自身努力为实体书店的生存发展闯出一条新路。

  创办北京首家24小时书店引起社会各界和广大读者广泛关注，一时间成为社会文化热点和议论话题。各种议论都有，但绝大多数是肯定和赞赏。李克强总理在给北京三联韬奋书店全体员工回信中，高度肯定创建24小时不打烊书店这一创意，指出这是对全民阅读的生动践行，希望三联韬奋书店把24小时不打烊书店打造成为城市的精神地标，让不眠灯光引领手不释卷蔚然成风。全国百余家媒体纷纷报道，网上可搜到相关信息60万条。一个小小的仅不到1500平方米的24小时书店，何以引起如此轰动？究其原因，是因为这一创举与市场要求、与读者需求高度契合，与逐渐兴起且经久不衰的全民阅读浪潮高度契合。正如李克强总理所言，这是对全民阅读的生动践行。古人云，不积跬步，无以至千里；又云，千尺高台，起于垒土。一切大创举，一切大成功，都是一件一件小事累积起来的。我们当初创办北京24小时书店，其目的就是适应读者阅读需要，把书店的单一售书功能变为售书和提供阅读场所两种功能，为市民打造一处永远亮灯的书房，变成一个深夜公共图书馆。说实在的，办这件事并不难，关键是愿不愿做，想不想做，有没有一种推进社会阅读的责任感。书店24小时通宵经营不仅方便了人们阅读，还增加了营业时间，增加了营业收入，一举两得，何乐而不为？当时我们明确不以经济效益为目的，完全是着眼社会公益，尽社会责任。只要能够盈亏持平，我们就长期办下去。有人问，你们图个啥？我说就为吸引更多的人来这里读书。有人问，乞丐来了你们也服务？我说乞丐来了我们照样服务，读者无高低贵贱之分。更多的人则是关心我们这家24小时书店能否坚持下去。现在半年时间过去了，我们的24小时书店一天不停地在运转着，经营业绩比我们预想的要好许多，是未拓展为24小时书店前每天零售额的2.1倍，不仅营业额大幅增长，营业利润和员工收入都有较大幅度的提高。我对来书店夜读者情况做过观察分析，一般来说，晚上9点至11点，读者年龄差距很大，从两岁的幼儿到百岁老人都有；从晚上11点到12点，主要是50岁以下的读者；到凌晨3点，基本是16岁到30岁的年轻人，大多是北京高校的学生或中学生结伴而来。还有平时忙于上班，利用闲暇时间来夜读的上班族们；从外地带着孩子来进行夜读体验的读者；一些领导干部和特殊群体也慕名而来。我国著名作家、百岁老人马识途到北京看女儿，听说三联办了24小时书店，一天晚上专程到书店参观，还买了几本书法书作为纪念。

北京三联韬奋24小时书店能够获得成功，原因是多方面的，但成功的主要原因有以下三个方面：

首先是党和国家高度重视文化建设和倡导读书的利好大环境、大气候。我们中华民族有重视读书的优良传统，"耕读传家"历来为人们所称道。"读万卷书，行万里路"被视为事业成功的必备条件。党和国家几代领导人都重视文化建设，力倡读书，毛泽东同志更是手不释卷的典范。党的十八大之后，新的中央领导集体更加重视文化建设和倡导读书活动，并带头读书，身体力行。习近平总书记当年到陕西下乡插队时，留给乡亲们最深刻的印象是爱读书，从北京带去最多的物品就是书。现在日理万机的总书记酷爱读书，说"读书已成了我的一种生活方式"，"现在，我经常能做到的是读书。读书可以让人保持思想活力，让人得到智慧启发，让人滋养浩然正气"。他在接见来自我国台湾地区的星云大师时说："您送我的书我都读完了。"百忙之中坚持读书，不仅是总书记的个人行为，更是一种号召，产生了良好的社会影响。李克强总理爱好读书，喜欢在书丛中流连并购书。他不仅个人喜好读书，还在社会上力倡读书。"倡导全民阅读"首次写入政府工作报告，让全民阅读成为国家行动，为全民阅读活动在全社会的深入开展催生了新局面。党的十八大以来，党中央、国务院先后出台多项促进文化建设和全民阅读活动的政策措施。《全民阅读促进条例》已经进入国家立法程序，将以法律法规形式把全民阅读工作扎实推进。国家扶持实体书店的政策和举措连续出台，仅免收图书销售环节增值税这一项，每年就让利33亿元。2013年，国家财政拿出首批中央文化产业发展专项资金9000万元创建扶持实体书店试点，全国56家实体书店得到资金支持。全国各省市纷纷出台相应政策，不仅使文化建设和读书活动有了经济上的支持，更是在其拉动下营造了开展全民阅读活动的氛围。全国各地阅读活动丰富多彩，争芳斗艳。中央国家机关主题读书活动，国家知识产权局党校读书活动，国家发改委青年读书论坛，公安部直属机关读书交流会，等等；各级机关的读书活动都开展起来了。"北京阅读季""深圳读书月""书香上海""书香杭州"等，各地的阅读品牌争相推出，全国300多个城市有经常的阅读节、阅读日活动。广泛开展的读书活动催生了人们的阅读热情，拉动了图书销售，实体书店的经营出现转机，正是在这种大气候下，三联韬奋24小时书店应运而生。

其次是三联韬奋24小时书店所具有的区位优势和优越的人文地理环境。书店位于美术馆东街22号，拥有地处首都北京的有利条件。北京是特大城市，国家政治、经济、文化中心，城市人口众多，据2013年年底统计，总人口2114万人，其中流动人口802万人。总人口中受教育的人多，愿意读书的人多，阅读环境好。推动包括实体书店在内的公共文化基础设施建设，是北京发挥全国文化中心示范作用、建设中国特色社会主义先进文化之都的重要内容，我们开办24小时书店得到了北京市有关部门的有力支持。其次，我们所处的具体位置条件优越。一是有得天独厚的文化圈。向西延伸是美术馆、景山公园、故宫、北海公园，向南延伸有北京人民艺术剧场、商务印书馆、王府井步行街，向东是隆福寺文化商圈。这些文化商圈近几年都有较大发展。我们三联书店近几年也以编辑业务楼为依托打造三联文化场，改革重组了韬奋书店，创办了韬奋图书馆、读者俱乐部、书香巷等，和"雕刻时光"建立了"荣辱与共"的战略合作关系，文化圈的发展逐渐聚拢了更多的人气。再就是极为便利的交通条件。我们的店面处于北京城东西南北交叉的交通枢纽位置，104、108、109、111、103等数十路公交线路交汇于此，地铁5号线、6号线开通后交通更加便利，正在修建的地铁8号线出口就在书店楼下。交通的愈加便利使人流大增，韬奋书店近几年成了人流潮涌的"热码头"，我们对此看在眼里，喜在心里，意识到开办24小时书店的时机已经成熟。

最后是人们对读书和倡导阅读形成高度共识。人们对三联韬奋24小时书店的高度关注和肯定，源自人们内心对读书的喜欢和钟爱。前面讲到，24小时书店把销售功能扩展为兼有图书馆的阅读功能，为愿意到公共场所挑灯阅读的人打造一处"深夜书房"，提供一块

"阅读的绿洲"和"精神的净土",满足人们的阅读心理和阅读需要,与人们的阅读渴求高度契合。打造"深夜书房"大大方便了"书虫"阅读,也给忙于工作的上班族挑选图书提供了更多的机会。一位读者说我们"为读书人燃起一盏灯,一座城市就被点亮了"。央视主持人海霞说我们"给年轻人的夜生活增添了文化色彩"。一个居无定所的流浪汉在来信中说:"我们这个时代是该好好读书的时候了,读书的确是一剂洗心的良药,它能帮我们洗涤因世俗而被蒙尘的心。除去心灵的尘埃,才让人生有一个明明白白的方向和定位。"在这个多元化的时代,人们对事物的认识很难一致,但对"读书"却众口一词地推崇。这种对崇尚读书的极高共识,给我们开办24小时书店增加和集聚了正能量。更多的人则是"用脚投票",用到书店伏案夜读的实际行动支持我们,使我们越办越有信心,越办越有劲头。

在北京三联韬奋24小时书店影响下,全国一批24小时书店应运而生,杭州、西安、太原、青岛等地都开办了24小时书店。为了规范和促进这类书店的经营活动,更好地发挥引领和推进全民阅读的作用,2014年7月,北京三联韬奋24小时书店联手杭州"橄榄树"24小时书店、深圳书城中心城24小时书吧,共同发起召开全国24小时书店创新发展研讨会,全国11家24小时书店负责人到会,共商发展大计,发布了《共同宣言》。《宣言》由我主笔起草,主要内容如下:

一、我们开办24小时书店的宗旨是:创新拓展书店服务职能,打造"深夜书房",为广大读者读书提供便利,为推进全民阅读、建设书香社会和牢固树立社会主义核心价值观提供正能量。

二、我们坚持把社会效益放在首位,把读者利益放在首位,不断提高服务水平和服务技能,增加吸引力和辐射力,努力把24小时书店建设成城市精神地标和所在区域的文化风景线。

三、我们坚持守法经营,坚持高品位、高格调,为读者找好书,为好书找读者,为读者提供精美的精神食粮,不售格调低下、粗制滥造的书刊,自觉抵制社会上不良风气的侵袭和影响。

四、我们积极进行经营模式创新和书店转型的探索,千方百计满足读者需要,精打细算搞好经营管理,努力提高经济效益,用良好的经营成果为24小时书店长期生存提供经济支撑。

五、我们呼吁各级政府对24小时书店和各类实体书店继续予以政策扶持和持续的资金支持,希望社会各方面对24小时书店给予关注和支持,使这一书业新型服务业态得以长期延续。

六、我们建议开办24小时书店要从实际情况出发,不盲目跟风和"一哄而起",要做可行性研究,讲究实际效果。开办24小时书店的根本目的是方便读者、促进阅读,利用多种便民服务形式同样可以达到这一效果。

七、我们经过相互友好协商,决定建立24小时书店联盟,定期交流研讨,取长补短,互相促进,在相互学习的过程中共同成长进步。

八、我们欢迎广大读者参与,乐于倾听广大读者的建议,不断改进服务和经营水平,务必获取两个效益双丰收,为文化繁荣和推动社会文明进步做出应有的贡献。

经过这次会议,全国各地24小时书店发展势头良好。最近又有长沙、合肥等地一批24小时书店创办。我们中国出版集团用自己的优秀产品,支持各地开办24小时书店,同时也支持旗下出版社在上海、南京等地开办24小时书店。其实,开不开办24小时书店并不是最重要的,关键是书店和其他文化单位要改变单一的功能,拓展和强化服务读者阅读的功能,为阅读提供时间、场所等各方面的便利,适合不同读者的多重阅读需要。诚心实意地为读者提供阅读的便利，才是最重要的。让更多的人读书，特别是更多的青年人读书，我们国家才会富强，才有希望。我们欣喜地看到，一些书店在转型中强化了服务阅读功能，一些图书馆延长了借阅时间，一些书评会、讲书会以各种形式出现，相信全民阅读一定会呈现波澜壮阔的美好前景。

综上所述，创办24小时书店只是一次对全民阅读的具体践行，我们做得还远远不够，需要做的事情还有很多很多。让我们出版界、图书馆界携起手来，让我们热心促进读书的人携起手来，为倡导和推进全民阅读做出更多的努力。最后我用一首自己创作的《中华读书歌》来结束今天的演讲：

熙攘人群中，何处是家园？
茫茫黑夜里，点亮灯一盏。
读书兴民族，势壮如龙磐。
读书强国家，旧貌换新颜。
读书塑灵魂，美德代代传。
读书长智慧，多读医愚顽。
读书怡性情，其乐不可言。
春读禾苗长，夏读静心田，
秋读气清爽，冬读不惧寒。
晨读伴日出，鸡鸣五更天。
夜读最静好，灯火照无眠。
年少宜趁早，朗朗声传远。
中年苦读书，攻坚不畏难。
华发读书乐，夕阳霞满天。
大家来读书，奋力效先贤。

大家来读书，全民总动员。
大家来读书，书香满人间。
大家来读书，中国梦灿烂。

"互联网+"时代的实体书店和全民阅读

——2015年4月17日做客人民网

开办三联韬奋24小时书店,时间是在2014年春节以后。2月8日,我说我们要搞一个24小时书店,4月8日试营业,4月18日正式营业看一看情况。8日开业的时候,我说先不要找新闻单位,只是告诉周边读者朋友一下,看看大家是不是踊跃前来。后来不知哪一个网友很热心地把这个消息在豆瓣网上发布出去了,这样很多人来了,很多媒体也来了,一下子就成了一个新闻热点。

经过一年的实践,效果还不错。整个销售额、利润和客流量都大大地增加了。销售额增加了60%左右,利润增加了100%。

我对三联韬奋书店做过实地考察,白天各类人群都有,有年纪大的,也有年纪小的。晚上12点以后来店的主要是青年人,他们精力充沛,有一些大学生、中学生。也有一些恋人来一起看书,有家长带孩子来看书,还有一些从外地过来体验的。我看到的很多都是年轻人,这给我很深的印象。过去有人说年轻人不爱读书,我觉得不能这样说,就我接触的情况来看,现在的年轻人是很爱读书的,他们有的在这里通宵读书,有的困了以后就趴在书桌上或躺在阅读凳上。

我们办 24 小时书店就是给晚上来阅读的人提供一个场所。现在社会分工越来越细，昼伏夜出的人越来越多，晚上给大家提供读书的便利是有必要的。现在很多年轻人都在上网、读手机，通过现代的技术、现代的网络去阅读，这首先是值得肯定、值得点赞的，读总比不读强。但是，互联网阅读、手机阅读和传统的书本阅读，确实有所不同。有的可以称之为读书，有的是在浏览信息，二者有所区别。举个例子来说，假如你拿一本书在看，大家说你在看书。如果你看墙上贴的广告，没有人说你在看书，因为你看的不是书，而是看广告，广告是一种信息。现在网络阅读有一个问题，就是内容鱼龙混杂。把电子书放在网上进行阅读，这和传统阅读没有什么两样。但传统阅读应更加得到重视，因为传统阅读的来源和出版方式有很大的不同。作家一本书写了好几年，其中蕴含了他长期以来的知识、思想。互联网是即时性的，大家都是自媒体，有的文章经过深思熟虑，有的则是灵感一现写出来的，情况是不一样的。我们既提倡手机阅读、网络阅读，同时也要提倡深层次的，具有思想力、震撼力的传统阅读。在当今时代，只强调传统阅读，或者只强调新媒体阅读，都是不全面的。就一个成才的年轻人或者一个完整的人来说，既要重视网络阅读，也要重视传统阅读，不可偏废。因为传统阅读的对象是几千年流传下来的涵盖中华文明和世界文明的图书，都是知识、经验的集聚，为我们提供思想、提供智慧。同时，我们也要重视网络阅读，网络阅读有它的便捷性，也有它的前沿性。在线阅读有八面来风的感觉。比如白天阅读的时候，借助互联网阅读很方便。但当晚上躺下来的时候，拿着一卷书，就有不同的感受。有的人不摸着书睡不着觉，浓浓书香，也是别的东西所替代不了的。既不可片面强调传统阅读，贬低网络阅读，也不可强调网络阅读，贬低传统阅读。全面的人，全面发展，全面阅读。

全民阅读给我们实体书店带来很好的机遇。机遇在哪？看书的人多了，图书就会销售得多，有利于书店的经营。读书的人愿多到书店来，这就显得我们重要，我们有价值。如果一个东西大家都不来问津，价值就会比较小。如果大家都来书店，再加上书店自身积极抓住这样的机会，升级换代，适应现在人们生活方式的变化，就会得到发展。书店要通过升级换代给读者提供一个舒适的阅读环境。

回头来讲 24 小时书店，它的本质意义不是说一定要办 24 小时书店。24 小时书店是服务形态的变化，把过去的你来买书我来卖书的书店变成一个阅读的场所，变成一个既是书店又是图书馆的场所，而且欢迎你来阅读，给你提供便利。书店要把这种功能承担起来，不管你在白天开还是晚上开，24 小时还是 6 小时，都没有关系，主要是要把服务阅读开展起来，这样就好了。就会在全民阅读中发挥更大的作用，找到自己的价值。这几年以来，党和政府高度重视实体书店建设，而实体书店的建设确实是需要的。你想想，一个城市假如没有书店，那会是什么样子？西方的每一个城市都有教堂，那是他们的精神高地。我们中国每一个城市都有书店，而且书店都处在很好的位置。这个书店就是我们的精神高地，就是我们的精神寄托。

我自己也是非常喜欢读书的人，我今年 60 岁了，可以说读了一辈子的书。过去我们家在农村，小的时候读书很困难，但是把能够找到的书都读了。我在农村的时候最喜欢下雨天，不用干农活，也不用上学，就躺在床上看书，是非常好的时光。现在我每天晚上睡觉之前一定要读书，读困了才入睡。开办 24 小时书店就是想通过我的努力，让更多人读书。我现在要做的几件事情都和阅读有关，第一件事情是在湖南永兴创办全民阅读示范县，中国出版集团、三联书店和湖南永兴县委县政府共同创办全民阅读示范县。这个县搞了 500 多个书吧，每 500 米左右就有一个书吧，搞得非常好。我们搞一个阅读嘉年华的启动仪式,就在永兴举办。这个县创办成功,我们再向其他地方推广。另外我们搞了一个"中版好书百店千柜工程",在全国一百家书店里搞一千个专柜,让读者一下子能买到中国出版集团的好书。

  关于荐书,我觉得推荐书难,难在什么地方呢?因为每个人有不同的口味,很难推荐的。我自己比较喜欢四大名著,还喜欢鲁迅的作品。我希望大家读经典。读书重要,读好书更重要。因为我们现在都很忙,精力有限。读书应有一个选择,选择积极健康向上的宣传社会主义核心价值观的,提供正能量的,使自己进步、愉悦的书。人家问我什么是好书,大体是这些,自己去选择。我还想说,读书是个人的事情,虽然全社会都在倡导阅读,但是不能代替每个人读书,也不能为每个人去选择,要调动每个人的积极性,大家都来读书,才能收到实效。

第一等好事还是读书

——2015 年 4 月 22 日深圳图书馆对话全民阅读

据最新调查数据显示，2014 年我国成年国民人均纸质书阅读量只有 4.56 本，而俄罗斯是 55 本，日本是 40 本，听后我有点汗颜。但我个人的看法是，不能简单地说中国人不爱读书。我们在北京创办了 24 小时书店以后，我最关心后半夜来书店的人。我做过每个时段的调查，后半夜 1 点到早上 6 点这个时段来的全是年轻人，年龄不超过 30 岁，有在校大学生，刚毕业的学生，毕业以后在求职阶段的学生，也有中学生。看到这个现象以后，我得出这样一个结论，即不能说中国的青年人不爱看书，关键是怎么引导他们，怎么为他们服务，我们现在就是尽量多做这样的工作。

刚才讲到阅读的问题，我想提出一个概念，这个概念叫"全阅读"，这个问题是这么来的。有一天有个人问我，你天天在倡导全民阅读，现在每个年轻人不天天都在看手机吗，不都在上网吗，不都在阅读吗，还倡导什么阅读？我听到这个问话以后，思考了一个问题，提出"全阅读"这样一个概念。经常有媒体的朋友问我，现在的阅读，纸质媒体重要吗？网络阅读重要吗？怎么看这个问题？我的思考是，现在的阅读既不能片面强调纸质阅读，排斥网络阅读，也不能片面强调网络阅读，排斥纸质阅读。两种阅读各有特点，情况是不同的。网络阅读更倾向于收集资料和信息，纸质阅读是更传统的获得知识和理论思维的阅读方式。全面发展的人，全面的阅读，才是我们的追求。

相关的行业都在推动全民阅读，出版人应该在全民阅读当中起到重要的作用。出好书，出大家需要读的书，把好的图书提供给大家，这是出版人的第一责任。第二责任，是发行好的读书，评介好图书，我们对它的体会最深。第三，出版人、发行人首先自己是爱读书的人，在阅读方面应该做出榜样和表率。

图书馆在全民阅读当中有很重要的作用，图书馆、书店像加油站一样，我希望我们的图书馆能够改变一些服务方式。首先要做一些营业时间上的改变，比如说市民上班它也上班，市民下班它也下班，服务方式上确实有很大的问题。现在全国各地办了一些24小时书店，从根本上来说就是在书店卖书功能的基础上拓展了服务阅读的功能，书店在做这样的事情，图书馆更应该这么做。我看到一些图书馆已经开始改变自己的服务方式，已有很多的改进。另外，图书馆应该采购好书，现在每年出版几十万种图书，确实是泥沙俱下、鱼龙混杂，图书馆应履行自己的责任，把好的图书采购回来让大家阅读，这是图书馆的责任。

今天恰好是三联24小时书店一周岁的生日，去年我说这样一句话：开一家24小时书店是三联的责任，同时我还说做了这辈子最对的一件事，我为什么这么说？因为一整年了，刚开24小时书店的时候，坦率说我心里也不是很有底，我就是想开一家24小时书店。我到台湾地区看了诚品书店，24小时为读者服务，我就有了一个梦想：在北京开一家24小时书店。当时有人说北方天气冷，冬天晚上人们都不出门，不可能开成。还有人说你已经59岁了，即将面临退休，搞不好"兵败滑铁卢",把一世英名赔进去了,所以我当时压力还是很大的。但我感到这两年我们全民阅读进入了一个新的阶段,可以说在中国读书越来越受到重视,十八大以后确实进入了新的阶段,读书的春天真正到来了,外部环境很好。而且三联书店交通条件更加便利,地铁5号、8号、6号线开通,人流逐渐增多。我注意到这种现状后想开一家24小时书店,就是让更多人来读书。我对员工们说,1500平方米的房子晚上闲着也是闲着,把它变成图书馆,引领城市的阅读。有人说会有这么多人来吗?我说:现在北京有2100万人口,如果1万人中有一个人来看,每年就会有几万人来看书,这是值得的。经过一年实践,现在看来是成功了,有几个数字可以说明这个问题。我们年营业收入增长了58%,利润增长100%,人流28万人次,增加68%,营业收入过去每天的销售额是3万元,现在每天销售额是6万元。三联24小时书店开了以后,我们很有信心,紧接着在北京海淀区又开一家24小时书店。我自己更看重读纸质书,一本书作者写了多少年,是前人知识的聚集。当然,不管是新媒体阅读,还是纸质阅读;是无目的的阅读,还是有目的的阅读;是集体阅读,还是个人阅读,只要读书就好。我们作为出版人,就是要创造有利的条件,让大家来读书。我到半夜的时候去看24小时书店的读者,看到有的年轻人趴在书桌上看书,有的坐在书堆里看书,还有躺在地上睡着了的,我当时心里就热了,感到是我这一辈子做得最为正确的事情。我买了100条小毛毯送到书店,在天冷的时候给读书人保暖。当时办24小时书店,有人问流浪汉来了怎么办,还有问打架动刀子怎么办,这两件事情至今都没有发生。大家都知道书店是神圣的地方,有尊严的地方。我对此感到很欣慰。

  我致力于推广全民阅读,也希望有更多的点灯人推广全民阅读,希望有更多的出版人担起这个责任。

馆社店三方联合为全民阅读凝心聚力

出版界图书馆界全民阅读年会创始于2012年，今年已经是第五届了，每年年会都会吸引出版界、图书馆界、文化界的二百多位代表到场，共同为全民阅读建言献策。五年来，年会的业界影响力越来越大，其背景是全民阅读在全国的深入人心。我清楚地记得，2014年1月17日，我代表出版界参加了李克强总理担任总理以后的第一次政府工作报告征求意见座谈会。去参加会议之前，国家新闻出版广电总局领导对我说，要建议把倡导全民阅读写入报告。我在会上提出了将倡导全民阅读写入政府工作报告的建议。这不是我个人的建议，而是整个新闻出版系统、整个出版界的心声。总理听取了我们的建议，并且在会后记者招待会上表示，倡导全民阅读，不仅本年度写入，下一年度也要写入。到今年，倡导全民阅读已经连续三年写入政府工作报告。应该说，党中央非常重视这项工作。在积极引导全民阅读方面，我们国家已经走过十年，取得了重要成绩，出版界图书馆界全民阅读年会在推进全民阅读方面起到了积极的作用。

推动全民阅读，打造书香社会，出版界和图书馆界尤其重任在肩。出版界是责无旁贷的主力军，好的出版内容要以最好的方式呈现出来，好的产品要以最好的渠道送到读者手中。这就需要书店网点和公共图书馆网点，尤其是作为国家公益性阅读服务机构的公共图书馆，要想方设法把书香渗透社会的每一个角落，打通图书与人民群众亲密接触的"最后一公里"。

当有了好书，有了渠道，这时就需要阅读推广人的努力。我们知道，当下图书生产进入了极其丰富的时代，每年出版图书40万种，但在出版界也出现了泥沙俱下的局面，我们阅读推广人在倡导大家多读书的同时，还要引导大家读好书。以上几个方面的力量共同努力，才能使全民阅读得以积极推进。

我认为，"出版界图书馆界全民阅读年会"这个名字起得非常好，既体现了我们肩负着的责任，也是一种情怀的展现。

出版界、图书馆界首先应该承担好自己应尽的职责，而不是抱怨读者的阅读积极性降低，我们要号召大家多读书、读好书，形成好的阅读风气。中国出版集团作为出版"国家队"，在推广全民阅读方面做出了自己的努力：一是集团旗下的人民文学出版社等品牌出版社几十年如一日地以出版精品图书为己任，出版了很多好书。二是集团与图书馆界进行了密切合作，如参与主办出版界图书馆界全民阅读年会；2016年4月联合三沙市政府，共建了三沙图书馆，把我们的好书源源不断地送到祖国的最南端；每年我们向各地图书馆所捐图书价值在100万码洋以上。就在前几天我参观了新疆维吾尔自治区哈密市图书馆，发现里面的书架上空空荡荡，我们当场决定捐献价值10万码洋的中版新书。三是我们集团在全国100家大型书店设立中版图书专柜。四是集团所属的新华书店总店创办的《图书馆报》倾心打造少儿阅读专刊、全民阅读专刊等特色专刊以及全国馆社高层论坛、全国优秀馆配商评选活动等，充分发挥了桥梁作用。

我自己曾经担任三联书店的总经理，现在在中国出版集团工作，也是国务院参事。我现在以推广全民阅读为己任，引导人们读好书、看好书,我认为引导人们读书是做善事,是推进我们国家发展的重要工作,我们都应当积极地为此努力。在此,我希望全国各地的出版单位都能以提升社会效益为首要责任,为推动全民阅读夯实基础,也希望各地的公共图书馆将推荐好书、推广全民阅读作为自己的服务内容,各方携手,共同为打造书香社会积极努力。

我自己还有一个特殊的建议。现在各个书店都在升级换代,都在建立公共阅读平台,为大家创造一个良好的阅读环境。全国有24个城市设立了24小时书店,提供了阅读方面的各种服务。作为推广全民阅读的重要基地,图书馆更有责任在服务时间、服务方式、阅读环境等方面做出努力,我希望我们的新华书店和图书馆密切配合起来,为大家阅读提供方便。北京首家24小时书店是三联书店创办的,创办之初,有些媒体还曾提出过质疑,担心安全方面会有问题。事实证明,三年来书店没有一起打架争斗事件发生,因为大家都知道,这里是阅读的场所,不是动刀子、打架的地方。还有人提出,有流浪汉来这里怎么办?我从来都主张,如果流浪汉在这里读书,他就是我们的读者,我们要热情地接待他。书店、图书馆是传播文化、播撒文明的地方。

综上所述,我希望大家能共同努力,把这次会议开好,把全民阅读推广工作做好。

(2016年9月8日在宁夏出版界图书馆界
全民阅读年会上的发言)

发挥图书馆在全民阅读中的助推器作用

　　2016年4月21日，是我人生中一个值得纪念的日子。就在这一天，我到了祖国最南端的城市——三沙。头天晚上坐14个小时轮船，于次日早上8点登上三沙永兴岛，到晚上6点多离开，总计在岛上度过10个小时。所来何为？就是做一件事——中国出版集团和三沙市政府共建三沙市图书馆。在太阳的直射下，冒着40多度的高温，我们隆重而又简朴地举行了共建仪式。我代表中国出版集团和市政府有关领导签订共建协议，向三沙市党政机关、部队、学校捐赠了新出版的一大批中版精品图书。在我和市领导的发言中都讲到了共建三沙市图书馆的必要性、重要性，表达了相互合作的决心和意愿、方法和路径。当年7月，我又一次登永兴岛落实共建事宜，曾以《三沙图书馆》为题赋诗："书是春风教化人，馆舍不大境温馨。我来共建亦出力，满怀欣喜两登临。"

　　三沙市是我国近年来新设立的城市，市政府所在地永兴岛地理位置重要，是三沙市人口最多的岛屿，建市后各项事业都在发展中，文化建设也很快提上日程。作为中国最大最有实力的出版集团，我们应为三沙市的文化建设做点什么呢？这是我思考的一个问题。经和三沙市委宣传部黄晓华副部长商议，我们认为共建三沙市图书馆最为适宜。三沙市负责"硬件"——规划和建馆，我们负责"软件"——

提供馆藏内容产品。中国出版集团这样做，是出于文化央企的社会责任。而我提出这个建议，并愿意负责实施，则是出于内心的图书馆情结。

1973年我在贵州盘县当兵，驻扎在离县城五六里地的一个山洼里，由于爱好写作，被抽调到师部机关搞文艺创作，特别想多看点书作为写作借鉴，但当时书店销售的图书单调、格式化，读起来不解渴，于是我找到了盘县图书馆。在图书馆我认识一个叫粟强的好朋友，他"偷偷"借给我几本尚在"封存"中的图书，记得有《唐诗三百首》《宋词一百首》《太平乐府新声》等，这些书一下子打开了我的眼界，震撼了我的心灵。从此，我有许多节假日都是在去盘县图书馆的路上度过的。在弯弯的山路上，一个背着黄挎包的小兵匆匆前行，挎包中装着比粮食还珍贵的精神营养品。从这里出发，我越走越远，终于走上文学创作的道路，上了大学，有了今天的一点成绩。图书馆是我人生的"加油站"，没有图书馆，就没有今天的我。我浓厚的图书馆情结由此而来。随着人生阅历的增加和社会生活的进步，我认识到，图书馆不仅传授科学、知识、理论，为读者打开人生之窗、社会之窗、世界之窗，而且在社会精神文明建设方面，在近十年来兴起的全民阅读热中都产生了重要作用。如北京"阅读季"全民阅读活动的广泛开展，就得力于正在推进中的图书馆建设。

在一次全民阅读基层调研中，我感受最深的是公共图书馆服务网络设施建设的速度给百姓带来的便利。朝阳区文化委数据显示，2015年，朝阳区43个街乡共有500多家文化中心和图书馆，免费提供文艺演出、电影、文化活动、图书借阅等服务。基于全市的"通借通还"体系，朝阳区从2011年引进24小时自助图书馆，到2017年共投放使用138台，方便读者随时借书还书。此外，东城区、西城区的公共图书馆服务网络建设也已基本完善，形成了以区馆为中心，街道图书馆分馆为半径，社区图书馆（数字文化社区）为末梢，24小时自助图书馆、流动服务点为有效补充，共建共享、协同发展的三级公共网络服务体系，实现了区域公共图书馆服务体系建设全覆盖。另外，远郊区大兴区也于今年开放首家24小时城市书房。各区图书馆由"一馆思维"转变为"平台思维"，将区图书馆打造为基层全民阅读服务平台，实现了从"办活动"到"管活动"的转变和转化，极大地促进了全民阅读服务数量和覆盖人群的成倍增加。朝阳区、西城区、东城区在社会力量参与全民阅读活动中已经成为先行者，为居民提供了更加优质高效的阅读服务，让民众得到真正的实惠。比如，悠贝亲子图书馆先后成为东城区、朝阳区推行PPP模式的首批合作者，在社会公共阅读空间中推动公益、专业的阅读推广服务。

尽管我国目前图书馆建设已有很大进步，但与发达国家相比，还有一定差距。美国图书馆数量之多可以用星罗棋布来形容，几乎每走几英里就能看到一家。据有关数据显示，美国公共图书馆的数量约有1.7万家，覆盖全美96.4%的人口。图书馆的数量甚至超过了麦当劳快餐连锁店的数量。在美国，最普遍也是与普通民众生活最贴近的当属建在社区的公共图书馆。从某种意义上说，社区图书馆已经超出了借阅图书的传统范围，演变成综合性的社区活动场所。美国的社区图书馆一般建在交通便利的地方，方便居民就近前往。图书馆的建筑格局一般是一层或两层小楼，环境安静、优雅。读者既可以在里面借阅图书，还可以上网、看报、做功课等。

因此，我们还应当建立更多更适用的现代化图书馆，文化央企对此负有义不容辞的责任。除了帮助建馆，还要发挥出版单位的优长，尽量丰富馆藏，提供更适宜阅读的内容。2016年9月我在新疆维吾尔自治区哈密市调研时，看到由河南省援建的哈密图书馆非常大气敞亮，但馆藏图书较少，即组织中国出版集团所属各出版社捐赠图书。一个月之后我二赴哈密市举行10万元新书捐赠仪式。2017年11月，我随国务院参事调研组走访和田市图书馆，该馆由北京市援建，馆舍1.2万平方米，阅读场所宽敞明亮，但由于刚开馆不久，当时图书缺少，尤缺少儿读物。在调研现场，我即联系韬奋基金会理事长聂震宁、副秘书长黄国荣，就捐赠图书事进行沟通，请和田市图书馆馆长储鑫和黄国荣直接联系，落实捐赠事宜。我还发微信到"朋友圈"，组织爱心捐赠，得到一些朋友积极响应。类似这样的捐赠事宜还有许多。我在三联书店任总经理和在中国出版集团负责相关工作期间，多次主动组织和积极参加公益捐赠图书活动，因在出版单位中走在前列而受到表彰。

出版界图书馆界利用各自优势，联手推进全民阅读是一个创举。我对此很感兴趣，多次参加"出版界图书馆界全民阅读年会"，做主旨演讲，促进两界在推动全民阅读中相互交融。图书是联系两界的纽带。"图书"这两个字，其起源在我们河南，是由"河图洛书"演化而来的。黄河、洛河在河南境内交汇处勾连交错，图像显明，古人把这种现象称为"河图洛书"，据说这也是阴阳八卦的由来。图书出版与图书馆本是同根生，都是为人们传承文化、交流思想服务的，都是具体的精神文化活动，可谓是同一个工种的不同工序，有天然的一致性。因此，图书出版与图书馆建设是互相依存和互相促进的关系。形象地说，好比河流与水库的关系，前者是河流，后者是水库。河流兴旺则水库壮阔，库容大则可泄流发电，产生更大的效益，同时也为河流提供补给和新的水源。一家家出版社就像一条条溪流，一个个图书馆就像一座座水库，就这样流淌积聚，循环往复，依存壮大，为人类进步和社会发展做出自己的贡献。出版社源源不断地为图书馆提供藏品，丰富馆藏，增加它的资源。图书馆利用自己的优势，想方设法把书香渗透到社会的每一个角落，打通图书与人民群众亲密接触的"最后一公里"。

推进全民阅读，打造书香社会，出版界、图书馆界尤其重任在肩。身在其中，我自当为之努力。任国务院参事后，在多次调研活动中，我都把图书馆建设作为调研和关注的重点。我调研过大城市的图书馆——深圳市图书馆等，调研过地级市图书馆——新疆哈密市、和田市图书馆等，调研过县级图书馆——湖南凤凰县图书馆等，调研过乡镇基层图书馆——腾冲和顺图书馆等，调研过大学图书馆——山西大学图书馆、吉首大学图书馆，也调研过大大小小的中小学图书馆、基层连队的图书室、设在农村的"农家书屋"。调研的目的自然是建言献策，为图书馆事业发展做一点贡献。我在调研中强调，作为推广全民阅读的重要基地，图书馆有责任在服务时间、服务方式、阅读环境等方面做出改进，为读者阅读提供方便。同时也关注图书馆遇到的困难和问题，向有关方面提出如下建议：

一是建议在城镇建设规划中要有图书馆的位置，不断扩大图书馆的规模和数量，与我国社会发展状况和文化建设水平及读者阅读新期待的总体需求相适应；二是加大对图书馆建设的投入，对开办图书馆给予"经费保证"，使之能够不断扩大规模、改进办馆条件，原有图书资料得到妥善保存，同时能够购进新的图书资料，不断增强生机和活力；三是增加人员、编制，充分发挥现有馆舍、馆藏的功能，使其"物尽其用"；四是勇于探索，走出一条发展图书馆事业的新路子。最大限度地开发利用图书馆馆藏资源，积极主动地与社会、经济、科学技术进步密切联系，在为社会和读者提供优质服务的同时，解决自身的生存和发展问题；五是追踪科技进步，适时升级换代，满足读者正在发生变化的阅读新需求，吸引更多的年轻读者到图书馆网络上阅读，等等。

这些建议受到国家有关部门和一些图书馆的重视和采纳。我还把调研中的一些思考写成文章在报刊发表，为图书馆建设"推波助澜"。近日欣然获悉全国人大通过《公共图书馆法》，该法共六章55条，对公共图书馆的设立、运行、服务以及相关法律责任分别做了详细规定，明确了公共图书馆应当将推动、引导、服务全民阅读作为重要任务。要求县级以上人民政府应当将公共图书馆事业纳入本级国民经济和社会发展规划，加大对政府设立的公共图书馆的投入，将所需经费列入本级政府预算，并及时足额拨付。还规定国家建立覆盖城乡、便捷实用的公共图书馆服务网络，规范了公共图书馆相关运行管理制度等。相信2018年1月《公共图书馆法》实施后，图书馆一定会在服务民众、推动全民阅读方面发挥更积极的作用。

"执子之手，与子相悦。"我愿用这表达爱情的诗句，形容读者和图书馆的密切关系。书让我们血脉相连，书让我们结缘生情，让我们携起手来，共同为营建书香社会而努力。

附 录

樊希安：党引领三联书店铸就辉煌

章红雨

北京的中国美术馆东面，是书香浓郁的生活·读书·新知三联书店（以下简称三联书店）。这家已有79年历史的出版社，有着一段不为世人所知的历史，那就是在新中国成立前，它曾经是一家进步的革命出版机构。在庆祝中国共产党成立90周年之际，该店总经理、党委书记樊希安在接受《中国新闻出版报》记者采访时说，回顾那段不平凡的历史，就是要表达三联人对党的敬意和对三联前辈们的怀念。

三联书店从诞生那天起，就与党的领导，与马克思主义的传播，与追求进步思想和真理的理想紧密联系在一起。它对马克思主义在中国的传播起到了重要的、不可替代的作用。

《中国新闻出版报》：资料显示：1932年7月，邹韬奋先生在上海创办了生活书店。1948年10月，遵照党的指示，生活书店与成立于1936年的读书生活出版社和成立于1935年的新知书店在我国香港地区合并成立生活·读书·新知三联书店。此十余年间，三联书店先后有邹韬奋、胡愈之、黄洛峰、李公朴、徐伯昕、钱俊瑞、徐雪寒、华应申、艾思奇等进步文化人士和中共党员工作其中。在他们的领导下,三联书店出版了大量马克思主义经典读物,它们对青年人追求进步、走向革命产生了极大的影响。由此可以说,三联书店从诞生那天起就有着红色印记。

樊希安: 是的。当时的生活书店是在党的推动下成立的,创始人之一胡愈之就是中国共产党一名老党员。邹韬奋去世后获得党中央批准成为党员。读书出版社创始人艾思奇于1935年入党,黄洛峰于1927年入党,新知书店的钱俊瑞、徐雪寒、薛暮桥等都是中共党员。3家书店均建有党组织,范用、蓝真、倪子明等老一辈三联人都是在3家书店入党的。

《中国新闻出版报》: 据资料显示,新中国成立前国内出版"红色读物"400余种,其中仅生活书店、读书出版社、新知书店就出版了200余种,其他为解放区的出版社所出版。对此,研究者认为,三联书店对马克思主义在中国的传播起到了重要的、无可替代的作用,您怎么看?

樊希安: 这种说法是客观的。在党的指导下,那一时期三联书店的许多出版物都是围绕中国革命这一主题组织出版的:有马列主义经典著作,有研究和介绍马列主义思想和理论的著作,也有介绍马克思主义经典作家生平事迹的著作。比如1933年邵宗汉翻译英国韦勃的《苏联印象记》;1936年艾思奇的《哲学讲话》(后改为《大众哲学》);1937年张仲实翻译的普列汉诺夫的《社会科学的基本问题》和吴理屏翻译的恩格斯的《反杜林论》;1938年郭大力、王亚南翻译的马克思的《资本论》,以及《共产党党章》和宣传历史唯物主义的翦伯赞的《历史哲学教程》;1939年伯虎、流沙翻译,唯真校的《列宁选集》第8卷、毛泽东的《论持久战》;1940年柯柏年翻译、吴黎平校的马克思的《拿破仑第三政变记》;1941年张仲实翻译的恩格斯的《家族私有财产及国家之起源》;1945年毛泽东的《论联合政府》和爱泼斯坦等著、齐文编译的《毛泽东印象》、黄炎培著的报告文学《延安归来》；1946年《毛泽东选集》1—5卷和朱德的《论解放区战场》；1948年斯诺的《西行漫记》；1949年马克思和恩格斯的《共产党宣言》、列宁的《卡尔·马克思》《马克思主义的三个来源与三个组成部分》、毛泽东的《中国革命与中国共产党》、刘少奇的《关于修改党章的报告》等。这些图书的出版，对于真理的传播，对于民众特别是青年知识分子的影响与启迪，都起到了不可估量的作用。

三联书店的前辈们不仅对追求真理、捍卫真理、向往革命与进步表现出极大的热情与献身精神，而且对民族的前途和社会进步的方向有着深刻的思考与历史的使命感。

《中国新闻出版报》：综观这些图书，可以看出三联书店的前辈们是非常有理想的一代人。他们为启迪民智、求索真理所付出的努力，具有开启山林、泽被后世的意义。

樊希安：是的。在当时的恶劣条件下，出版这些图书或期刊是要冒很大风险的。不但要时时迁徙以躲避日本侵略者的炮火与破坏，更要与守旧独裁、压制进步力量的国民党统治进行顽强的斗争。3家书店在各地的分店经常遭到封店、捕人的威胁，一些人被逮捕后甚至献出了宝贵的生命。然而在党的指导下，三联前辈们始终以"力谋改造社会"（邹韬奋语）为目的，明确提出改造社会的方法是进行社会主义革命。他们在立志救亡的同时，也在很大程度上自觉地继承了"五四"新文化运动以来一代先哲所开启的启蒙道路与重任。

《中国新闻出版报》：历史走到今天，再次浏览三联书店当时出版的读物，我们发现其中有很多作品至今仍被作为"红色经典"来诵读。比如高尔基的《在人间》、绥拉菲摩维支的《铁流》、法捷耶夫的《毁灭》、雨果的《悲惨世界》第一部、伏契克的《绞刑架下的报告》等,它们的社会影响力至今还极为深远。

樊希安:不仅如此,当时三联书店还出版了不少国内优秀作家的作品。如沙汀的《随军散记》、郭沫若的《屈原》、贺敬之与丁毅编剧的《白毛女》、鲁迅的《阿Q正传》、萧红的《生死场》、丁玲的《太阳照在桑干河上》等,应该说这些图书的出版整体构成了中国现代出版的红色基调,成为当时解放区红色出版事业的补充,它们一并构成了进步出版事业的主流。

在长期的革命出版实践和追求真理的无所畏惧中,三联书店形成了独特的精神传统与文化品格,那就是始终追求思想的新锐、一流,始终走在时代的前列,始终有极强的文化使命感与责任感。

《中国新闻出版报》:今天的读者提起三联书店,一般多从"书香品位"这一层面去理解,很少有人知道新中国成立前三联书店那段光荣而又不平凡的历史。今天告诉读者这些,您认为对读者了解三联书店有哪些帮助?

樊希安:应当说三联书店追求一流、新锐、领风气之先的气质与学术文化的传播始终是一脉相承的。它既有先天禀赋的传承,也有时代造化的机遇。无论是早期革命斗争时期的红色出版事业,还是新中国成立后,特别是改革开放与自身恢复独立建制后向学术文化出版的转型,三联书店传播进步文化的理想没有变,"竭诚为读者服务"的宗旨没有变,探索社会前进道路、思考与关怀人类命运的终极价值追求没有变。它从红色出版中心转型为学术文化出版重镇,应当说是党的需要,是社会的需要,是时代改革发展的需要,更是广大读者的需要。三联书店的光辉历史事实已经证明,三联书店从事的出版事业是与党和人民紧密地结合在一起的。三联书店能始终成为中国最负盛名的出版社之一,正是在党的引领下铸就了今天的辉煌。

(《中国新闻出版报》2011年7月29日)

激情与梦想

——记第十一届韬奋出版奖获得者樊希安

李鸿谷

一

1975年4月,樊希安从云南沾益上火车,整整坐了三天,终于到了北京。

他找到了自己要住的地方——东单煤炭部招待所。放下行李,他很兴奋地跑出来问守门的老大爷:天安门在哪里?——"往西是王府井大街,从王府井往南再往西,就到了。"面对近在眼前的天安门,坐了三天的硬座竟没有使樊希安有半点疲劳,他不说二话,径直去了天安门。这个时候,天已经黑了,街灯亮了,天安门那个大广场,其景色正如所有描述那样:华灯初上……站在这里,樊希安心情激动:我的那些战友,好些人连县城都没有去过;我却到了北京,看到了天安门!

这一年,樊希安刚刚20岁。接下来在北京的时间,是雷同的故事,他去了那些他能够去的所有景点,情绪一直是亢奋的:104路,

102路……那些公共汽车，对于游客真是方便！

北京之行，当然有属于自己的特殊的记忆。招待所的人问樊希安：你去了天安门，看到北京最高的那幢楼——北京饭店了吗？那里面外国人可多了。于是，樊希安又去了趟北京饭店，外国人是看到了，但比外国人更让他惊讶的是，这家饭店的门是自动的——人走到门口，它就自动开了；进去后，门又自动关了。这个真稀奇。就这么进进出出，一遍遍地看，慢慢也生出勇气，他自己也走到那扇门前——果然，门真是自动开的。

曾经的、遥远的年轻时候的北京记忆，很清晰。

37年后，樊希安回忆那趟让他印象深刻的第一次北京之行，说：当时隐约想过，如果能在这里工作，该多好啊！

勇敢地想象了一下，希望自己能够留在北京工作时，樊希安只是一个普通的基建兵战士。

17岁那年，樊希安参加了征兵体检，身体没有问题，通过了；但樊希安对自己能不能当上兵，心里没有一点底。

樊希安的家在河南温县，这里是三国时期著名人物司马懿的故乡。世代务农的樊家，到了樊希安这辈兄弟三个，大哥去焦作当了教师，二哥在铁路上当警察。樊希安即将高中毕业时，二哥却不幸因公牺牲了，留下的两个孩子由爷爷奶奶带着。家里的壮男丁，只有老三樊希安一个。他自己也想好了，面对现实，老老实实待在家里当个农民吧！但是，他父母不这么想，看到樊希安体检通过了，他们说：你还是去当兵吧！别操心家里的事。

1972年年末，樊希安成为解放军建字四一部队的一名战士，这支部队即基建工程兵第41支队，驻扎在贵州盘县。他很幸运，被分配到警通连载波班当通信兵，一入伍就能学技术，还是先进的通信技术，这是很好的机遇呢。只是，樊希安心不在此，志亦不在此。

在贵州盘县的军营里，樊希安最重视的地点莫过于邮局与邮箱，他一天一天地写稿，然后一封一封信寄出，等待可能比中彩票概率还低的刊用。那个年代的"制度设计"，对像樊希安这样的军营写作者，尤其是报刊投稿者颇为优厚：把信封剪一个角，注上"稿件"，不用贴邮票就可以直接寄信了。当然，也需要谨慎注意，在没有"成功"，没有被报刊选择之前，得小心地、偷偷摸摸地写，如果总是发表不了，别人会笑话嘛。以文字，或者说文学才能改变自己的人生与命运，是那个时代的常规套路，只是，它的成功率比想象中要低很多。

这个故事是个例外。仅仅半年，战友们发现了樊希安的志向，也欣赏到了他的才华。经过屡次不懈地写稿、投稿，1973年6月的一天，《贵州日报》发表了樊希安的处女诗作《军民情》。那个年代，能够在省报上发表一篇诗作，在41支队（师级建制），也算得上传奇了。见报第二天，领导也看见了，师政治部主任把樊希安找了过去……命运自此改变，樊希安成为支队宣传科的创作员。

农村孩子当然需要奋斗才会改变命运，但以一首诗使自己脱颖而出备受重视，这奠定了樊希安未来命运的另一种基调：激情。以诗做底的人生，毕竟不同。

在从事了一年多的文艺创作之后，部队决定对樊希安进行深度培养——送他去《贵州日报》实习半年，以此将他的身份由创作者转变为部队的报道者。一般而言，部队里的宣传科都有报道组和创作组，而报道组更受重视。

在《贵州日报》学习结束，樊希安获得了一次赴首都北京的机会：将一份介绍典型经验的汇报材料送到基建兵总部。他的多数战友尚未去过县城，而他凭借自己的奋斗与机遇，竟然能到北京，能看到天安门，能见到外国人，还能看到不可思议的自动门。北京，一个多么令人向往的地方，梦想开始在他的心底升腾。

1976年年底，入伍4年后，樊希安面临两个真正具有意义的机会选择：在部队里提干，或者去读大学。两者分别意义何在？对于农村孩子当兵，真正的命运之变，即从农民跃升为干部，所谓"提干"，意义在此。当然，读了大学，身份也就自然成为干部。两者差别在于，读大学在三年之后才可能完成身份转变；而如果不读，则在部队可以马上提干了。——提干可以落实"干部"身份，才可能实现"北京梦"。

樊希安选择了读大学，成为我国最后一批工农兵大学生。当时，他们师仅有两个文科大学名额：北大哲学系与吉林大学中文系，樊希安成为吉林大学的学生。随后恢复高考，知识改变命运成为一个时代的主题。只是，樊希安的选择在此之前；对他而言，一个农村孩子决定去读书，要等待三年才能拿到"干部"身份，是需要勇气与智慧的。而且，作为战士的身份去读大学，部队提供的生活补贴是非常低的。公允而论，符合那个时代的"理性"选择，可能并不是大学，而是等待直接提干。

知识当然改变命运。1982年，大学毕业后的樊希安，有了接近自己曾经梦想的可能：他被借调到《基建工程兵》报社，开始在北京工作了。"借调"是正式进入的前一步，作为记者，樊希安打量着这座城市，不再是以游客心理——北京是他和他的基建兵战友的北京吗？看上去像。他们在真正建设着这座城市。樊希安用报道描述基建兵对城市建设的参与：修条跑道通蓝天。正在更快更大规模地建设这座城市与这个国家的时候，中央决定百万大裁军，基建兵也在被裁之列。

樊希安当然可以选择留在北京，不利之处是只能解决他自己的户口问题，但家属的不行，并且孩子还太小，这不是他想要的结果。

工作地点的改变，生活城市的迁徙，比如从贵州或者吉林到北京，无论对中国人还是全世界的人都一样，是抽象的"奋斗"概念的具体和实质表达。

那个穿着绿军装，才20岁的小战士站在北京饭店门前，一遍遍盯着看自动门神奇的开与关……他问自己：我可以到这里来工作吗？第一次北京之行生发的这场很怯怯的"北京梦"，直到29年后的2004年，终于有了真正可以实现的机会。

当然，我们还不知道1982年樊希安北京之梦未遂之后，他去了哪里？

樊希安回到了长春，回到了他读大学所在的城市。《吉林日报》决定接收既是大学生，又是转业军人的樊希安，这也是他最希望去的岗位。只是，人生未必事事顺遂。吉林省委宣传部看到了他的档案，"这是人才啊！"结果，樊希安未去成他所向往的《吉林日报》，却反被《吉林日报》的上级机构——吉林省委宣传部要走了。1983年1月，樊希安转业，正式到吉林省委宣传部宣传处上班。

在宣传系统干部与有才华的写作者两种角色之间，在相当长的时间里，樊希安的自我认定更接近后者——在宣传部里，他完成了纪实文学《双枪老太婆》，当年，这可是畅销书。"能写！"这是大家对樊希安的认定。1991年，樊希安进入从事具体出版业务的机构——吉林人民出版社。在此之前，他已是正处级干部和破格提拔的副编审，到了出版社，虽然职务是"政治编辑室主任"，可在出版业务上仍得从头开始。

选择更接近自己兴趣与志向的出版机构，樊希安没有让自己，也没有让大家失望。他担任责任编辑的《风度美·气质美·韵致美》和《邓小平生平、著作、思想研究集成》，分别获得全国图书"金钥匙奖"和吉林省政府优秀图书一等奖。在出版系统内，樊希安的角色有了多方位的磨练——从编辑室主任，到时代文艺出版社代理社长；然后又调至吉林省新闻出版局任图书管理处处长，之后又出任吉林人民出版社总编辑，再之后回到吉林省新闻出版局任副局长——这时，北京的中国出版集团开始组建运作，有关领导询问樊希安：要不要来北京，到出版集团工作？

这次向樊希安张开的北京大门，不再那么苛刻。如果樊希安同意，妻子与孩子将"随调"入京。

吉林省新闻出版局，还有省委组织部听闻樊希安可能会离开吉林去北京工作，也稍有意外："是收入还是职务问题让老樊不满意，所以他要走？"相关领导来向老樊寻找答案，当然这一切猜测都不成立——就地方出版系统而言，樊希安早已接触到了天花板，在吉林可供发展的空间已经有限，而北京的机会才可能使他的事业更上一层楼。领导们当然理解樊希安，结果达成这样的共识：老樊是为了事业，我们支持他！

2004年，樊希安49岁。北京的机会来了，省里的领导与同事也很支持，曾经的梦想虽然延宕了29年，也眼看要实现了。可是，此时樊希安却有些犹豫：毕竟49岁了，毕竟在吉林工作了这么多年，有深厚的基础。选择北京，合适吗？他的组织人事系统的朋友给出一个很直接的标准：你这个级别的局级干部，50岁是一条线，过了这条线，就不太可能再往北京调了。

闻听此言，樊希安不再犹豫，他下了决心：去北京！

事后看，樊希安的选择仍属"激情"，是诗人气质的表现。当时中国出版集团来人考察结束后，曾问樊希安希望去哪家出版社工作，他的回答是：哪里都行！说完这话，又补充道：最好别去美术或者音乐出版社，美术与音乐，他实在是一窍不通。

2005年6月，中组部的调令到了吉林，调樊希安到中国出版集团工作。吉林新闻出版局局长亲自送樊希安到北京，他们在吉林驻京办住下。局长当然想知道老樊的具体岗位后再回去啊！他问中国出版集团：你们要把樊希安分到哪里啊？集团说：现在还没定呢。局长回去了，樊希安就住在宾馆里看书，等分配。开始有消息说要把他分到中国大百科出版社，樊希安悄悄坐公交去了趟大百科出版社，"单位旁边还有家东北餐馆，不错！"——一个月后，正式的分配方案公布，樊希安被分到了生活·读书·新知三联书店，不是大百科。

从部队转业那会儿，北京也有工作机会，樊希安却选择回了长春，而不是两地分居；现在他已经49岁了，又到北京来再次"创业"，家里的妻子同意吗？樊希安独自到北京工作5年后，他爱人退休，不需要任何"调动"，户口于她无任何助益之际，终于"随调"来到北京；而樊希安接到调令来北京时，孩子还在长春读大学，后来自己考公务员考到北京——所谓"随调"解决的户口问题，其实对樊家没有产生一点影响。

北京，一个情结。选择北京，确实只是樊希安圆自己的梦，是一种激情的选择，也是一个创业故事。那个穿绿军装的20岁的小伙子，曾经的懵懂向往，成了30年后的现实。

二

初到生活·读书·新知三联书店，樊希安分管《读书》杂志、人事、工会、图书馆以及"出版社转制"，位置是"二把手"，工作却相对轻松，他开始慢慢熟悉三联，融入三联。

樊希安进入三联书店第一件事，是参加店里在门头沟龙泉宾馆召开的年度选题工作会。这个选题会让樊希安惊讶："出版社选题会，都是讨论具体选题。可是，三联的选题会，讨论的不是选题而是方向。比如三联书店要不要做电影，或者做小说类的书籍……"不解的樊希安得到的解释是：这就是三联，三联就是这样！这个解释让樊希安更疑惑："三联果真就是这样？"

樊希安在吉林出版系统所积累的经验，当然告诉他不应是这样，哪有选题会只务虚不务实的呢？年度选题会是虚的，全年生产如何安排与进行呢？这时他的选择不是用吉林经验来碰撞"三联传统"，而是扎实地进入三联传统。

他开始研究三联书店的历史与传统。研究的第一个有形成果是：《我们今天如何竭诚为读者服务》——"竭诚为读者服务"，是三联书店创始人邹韬奋先生立下的店训。在韬奋先生的时代，这种服务甚至包括为读者邮寄图书、打官司、带孩子……是啊，今天，我们如何竭诚为读者服务呢？樊希安的结论是：在目前出版业鱼龙混杂的情况下，还是要执着为读者提供优质的精神食粮，这就是三联今天竭诚为读者服务的方向。

在宏观上、思想上破解今天如何竭诚为读者服务之后，樊希安的第二项研究课题是：《关于学习韬奋先生事业性和商业性关系的论述》。

竭诚为读者服务——今天，我们要执着为读者提供优质的精神食粮。这是一家出版机构的"事业"所在，那么，如果仅仅只有"事业"可行吗？这个问题韬奋先生早就回答了：

首先我们要坚持事业性，事业性是根本，我们为文化而生，为了传承文化而存在；没了事业性，我们的根本就没了。但是，如果光强调事业性，不强调商业性，不努力地去经营和赢利，生存就难以为继，我们也就完了。这一务实之论，是后来社会效益和经济效益两者辩证关系的最初表达。

这当然是远见卓识。樊希安重新学习并阐发韬奋先生的真知灼见，为三联书店在新的市场经济条件下的变化寻找传统思想资源。拥抱商业性，同样是三联书店的传统——事业性与商业性的融合，这才是"三联就是这样，这样才是三联！"

樊希安的第三项研究成果是：《关于三联书店强化大众出版物的思考》。如果说前述两项是战略性、方向性的研究与思考，那么，思考大众出版物的出版，则是战术性的探讨了。

有意思的是，樊希安研究的这些问题，当然都是三联书店发展的大问题；他对三联历史与传统的思考，却带来了另一种结果：他慢慢融入了三联，大家接纳了他。

研究三联书店的历史与传统，这是樊希安选择进入并融入三联的一种路径。寻找三联未来发展之道，则是这种研究的目标所在。有意思的结果之一，是同事们接纳了他；而对樊本人而言，研究传统，研究韬奋先生——那个曾经榜样式的人物的思想，对樊希安，由抽象而具体——"到了北京，进了三联，这个时候，我在想，未来的人生，应当做像韬奋先生那样的出版人！"跟当年那个20岁的小战士相比，已到知天命之年的他，对自己人生的期待与想象，有了实质性内容。

进入北京6年后的2011年，樊希安获得中国出版人的最高奖：第十一届韬奋出版奖。这当然是对他梦想与努力的一种肯定和回报。北京于樊希安，真实的意义是实现自己的人生价值。

2009年年初，樊希安正式出任三联书店总经理。在宣布他任职的当天上午，樊希安去上级领导机关要政策：给三联书店批一个副牌社。所谓副牌社，意即三联书店所出图书，可以选择两个牌子出版。这意味着，三联书店的市场化转型，可以先从这个副牌社开始，成了，由书店借鉴经验；不成，则吸取教训。可是，上级领导当即否定了这个请求——三联书店以及樊希安当下的核心任务，应该是稳定出版社，把书店的关系理顺。据此，樊希安从心里把"稳定三联"的任务，定下一年的期限。

然而计划总赶不上变化。樊希安上任三联书店总经理之际，中国出版集团公司的重点目标是谋求上市。在这盘棋里，包括三联书店在内的各出版社的资产，必须清晰明确。

集团财务统计的结果表明，当年1—5月，三联书店销售收入与上年同期比较，负增长11.11%，是集团图书出版单位销售收入下降的仅有两个单位之一。这半年，三联书店图书发货量在1万册以上的品种，只有1种。对于出版机构而言，如此格局，已呈现不折不扣的危机。

三联书店有书与刊两类出版物，相对特殊。对于刊物而言，《三联生活周刊》与《读书》是赢利的，比如2008年度，两家刊物合计实现利润1750万元左右。但刊与书合并后，上报的利润却只有1351万元。再减去韬奋图书中心的亏损，利润总计才870万元。粗略地看，三联书店总体上是赢利的，但稍稍细致一点看，刊盈书亏非常明显，没有刊物补贴，早就明亏了；这一局面，难以持续。集团请来审计部门入店审计，所有的数据一笔一笔，清清楚楚。这下樊希安急了：稳定，三联书店当然需要稳定。可是，如果是消极的稳定，倒也能维持，可干不出成绩，到时候也同样要撵我老樊滚蛋！

更让人着急的是三联书店楼下的韬奋图书中心。仔细审计下来，这个中心竟然累计亏损2000多万元！韬奋图书中心亏损，这是大家都知道的事实，可是亏这么多，谁也没有想到。这个中心办了十多年，已成为北京市的文化地标，开始的时候连装潢都是领先的，2000多平方米的经营面积，每年向书店缴150万元的房租，倒也不算贵。后来，越交越少；最后，干脆不交了。不但交不出房租，连采购图书都没了资金，怎么办？上级有关方面出具的意见是：破产！并强调这是在理性思考下的首选方案。这让他好不为难。

经过一番掂量，樊希安放弃了这个"理性"选择。一上任，就把一个文化地标给破产掉，不甘心啊！另外，前面书店，后面编辑部，这是三联的传统，不能丢。如果真破产了，看上去是丢了一个包袱，结果呢？大家会说"三联"破产了，这对三联整体品牌有多大的损害啊！樊希安的选择非常明确：拯救！

做出这样的决定，需要"激情"。但是，具体到这一笔笔亏损的账，解决起来却没法"激情"，只能精心"算计"——比如香港三联书店在韬奋图书中心的一笔投资，一轮一轮地谈，最后只支付了一个较小的数额，把这笔陈账了结了。尽管如此，还是要店里投入2000多万元的现金，才能把这个窟窿给补上。这谈何容易，但又必须去做！

韬奋图书中心，一个对三联书店来说的巨额亏损，就这样被解决。改制后，它的名字也改了，叫"韬奋书店"，这意味着它的脱胎换骨。经过深化改革，这一文化地标又焕发出生机和活力。

拯救韬奋图书中心不易，而扭转三联书店图书销售额的下降，则更有挑战性，更需要智慧。樊希安提出的方案是：通过强化大众出版物进入市场，增加销售，拉动经济效益的提升。

其实，这个方案很普通，难说它有独创性价值。但为什么三联书店却没人愿做，不去走由大众出版物进入市场之路呢？樊希安深入观察之后得出的结论是：这是由一个不容易被察觉的结构性问题导致的。当时三联书店图书出版分三个编辑室：生活、读书、新知，这三个编辑室定位不清，图书同质化现象严重。出版之关键在于选题，而选题又在于清晰的编辑部的功能定位，编辑部定位不清，选题难以调整。因此，三联书店需要完成转型的第一步，是编辑部组织结构的调整，通过调整组织机构进而调整选题结构。亏损、补窟窿、调结构等不期而遇的挑战，改变了稳定一年的计划，也提供了变革的契机。压力之下，三联书店领导班子统一思想，迅速调整，把过去三个编辑室转换为学术、文化、大众三个出版中心。如此一来，各个中心定位清晰，选题与定位匹配，内部损耗变为秩序运转。因而大众出版物也就顺理成章地有组织有编辑来认真做了。畅销百万册的《目送》，就是在这种结构下产生的一个奇迹。

三

在接到进京调令之际，樊希安曾写了一首诗来记录自己当时的心情："几番倾心向燕山，五十方将宿梦圆。羊头得草交鸿运，马蹄踏雪过蓝关。细算平生成败半，远眺重楼喜忧参。把握机遇再著力，不负友人不负天。"

真正到了北京，樊希安感叹没有太多写诗的时间了。他的"北京时间"需要的是"再著力"去"把握机遇"，以期"不负友人不负天"。因而，他的北京故事，是一重重的思考，一道道的对策，有无以及有多少智慧，是这个故事的核心所系。

樊希安开始动用自己在吉林时积累的资源，与各省市新闻出版局，尤其是新华书店系统建立彼此联系。这种联络达成的有形结果是：与山东、河南、江苏、黑龙江和青岛四省一市新华书店系统建立"战略联盟"。一家书店，或者更准确地说一家出版社，与发行系统建立联盟，自是业务必须，但却是与新华书店系统，一般被认为是最庞大而低效的发行销售系统进行联合，意欲何为？

从一店之掌门人的角度来看，三联书店的品牌影响力越在高端，影响越彰；但反过来，到了三四线城市，越往下走，影响力则越递减。如果有补贴，不在意经济效益，如此品牌的影响方式与结构，当然很好。但要码洋，要利润，如此，则市场格局太小。樊希安觉得自己必须平衡品牌影响力与实际收益力，这样一来，三四线城市的拓展，势在必然。

传统三联书店的销售渠道，则主要借助市场经济兴起之初的图书发行的"二渠道"，亦即民间发行渠道。这在相当意义上也是三联书店早期成功的因素之一。

高端品牌与二渠道发行，这是三联的基本现实。如此格局，所拥有的现实空间当然有限，樊希安有拓展的可能吗？凡成事者，当然谋定而动。樊希安基于多年实际操作者的观察，成竹在胸，他认为：过去，新华书店系统确实改革滞后，靠着自己垄断的优势，控制市场却无效率。但是，这并非一成不变，新华书店系统自身也在变革之中，尤其这些年，变革迅速，其不为外界所知的事实是：全国性图书发行公司的新华书店，总店控制力降低，省地市新华书店势力显著上升。这一升一降，意味着过去的全国性发行垄断，逐渐变成省市的地方性垄断。这种垄断，又跟地方出版集团的组建相匹配，各地方出版集团的图书，自然会利用自己本地的新华书店先占领本地市场。如此一来，对传统的"中央"出版机构，比如三联书店，则颇为不利。无论是三联书店，还是中国出版集团，都没有自己的发行渠道。过去尚可以仰仗新华书店总店的支持，现在地方新华书店才是实力派，发行因此堪忧。

樊希安过去在吉林省新闻出版局分管图书出版。在这个位置上，他对图书与渠道之关系，尤其是两者各自的演变，自是洞若观火。在调整三联书店内部结构以求定位清晰的编辑部的同时，他开始了自己创造性的拓展——跨界联盟，以求把三联的书更多地销出去。

对于出版社而言，发行是龙头，这是共识。樊希安执掌三联书店，决定自己来抓发行，从最苦的事做起。"最苦"的事，也是最需要智力的。与四省一市新华书店系统商议妥当，就要到青岛开会之际，樊希安的脚却意外地被砸骨折了，他拒绝了医生让他卧床静养的建议，硬是拄着拐杖上了飞机，一拐一拐去青岛参加了"誓盟"大会。与会人员感动了，戏称他"铁拐李"。在他的主持下，三联书店第一届社店战略合作联席会获得圆满成功。

在新华书店系统结构性变迁之际，寻找并建立"中央级"图书出版机构与地方垄断发行渠道联盟——在目前中国，也只有新华书店有完备的三四线城市的发行网络，这是樊希安开拓的新模式。这种模式的创造性价值迅速被两端理解，对于类似三联书店这样缺乏销售渠道的出版社，它们需要这个联盟给予渠道支持；而对于新华书店这样的渠道商，其同样需要重建自己的品种基础。于是，该联盟一经建立，即顺应了两方面的需求，出版机构以及新华书店多有要求入盟者。2012年4月在无锡召开的第二届社店战略合作联席会，合作方已经扩大为四省五市，目前这一阵容仍在不断扩大中。

与新华书店系统建立联盟，是基于渠道的拓展，但它的意义却又不止于此。

目前图书发行，无论是新华书店还是二渠道，渠道竞争的主要挑战者是网上书店。新业态的出现，正在迅速侵蚀传统图书发行渠道。这是三联不可忽略的新势力。有意思的是，三联书店的出版物多以知识分子为对象，因而读者也多为知识分子，他们是网络消费的主体。三联的书有30%—40%是通过网络销售出去的。对于三联，网络已成为重要渠道。这个时候，重建与新华书店系统的"战略联盟"，意义何在？

樊希安描述网上书店："竞争过于激烈"——而这种竞争，不二法宝即为降价。对于出版人而言，这是隐忧：目前三联书店的书，在跟电商谈判时，还能有一个好的谈判砝码，一是因为我们书本身的质量好，再则是我们有自己的发行通道。如果你完全没有自己的渠道，全部依仗电商网上销售，你就失去了控制力。所以，从这个角度看，跟实体书店比如新华书店系统的合作，是真正的"战略联盟"，无此联盟，首先在"战略"上便无获胜机会。从现象透视本质，并由此确认对策，这才是强人强力所在。

循此思路，樊希安延伸性的期待是：未来如何将三联的地面书店作为中国出版集团的一个实体销售性机构，在全国各地联网落地。如此一来，中国出版集团有了自己的发行渠道，三联书店也可以从中获益。

而与上海三联书店和香港三联书店的战略合作，更是樊希安资源创造性整合的典型案例。

这一战略整合的核心方向是"品牌影响力"。分居三地的三家"三联"，如果联合，对品牌的提升会有什么样的结果？

1932年，邹韬奋先生由《生活》周刊而创立生活书店。稍后，1935年冬，三联书店前身的另一家出版机构——读书生活出版社成立，李公朴、陶行知、沈钧儒、章乃器、谌小岑、李芳等组成董事会。中国农村经济研究会的薛暮桥、张锡昌、孙冶方、王寅生、钱俊瑞、秦柳方、陈洪进等，则在1935年秋创立新知书店。"生活""读书""新知"——三家出版机构，1948年在我国香港地区合并，这就是"三联书店"之由来。合并之后不久全国解放，三联书店完成历史使命，随即成为人民出版社的一个副牌。留在香港地区的三联仍然保持；1986年决定恢复三联书店建制之时，上海也恢复成立上海三联书店。于是，一家"三联"就有了三处出版机构。

北京、上海、香港三家"三联"，如果真正联合，或许能够成为真正在体制上创新的一家出版机构。只是，三家出版机构隶属关系不同，若真正合并，难度太大。但三家机构的融合，对彼此品牌影响力的铸造，作用实在不可小觑。樊希安决心做这件事，他选择了不动结构的合作——三家"三联"于2010年召开高层年会，发表坚持文化使命的宣言。年会讨论了新的合作思路，三家出资成立三联国际公司，共同开拓国际国内市场。北京、上海和香港，三个城市的选题资源、作者、编辑，特别是渠道可以以三联国际为载体而重新整合与共享。目前，三联国际公司已顺利注册并开始实际运作。整合，无论是跨界还是跨区域——京沪港，都会结出创造性的新果实。

而以上战略选择，都源自樊希安发展三联事业的战略思考。在过去相当长的时间里，未来三联书店的发展思路是什么？"小而特"？还是"大而全"？这两条道路是争议的焦点所在。樊希安跳出非此即彼的思路，提出"做强做开"。在中国出版集团领导来三联书店调研的时候，他具体阐述了自己的思路：

"从三联的实际出发，三联书店应该是做强做开比较合适。所谓做强，就是不断增强自己的出版能力和经济实力，靠品牌特色取胜；所谓做开，就是从公众影响力而言的，三联不公开谋求做大，对一个特色出版社而言，大而不强没有意思。但是我们要全力谋求做开，扩大辐射力和影响力，就是不盲目追求体量的增大，而是谋求布局的延伸和影响力的穿透。"

对此，樊希安有一个精妙的比喻，他说：

"我有个比方，三联书店不求成为萝卜，而是要努力使自己成为人参。人参体量虽小，但价值要远远高过萝卜，而且它的根须伸向四面八方，好的人参，尤其是老山参，根须延展到一二米开外。'做强'，就好比人参的肢体，小而有它的核心价值；'做开'，就类似人参的根须，向外尽量扩张开去。"

按此战略思路，来观照樊希安对编辑部门的组织结构调整，与省市新华书店系统跨界"战略联盟"，北京、上海、香港三家三联的跨区域联合，投资一千万成立三联书店上海公司，在我国台湾地区设立三联书店特约经销店，在宁夏、辽宁、黑龙江设立三联书店图书零售店，等等，俱在"做强做开"思路之下，有章可循而且路径清晰。

作为"做开"战略的重要实践，樊希安提出并致力于打造"三联文化场"并取得了一系列成果：以北京美术馆东街22号三联书店编辑综合业务楼为依托，设立读者俱乐部，开通书香巷，建立韬奋图书馆，成功改制韬奋书店，建立"网上书店"，开通淘宝网三联旗舰店，形成了一个上下立体、内外贯通、文化氛围浓郁、高度密集的核心文化圈。

那么，樊希安所期待实现的目标是什么呢？

他的答案很简单：近期目标是把三联书店做成一家集团公司。其基本路径是：将现有的学术、文化与综合三个分社，变为三联书店母公司下面的三家出版单位；加上《三联生活周刊》、《读书》杂志、韬奋书店、三联国际公司、三联书店（上海）公司，形成"七星拱月"之势。在进一步"做强做开"之后，顺利实现集团化发展，为三联未来拓展更广阔的空间，最终将三联书店成功打造成国际著名品牌。

樊希安正在带领三联人向这一目标迈进。"做强做开"，并不只是一个口号，而是结出了一连串硕果：

2011年，三联书店主营业务收入达到1.97亿元，较上年增加3288万元，增长21%；利润在上年度突破2000万元的基础上突破3000万元大关，达到3300万元，增长57%，是2008年利润的近四倍，创造了前所未有的佳绩。经济指标之外，其他方面的收获更为昭著：2009年在全国出版社等级评估中被评为一类出版单位，并获新闻出版总署授予的"全国百佳图书出版单位"荣誉称号，2010年获得第二届出版政府奖"非常五加一"六项大奖，2011年被评为全国新闻出版系统先进集体,《金克木集》、典藏版《陈寅恪集》、典藏版《钱锺书集》,以及《基督教经典译丛》《老子十八讲》《万水朝东》《我与八十年代》《唯一的规则》《目送》《巨流河》《鲁迅箴言》《暴风雨的记忆》《对照记》等一批好书受到读者和社会各界赞誉。

2012年是三联书店创建80年,7月26日在人民大会堂举办了热烈隆重的庆祝大会,党和国家领导人胡锦涛、吴邦国、温家宝、李长春、习近平、李克强等分别题词或致贺信,刘云山、刘延东、陈奎元、邹家华等中央领导同志出席了大会,上级领导、各界代表和京沪港三联员工共七百多人与会,规格之高,影响之大,堪称中国出版界顶级盛事。此外,三联80周年还举行了一系列店庆活动:召开《三联经典文库》座谈会,创办社会公益性质的韬奋图书馆,在江西余江恢复韬奋祖居,还有即将举行的三联国际文化公司的挂牌仪式……已走过80年的三联书店,历史荣光,现实亦辉煌。

2009年1月,樊希安出任三联书店新的"掌门人"之际,他自己坦言,愿意做一个"捆绑式火箭",在把三联书店推向前进之时,也实现自己的人生价值。现在,他的愿望已经成为现实,在三联书店发展壮大的同时,他也获得了多种荣誉:中直机关五一劳动奖章获得者,第十一届韬奋奖获得者,中国出版集团公司优秀经营奖获得者,等等。在奖项和荣誉面前,樊希安并没有满足,更没有止步,就像三十多年前初次踏进北京的那个小战士一样,依然踌躇满志。他提出了三联书店"八十年,再出发"的奋进口号,并进行更加宏伟的谋划。诗不写,梦还在,已经57岁的他身上充满奋斗激情,正全力写好"三联"这篇大文章:勇攀书山人未老,伏枥老骥再出发。

(原载《迈入出版家行列——韬奋出版奖获得者小传丛书》)

绿荫不减来时路

——记三联书店总经理樊希安

艾 山

在我国品牌出版社的掌门人中,樊希安是有着鲜明个性的一位。他外表憨厚纯朴,内里却胸藏锦绣,与人交谈时机智幽默,常常语出惊人,发人深省。他出门总是提着一个印有三联书店标志的靛青蓝布口袋,戏称自己是"布袋和尚"。他不光是出版家,还是一位诗人,18岁时就在报上发表过诗作。

1972年年底,刚刚高中毕业的他从河南温县入伍,连同穿着军装上大学的几年时间,他共有10年军旅生涯。他当过战士,当过创作员、报道员、新闻干事、报社记者,在乌蒙山区的大山深处参加战备施工,还曾在地下500米的矿井深处打钎放炮,期间还有与死神擦肩而过的经历。从军十载造就了樊希安"此身一经绿衣染,便有豪气入肝胆"的军人本色,养成了他豪爽干练、处事明快的性格,更练就了他不畏困难、勇往直前的坚强意志。诗人情怀和军人性格的凝聚,铸造了他在出版事业上取得成就的基石。

2005年8月,樊希安从吉林省新闻出版局调至北京,任生活·读书·新知三联书店副总经理、副总编辑。履新伊始，他满怀憧憬，也豪情满怀地写道："几番倾心向燕山，五十方将凤梦圆。羊头得草交鸿运，马蹄踏雪过蓝关。细算平生成败半，远眺重楼喜忧参。把握机遇再著力，不负友人不负天。"是的，作为曾经的军人，樊希安踏上了新的征程。赴北京之前，樊希安已经在吉林出版界浸润了19个春秋，"我办过报、办过刊，当过出版社编辑，担任过出版社社长、总编辑，也经历过仕途却又选择了出版行业，虽然年少时有着作家梦，但无形中已将根扎在了出版业中"——樊希安这么评说自己。

在刚到三联的几年里，他潜下心来认真研究三联书店的历史与传统，学习三联文化，逐步融入三联氛围。经过精心研究，他写下了《我们今天如何竭诚为读者服务》《关于学习韬奋先生事业性和商业性关系的论述》《关于三联书店强化大众出版物的思考》三篇长文，从继承三联的传统、三联战略规划和三联的战术布置上分别阐述了自己的观点。三篇文章做完，大家对他刮目相看："老樊，真懂三联！"樊希安自己也明确了三联书店今后的发展思路，为执掌三联做好了思想上的准备。

2009年1月，樊希安出任三联书店总经理、党委书记，正式掌舵三联。当时的三联，老品牌遇到了新问题，没有面向市场调整产品结构，库存积压严重。2009年上半年只有1种图书发行量超过1万册，全店刊盈书亏，利润仅870万元。旗下韬奋图书中心亏损达2000多万元，濒临破产边缘。面对困局怎么办？通过改革谋发展！樊希安提出了发展思路：以改革发展统领全局，实施品牌、人才、企业文化三大战略，依托品牌做强做开。做强就是不断增强出版能力和经济实力，靠品质取胜；做开就是从布局和影响力着手，扩大三联品牌辐射力和影响力。

蓝图铺就好，尚需勤耕耘。樊希安拿出了当兵时拼命三郎的劲头，为了三联事业发展殚精竭虑，夜以继日，以店为家，几乎没有休息日的概念，常常在办公室加班、过夜。身边的人说他是"五加二""白加黑"，干起工作不要命。2011年，他发起了青岛战略合作联席会，会前不慎砸裂了脚骨，他硬是挂着拐杖上了飞机，"铁拐李"感动了所有的与会者，会议取得圆满成功。在他这种对事业矢志不移、呕心沥血精神的感召下，三联人拧成一股绳，一心一意谋发展，三联书店重新焕发了生机和活力，各项事业都上了一个新台阶。近几年他更是高招迭出，把三联推入了"发展快车道"。

2012年7月，三联书店创建80年庆祝大会在人民大会堂召开，三联品牌影响力显著提升；2013年1月，举三联书店全店之力推出的《邓小平时代》，创造了半年发行83万册的奇迹；5月，《新知》杂志宣告创办，使三联书店合并前的生活书店、读书出版社、新知书店各自拥有了以自己名字命名的刊物；恢复设立的生活书店6月开始正式运营……这一切，无不凝结着樊希安的心血。从诗人到出版家，从出版管理者再到著名出版品牌的掌舵人，樊希安的文章越做越大，三联书店品牌发展之路也越走越宽。

在出任三联"掌门人"之际，樊希安曾坦言：愿意做一个"捆绑式火箭"，在把三联推向前进之时，也实现自己的人生价值。他先后获得韬奋出版奖、中央直属机关五一劳动奖章等多项荣誉。面对赞誉，樊希安说，三联书店的事业是韬奋等先辈开创的，是一代又一代三联人用心血凝聚的，自己只是尽了一份应尽的责任。如果非要讲贡献，他更愿意用宋代诗人曾几的一句诗来形容："绿荫不减来时路，添得黄鹂四五声"——三联书店就好比两旁有着葱葱郁郁高大树木的林荫大道，而他只不过是给这道风景增添了几声清脆的鸟鸣声而已。谈到三联的未来，樊希安早已在心里规划好了蓝图：

近期目标是筹划成立三联书店出版传媒集团,远景目标是把三联书店建设成世界一流出版机构。谈到这些愿景,他眼中闪耀着激情的火焰。

(刊载于《人民日报》2013年8月13日)

樊希安：咬定品牌不放松

邹昱琴

樊希安是一个坦诚、奔放、有激情的人，采访他的记者，和他接触的人，都有这种感受。他的梦想是当一名诗人、作家。因为一首诗的发表，他从新兵连被选调到机关搞创作，写过小说、相声，是小有名气的军旅诗人，还因创作成果突出被选送到吉林大学中文系读书，结果人生轨迹并未按预想展开，他最终没能从事专业创作，而是成了一名出版工作者。从1986年进入出版行业，他当过编辑、编辑室主任、出版社副总编辑、总编辑，做过吉林省新闻出版局图书管理处处长、副局长，办过报、编过刊，也策划编辑过不少图书，出版业的多个行当都干过，丰富的经历和阅历锻炼了他出版工作的才干，令他创造了不凡的业绩。他组织参评的图书多次获得国家级大奖，他担任责任编辑的图书获过国内"金钥匙奖"和吉林省政府优秀图书一等奖。

2005年8月，樊希安离开吉林，被中国出版集团选调到三联书店任副总经理、副总编辑。"能到三联书店工作，是我的荣幸，三联为我提供了一个更好的发展平台。"樊希安如是说。他非常珍惜能到三联工作的机会，珍惜组织给予的总经理、党委书记"一把手"

的位置。2009年1月以来，他带领全店员工一心一意谋发展，将三联书店带入了一个新的发展时期。图书精品迭出，期刊效益持续提高，韬奋书店扭亏为盈，品牌影响力明显提升。三联书店被新闻出版总署授予"全国百佳图书出版单位"之后，又荣获第二届出版政府奖先进出版单位奖、优秀图书奖、优秀期刊奖、优秀装帧设计奖等六大奖项，获正奖数量居全国出版社第一名。经济效益也由2008年的800多万元利润跃升至2010年的2133万元。2011年上半年实现利润1658万元，同比增长16%，增长幅度位于中国出版集团公司前列。说起这些成绩，樊希安将其主要归因于"咬定品牌不放松"，是紧紧依托三联品牌发展的结果。

认知品牌　热爱品牌

三联书店从1932年7月创始于上海的生活书店发端，1948年10月26日遵照党的指示，与成立于1936年的读书生活出版社和成立于1935年的新知书店在我国香港地区合并成立生活·读书·新知三联书店。79年来，三联书店薪火相传，发展壮大，继往开来，今天已成为中国最负盛名的出版社之一。革命战争年代，三联书店在国民党统治区及香港地区坚持出版各类革命和进步书刊，是中国共产党在上述地区出版事业的主要负责者，成千上万的青年因读三联出版的书刊而走上了革命道路。新中国成立后，三联书店并入人民出版社，1986年1月恢复独立建制，且实现了从红色出版中心向学术文化出版重镇的"华丽转身"，被誉为"知识分子的精神家园"，是我国著名出版品牌，受到广大读者的广泛赞誉。

樊希安执掌三联之初，正是转企改制的关键时期，面对激烈的市场竞争，三联书店的路该怎么走？步该怎么迈？樊希安带领班子成员做出了正确的战略选择。他说：三联品牌是我们的最大优势，是我们的核心竞争力。在制定的品牌发展战略、人才兴店战略、企业文化建设战略中，品牌发展战略居于首位。他提出努力发展品牌、依托品牌发展的明确思路。

他和领导班子成员一字一句反复推敲和概括三联的传统和企业文化，将其载入《员工手册》，让全店员工学习领会遵照执行。他恢复韬奋先生创办的《店务通讯》，加强内部信息交流，加深员工对品牌的感知度。他在继承传统企业文化的基础上，提出发扬"爱店如家、爱同志如手足、爱事业如生命"的"三爱"精神，建设"和谐三联、文化三联、活力三联"的企业文化，还投资建设新的"职工之家"，组织各种健康有益的活动，增加企业的向心力、凝聚力。通过这些大量细致的工作使员工深刻认识到：三联书店在发展过程中形成的独具特色的企业文化，包括企业宗旨、企业价值观、企业精神、企业理念，是一代又一代三联人创造的宝贵精神财富，是克难制胜、长存永续的法宝。无论什么时间，什么场合，关注现实、与时代同行的革新精神不能变，"竭诚为读者服务"的办店宗旨不能变，以文化为本位、注重文化传承、文化贡献的定位不能变，正确处理事业性与商业性关系的原则不能变，以员工为本、实行民主化管理的方式不能变，"一流、新锐"的质量标准不能变，"不官不商，有书香"的格调不能变。

发展品牌　依托品牌发展

军人出身的樊希安，身上有一股顽强的精神，既然认定品牌是核心竞争力，那就"咬定品牌不放松"，紧紧围绕品牌做文章、谋发展。

他深知品牌只有不断发展才能永葆青春。2009年7月，他上任半年后就对新的发展机制和新的组织结构形式进行了积极探索。撤销原生活、读书、新知三个编辑室，成立学术、文化、大众、旅行四个出版中心和一个审读室，保留原综合编辑室，形成四个中心加两室的新的编辑部门基本格局，并实行新的考核办法。这对调整全店选题结构、明晰图书产品线、培养人才队伍、形成新的管理机制、促进长远发展都具有重要意义，催生了一大批双效俱佳的好书。《目送》《老子十八讲》《1944：松山战役笔记》《继承与叛逆：现代科学为何出现于西方》《巨流河》《鲁迅箴言》《百年衣裳》《唯一的规则》等图书在各种图书评奖活动中榜上有名。不断涌现的畅销书拉动了整个出版社的图书销售。

　　三联书店下属的三联韬奋图书中心是著名的京城文化地标，但因为网络书店的冲击以及自身经营上的问题，到2009年累计亏损达2200多万元。面对这一困境，樊希安千方百计要保持、维护这一品牌，最后决定由三联书店注资2000万元，将三联韬奋图书中心改制成为三联韬奋书店有限公司，在实行了精减人员、调整领导层、整合优化业务范围、缩小经营面积等一系列措施后，韬奋书店已步入良性循环，2011年上半年已实现扭亏为盈。

　　提升品牌影响力的一个重大举措是面向市场打造"大三联品牌"。2010年10月樊希安倡导并主持召开北京三联、上海三联、香港三联高层年会。三家三联书店62年来首次聚会北京共谋发展，发表了《弘扬三联品牌坚守文化使命的共同宣言》，在社会上产生了重要影响，还就三方合作事宜充分协商，为深度广泛合作奠定了基础。从此，三联进入了"大三联"发展时代。

　　产品是品牌的核心，是品牌的根本支撑，樊希安对此有清醒的认识。他组织员工生产精品，自己还策划了一批重点图书选题。如《三联经典文库》《王世襄集》《鲁迅箴言》等，前两种被列入国家出版基金资助项目，后者出版中日双语版等多个版本，产生了国际影响。对三联旗下的品牌刊物《三联生活周刊》《读书》，他也呵护有加。调入三联六年来，包括任总经理至今，他一直坚持终审每期《读书》杂志，确保导向正确和质量的提升。

樊希安亲自分管发行工作，他重视产品营销，更重视"品牌营销"，提出和全力打造"三联品牌营销"的新概念。每年都要开展多场拓展品牌影响力的图书营销活动。为了提高品牌影响力，三联书店于2011年4月在青岛召开战略合作会议，同江苏、山东、河南、黑龙江、青岛"四省一市"新华书店建立战略合作联盟，让品牌影响力向发行下游延伸。他还重视走品牌社会化之路，在宁夏、黑龙江、辽宁新建一批冠名为"生活·读书·新知三联书店图书零售店"的书店，既扩大了三联版图书的销售，又增加了社会影响。

近年来，三联书店发展品牌、依托品牌发展收到了显著成效，品牌影响力与整体经济实力都处于历史最好时期。图书生产质量、规模、效益都有大幅提高。《读书》《三联生活周刊》被评为"新中国60年有影响力的期刊"。书刊合并实现主营业务收入达到1.61亿元。店里继投资500万元在上海购房建立分店，又投资在北京马连道购买一处办公楼，开始实施在实体上再造一个"三联"的发展规划。国有资产实现保值增值，经营水平在中国出版集团公司内达到A级。在两个效益大幅度提高之后，樊希安提出"让三联员工生活得更幸福更有尊严"，以建立现代企业薪酬体系为标志实行分配制度改革，普遍增加员工收入，进一步激发了员工的积极性。

愿为发展三联品牌殚精竭虑

作为农民的儿子，樊希安坚信一分汗水一分收获，辛勤耕耘才能丰收。在三联书店,樊希安以店为家和勤勉敬业是出了名的。他每天几乎都是第一个上班,最后一个离店。三联的员工都知道,他几乎没有休息日的概念,也很少见他出去参加什么应酬或娱乐活动,经常是在办公室加班加点,有时就在办公室的沙发上过夜。除了要为三联的各项决策与具体事务进行谋划,为参加各个会议提前进行准备,还要起草文稿、阅读文件、制定活动方案。员工称赞他"五十二""白加黑",全身心地投入到工作中去。今年"五一",他获得了中国出版集团公司唯一的由中央直属机关颁发的"五一劳动奖章"。

不仅勤奋敬业,全身心付出,他身上还有一股拼劲,一股不达目的誓不罢休的劲头。在大庆市,为了一单团购生意,他和发行部的同志在对方单位外等候4个小时,错过了午饭时间。今年4月他意外砸伤了脚,医生开假条让他休息两周,他一天也没休息,硬是拄着拐杖参加了在青岛市召开的战略合作联席会,被戏称为"铁拐李",取得了会议的圆满成功。业内一位朋友这样评价樊希安:"老樊还是当年那样一股虎气!"

樊希安深知目标没有止境,奋斗没有止境,发展三联品牌的路还很长很长,他以军人的意志、诗人的梦想,正带领三联员工踏上新的征程。"明年的80年店庆将是三联又一个新的起点",樊希安如是说。他弯腰系紧腰带,又迈向一个新的目标。

(刊载于《中国图书商报》2011年9月23日)

樊希安：在弘扬三联品牌中实现人生价值

周　猛

编者按：樊希安，生活·读书·新知三联书店总经理、第十一届韬奋出版奖获得者。这位肩负出版界著名品牌的企业掌门人，有过诗人、作家、编辑、社长、出版管理者和企业老总等多种身份。今年是他从事新闻出版工作的第三十个年头，他说，自己年少时的美好愿景已经升华成对出版事业的无悔执着。他是一位普通的出版从业者，更是一位有自己追求的出版家，在现今流光溢彩的市场面前，他不为市场喧嚣所动，坚守着三联的文化使命，发扬着品牌的文化精神，引领着三联人向书香深处迈进。

三联书店的办公楼算不上时尚，甚至保留着20世纪80年代的某些味道。邹韬奋先生的半身雕像，"竭诚为读者服务"的店训标语，朴素的办公环境，都在宣示着这家老字号出版社的传统。

在走廊的尽头，是三联书店总经理樊希安的办公室，在午后的阳光中，樊总从座位上站起身来，用力将手一挥，一句"你好"，身影间没有半分拖沓。这位2009年接掌三联、第十一届韬奋出版奖的得主依旧保持着年轻时的行伍脾气，爽朗、坦直，但雷厉间又不乏文人气质。纵观樊总的书业之路，如同一部小说，如若定成章节，便是"年少有梦欲从文，踏尽繁华悟出版"。

身怀作家梦　却入出版门

　　1955年，樊希安出生在河南温县。在红色的年代中成长，那一辈少年多受军旅绿衣的吸引，人生轨迹仿佛已被设定。一群十七八岁的小伙子扛起步枪，从军入伍保家乡。樊希安就在这群小伙儿中间，不过他的武器不光是枪支，还有活跃在掌心的笔尖，撰写诗歌、散文，抒发心头所想，纸上的文字和在操场上训练时踢的正步一样顺畅。

　　对于这段经历，樊总在回忆时脸上多了几分神采。"那时真的是酷爱写作，梦想就是成为作家。"也正是源于这份期愿所带来的不懈努力，他的写作才能渐渐被发掘，逐渐崭露头角。1973年6月17日，《贵州日报》发表了他的一首诗歌，这是樊希安的处女作。这首小诗改变了他的命运，他被调到部队宣传科从事创作及报道工作。

　　此后的人生之路樊总行走得颇为顺畅：1976年进入吉林大学中文系读书，毕业后再回部队，1982年进入《基建工程兵》报社，之后转业到吉林省委宣传部。当时，吉林省委宣传部创办了《企业政治工作》杂志，发行仅局限于省内，只有区区千余份的发行量。年轻的樊希安被委以主编重任。"我那时的管理工作也是在摸索，当兵的人总是有份果敢，我上任后，进行了一些改革，取得了一些成绩。"樊总的言辞谦虚而朴实，但是根据统计，在他执掌杂志的数年间，《企业政治工作》由吉林省走向了全国，发行量也增长到上万份。

　　之后的几年中，樊希安又经历了数次工作调动，但从未离开出版业。他认为作家与出版界有着天然的联系，那是一种共同性，他形容为"上下游链条"。多年来，他从事出版、关注出版，在出版工作中也推出了自己的作品，但工作重心并未向作家转移，闲暇时写些东西几乎是他唯一的爱好,用樊总自己的话说:"我办过报、出过刊,当过出版社编辑,担任过几家出版社社长、总编,经历过仕途又选择了出版行业,虽然年少时有着作家梦,但无形中已将根扎在了出版业中。"

俯首勤耕耘　三联屡壮大

诗人、作家、企业管理者……这些名号让樊总自己选择,他说:"心思还是在出版上,多年的工作积累让我热爱上这份工作,如果要定位,那么我是一个兼具作家身份的出版工作者,是为成为一名出版家而努力奋斗的出版人。"

诚然,如果不是这样的理想坚守,樊总也许在仕途还会有另外一番发展。正是源于对书业的执着,2005年,樊总调入生活·读书·新知三联书店,2009年起任三联书店总经理、党委书记。

樊希安接手三联之时,三联书店正是转企改制的第一年,国内外出版业竞争压力巨大,内部则是亟待健全现代出版企业运营模式,逆水行舟,不进则退,必须勇于创新,开拓新局面。"市场不再是你出什么书,读者就看什么的局面,消费需求方逐渐成为话语权的掌握者。"在此情形下,三联的步伐显得较为沉重,截止到2008年年底,三联本版图书库存积压1.4亿码洋,而发货却不到1亿码洋,三联韬奋图书中心累计亏损2200多万元。

"'竭诚为读者服务'是三联的店训,以读者为中心,面向市场谋划选题。加快三联的体制机制改革,使三联向顺应出版业大潮的现代化企业发展。"樊总如是说。

在樊总的领导下,三联明晰了发展思路,树立了宏伟的企业发展目标,他提出以改革发展统领全局,一心一意谋发展,实施品牌、人才、企业文化三大战略，特别注重维护、发展三联品牌，依托品牌发展。

2010年10月，樊希安代表三联书店倡议并主持召开北京三联、上海三联、香港三联首届高层年会，发表京沪港三联共同宣言，着力打造"大三联"品牌，引起了巨大的社会反响。2011年与山东、河南、江苏、黑龙江、青岛四省一市建立"战略合作联盟"，2012年还准备将联盟扩大到七省二市。在宁夏、黑龙江、辽宁建立一批三联书店图书连锁零售店，2011年设立的三联书店（上海）有限公司目前业务已经步入正轨。作为品牌建设的重大尝试，樊总提出了打造"三联文化场"的概念并取得阶段性成果：以美术馆东街22号编辑综合业务楼为依托，建立读者俱乐部、开通书香巷、筹建韬奋图书馆、成功改制韬奋书店，建立"网上书店"、开通淘宝网三联旗舰店，形成一个上下立体、内外贯通、文化氛围浓郁、高度密集的核心文化圈。这一举措受到了新闻出版总署领导的充分肯定。

通过以上发展战略的具体实施，三联实现了社会声誉"三连奖"和经济效益"三连增"。继2009年荣获"全国百佳图书出版单位"、2010年获得第二届出版政府奖"非常五加一"、荣登"状元榜"后，2011年三联被评为全国新闻出版系统先进集体。2011年主营业务收入达到1.94亿元，较上年的1.61亿元增加3288万元，增长21%；利润在上年度突破2000万元的基础上突破3000万元大关，达到3300万元，增长57%，是2008年利润的近四倍，创造了前所未有的佳绩。2011年全年共出版图书520种，总造货码洋1.6284亿。《金克木集》《杨振宁传》《早年毛泽东》《万水朝东》《辛亥年》《明式家具研究》《巨流河》等一批图书分别获得国家级等不同奖项。《王蒙演讲录》《我与八十年代》等7种图书被评为全国优秀畅销书。《三联生活周刊》在与其他媒体的激烈竞争中，越来越体现出独特的分析与舆论影响引导能力，2011年围绕辛亥革命一百周年、建党九十周年等重大活动组织重量级选题，保持和扩大了社会影响力。《读书》杂志继续保持在行业内的新锐和领先地位。通过改革创新机制，将三联韬奋图书中心转职为股份制的三联韬奋书店，不仅扭转了多年亏损的局面，而且使这张京城著名文化名片重新散发魅力，去年实现盈利34万元，成为实体书店通过改革创新起死回生、逆势上扬的"标本"。

改革创新推进了三联组织结构的优化和壮大，2011年底成立学术出版分社、文化出版分社和综合出版分社。发行部门的改革进一步深化，发货、回款大幅度增加，库存明显下降。从发展战略考量，积极向外拓展，建立三联书店（上海）有限公司，作为三联品牌向华东以至南方深入发展的桥头堡。固定资产大幅度增加，投资购买集团开发的马连道项目和中印公司等两处房产，实现了从实体上再造一个三联的目标。人才队伍建设成效明显，在中层干部换届中提拔了一批有才能的员工到重要岗位任职。大胆从外部引进高端人才充实队伍，收效显著。

采访中，品牌、创新、改革多次被樊总提到，他认为这都是企业蓬勃发展的活力，"每一本书都是崭新的，每一个决策都是充满向往的，每一个成就都是让人愉悦欣喜的"。

静观悟出版　谋事先立人

多年从事出版工作，使得樊希安对出版业有了自己的思路和考量。在利益驱使下，文化是否能够不被风向带得左右摇摆，社会效益和经济效益孰轻孰重？

樊总认为，坚守文化理想是每个出版工作者的职责，出好书、引领读者阅读是文化人的使命。但是，经营方式与赢利手段确实是实际的问题，这关乎企业、员工的生存，因此，经济效益与社会效益是平衡的关系，经营是手段，文化繁荣是目的，要分清主次关系。

对于传统出版与新兴出版的关系，樊总说："传统出版业仍然具备生命活力，虽然会受到一定的冲击，但作为出版人不要妄自菲薄，这只是文化传播的多元化转变。五年前有人就曾预言过传统出版已死，但如今依旧行走在路上。退一步讲，即使有一天纸质出版、实体书店会消亡，三联也会是坚守到最后的一家！"不但要坚守，而且2012年三联书店将有一批富有影响力的重点图书出版。其中包括《李瑞环谈京剧艺术》，吴敬琏先生的《中国经济改革二十讲》，《郑泽堰》和《三联经典文库》《世界观察文丛》《中学生图书馆文库》等。

"我是军人出身，不会受市场所散布的烟雾所迷惑，只要坚持付出必然会获得结果。有人说出版不好做，哪个行业好做？房产？餐饮？不都是面临着巨大的生存压力？压力下总有做好的企业。所以，发展还要靠自身。"樊总说。

此次获得韬奋出版奖，樊总认为这是对他的鼓励和鞭策。他说："我是个出版工作者，多年的工作让我对这个行业深爱，未来还需努力。一是加强本职工作，二是形成自己的理论建树。但是，成为出版家只是努力的结果，而不是为了'成就'而努力。出版人还是要多些实干精神。"

"但做好事，莫问前程"，在文化需求不断扩大的当前，樊总带领的三联坚守着文化追求。做出版人，不做出版商，尽量去除"商"的味道，让三联弥漫书香。在采访即将结束时，我问樊总，如果在生活中让你重新选择，你会选择怎样的角色，樊总依旧肯定会选择现在的身份，没有丝毫犹豫。他说，一个人的工作可能不是来自天生的选择,但是对一份工作的热爱却源于后天选择的执着坚守;虽然有作家梦,从事了其他工作会有遗憾,但那也只是起初的感觉,人生要多些经历,我也由遗憾转为荣幸,再到深爱这个角色。"三联就是一篇文章,成就三联的过程就是实现自己人生价值的过程。"樊总收尾的言辞依旧有力、坚定。

(刊载于《出版商务周报》2012年2月26日)